훌륭한 교사가 되기 위한

학교 현장실습 가이드북

[제3판]

강현석 김영신 박종석 배정옥 손원숙 우인수 이안수
이효녕 조철기 채연숙 박영훈 서주연 안기주 윤기욱

경북대학교출판부

제3판 서문

최근 교사 양성과 교사 교육의 철학, 방향, 정책들이 급속도로 변하고 있다. 한 나라의 교육의 질은 교사의 질을 능가할 수 없다는 말처럼 교사 교육의 중요성은 아무리 강조해도 지나치지 않다. 특히 교사 양성 기관의 혁신과 양성 프로그램의 질 제고는 매우 다변화되고 있는 추세다. 지역 발전과 교육 정책이 맞물리면서 지역 대학과 우수 학생 유치, 훌륭한 입시 정책 마련 등이 총체적으로 교사 교육의 방향에 큰 영향을 미치고 있다.

따라서 훌륭한 교사를 양성하기 위해 중요하게 운영되는 학교 현장실습에서 최근의 변화 동향과 국가 교육과정 개정의 변화, 지역 교육과정의 운영 자율성과 특성화 방향을 선제적·능동적으로 반영하여 운영할 필요가 있다. 이에 본 저서에서는 이러한 취지를 반영하여 예비 교사들에게 최근의 중요한 변화와 동향을 제공함으로써 보다 양질의 교육에 임하고자 한다.

본 저서는 2011년에 처음 출간되어 나름대로 예비 교사들의 교육실습과 학교 현장, 수업 실습에 기여하고자 하였다. 당시에는 교수 기술, 학급경영, 생활지도, 교육실습에 관한 기본적인 사항들로만 내용을 구성하였다. 그 후 2015년에 다문화 교육, 창의·인성 교육에 대한 국가 정책적 부분들을 반영하여 개정판을 출간한 바 있다.

그런데 다시 급격하게 변화하는 교사 교육의 환경에 대비할 필요성이 생겨났다. 그것은 바로 2022 개정 교육과정의 실행, 이해중심 교육과정의 국제적 대두, IB 교육 등을 포함한 지역교육청의 교육과정 운영 및 수업 실천 변화, 미래 디지털 AI 환경 변화 등이다. 특히 우리 대학교는 2013년 10월에 IBO의 IBEC 인증대학으로 출발하여 학부와 교육대학원 수준에서 미래 교사 양성에 혁신을 기하고 있다. 물론 예비 교사들 각자의 수준에서 혹은 전공별 수업에서 변화된 내용을 충분하게 학습할 기회가 있으나 이번 교육연수원에서 이러한 변화 사항들을 보다 일괄적으로 구성·제공하는 것이 더욱 효율적이라고 판단하였다.

따라서 본 제3판에서는 이상의 중요한 변화 사항들을 본문에 직접 제시하지 않고 가급적 부록으로 포함하여 새롭게 구성하였다. 추가되는 부록의 내용들을 학교 현장에서 바로 활용할 수 있도록 매뉴얼이나 가이드북 형식으로 제공하고자 하였다. 본래 본 저서가 가이드북의 형식을 띠고 있기 때문이다.

모쪼록 이번에 추가되는 사항들이 예비 교사들의 학교 현장실습에 실효적인 도움이 되기를 기대해 본다.

2025년 우수(雨水)가 지나고

저자 일동

초판 서문

한 나라의 교육의 질은 교사의 질을 능가할 수 없다는 말이 있다. 그만큼 교사의 자질과 전문성이 중요하다는 의미이다. 예비 교사를 훌륭하게 양성하고 교육하는 것은 사범대학이나 교육대학만의 일이 아니다. 이 일은 한 국가의 발전을 위한 기초 과제이며, 우리가 사는 사회를 보다 품위 있고 건강하게 만들기 위한 매우 중요한 과제이다. 이 점에서 예비 교사를 보다 체계적으로 교육시키려는 노력은 아무리 강조해도 지나치지 않으며, 이와 관련하여 최근에는 많은 시도들이 진행되고 있다. 특히 최근에 진행되는 교사양성 기관의 혁신과 교사양성 프로그램의 특성화 노력은 급격하게 변화하는 교육환경 속에서 훌륭한 교사를 양성하는 데 초점을 두고 있다.

이런 맥락에서 교사양성과 교육을 담당하는 대학에서는 예비 교사들을 보다 체계적으로 교육시키려는 노력을 매우 다양하게 전개하고 있다. 그중 하나가 현장에 부합하는 예비 교사 교육이다. 학교 현장은 교사 전문성 구현의 알파이자 오메가이다. 학교 현장과 이론적 지식이 엄격하게 구분되는 것은 아니지만, 최근에는 현장에 근거하는 실천적 지식이 강조되는 추세이다. 특히 예비 교사들이 현장을 숙지하고 그에 부합하는 실제적 지식을 확보하는 것이 그 어느 때보다 절실히 요청되고 있다.

이러한 사정을 더욱 긴박하게 하는 요인으로 교사양성 기관의 평가, 교원능력개발 평가, 교사의 책무성 강화, 전문성 신장을 위한 양성 및 연수 체제 강화, 현장 중심의 교육과정 변화 등을 들 수 있다. 특히 교원자격검정령의 변화로 인해 예비 교사의 교육과 양성, 임용에도 많은 변화들이 감지되고 있다. 그중에서 우리가 유의해야 할 대목은 '학교 현장실습'의 강화이다. 그 전에는 교육실습으로 운영되어 오던 것에서 현장성을 강화하여 학교 현장실습으로 운영하게 된 것이다. 학교 현장실습은 그야말로 교사 양성기관에서 배운 지식을 실천하고 적용해 보고, 반성을 통하여 예비 교사의 전문성을 최종 점검해 보는 통로로서 의미가 있다. 이런 점에서 최근에 학교 현장실습을 보다 체계적으로 운영하려는 노력들이 전개되고 있다.

본 가이드북은 그 일환으로 이루어진 결과이다. 우리 학교 교육연수원에서는 해마다 수백 명의 예비 교사들을 학교 현장에서 실습시키고 있다. 이 실습이 보다 효과적으로 이루어지기 위해 그간 연수원에서는 참고가 될 만한 『교육실습의 이해』라는 교재를 실습생들에게 제공해 왔다. 그러나 실습생에게 제공되는 교재가 좀 더 현장과 부합하고 최근에 강조되는 내용들을 반영해야 한다는 여러 학생들과 전문가들의 요구가 있었던 것도 사실이다. 이에 연수원에서 사범대학 교수와 현장 교사들로 집필진을 구성하여 관련 내용과 새로운 주제의 집필 작업에 착수하게 된 것이다. 이 과정에서 집필진은 작년도 교육실습생들의 실습 후기와 여러 관련 자료들을 탐독하고 작년 교재와 타 대학의 자료들, 사범대학 부설 중·고등학교의 자료들을 참고하여 현장에 부합하는 내용들을 작성하고자 최대한 노력하였다. 이 과정에서 작년의 『교육실습의 이해』에 힘입은 바 크다.

본 교재는 몇 가지 특징을 지니고 있다. 우선 실습을 실무적으로 안내하기 위한 가이드북(Guidebook)의 성격을 지향하고 있다. 그간 사용하던 교재가 추상적이고 이론적인 내용 위주로 되어 있던 것을 실습생들이 쉽게 참고할 수 있는 안내서 수준에서 작성하고자 하였다. 둘째, 각 주제별로 핵심적인 내용을 간략하게 제시하여 문제가 되는 상황에서 즉각적으로 활용할 수 있도록 핵심 내용 중심으로 집필하였다. 셋째, 실습 시에 실습생들이 당면하게 될 문제 중심 상황에 비추어 내용을 집필하고자 하였다. 이는 현장의 요구와 문제에 기반하여 실무적으로 내용을 집필하고자 노력하였다는 의미이다. 넷째, 'Q & A'를 마련하여 실습생들이 보다 쉽게 교재를 이용할 수 있도록 편리성을 도모하였다. 구체적이고 특정한 문제 상황에서 궁금할 만한 것들을 중심으로 내용을 구성하고 그에 부합하는 올바른 해답을 제공하여 보다 간편하게 실습 주제들에 접근하도록 하였다. 다섯째, 최근 강조되는 창의·인성 교육 요소와 수업 방법, 예시를 추가하여 예비 교사들로 하여금 창의·인성 교육역량을 강화할 수 있도록 하였다. 이것은 창의·인성교육선도교원양성대학 사업의 성과에 힘입은 바 크다.

본 교재의 내용 중에서 오탈자가 있거나 내용상의 오류가 있다면 전적으로 저자들의 책임이며, 그에 대해 독자들의 질정을 바라 마지않는다. 틀린 내용이 있거나 문제가 되는 부분을 접수하는 대로 바로잡도록 하겠다. 여러 저자들이 현장 자료들을 중심으로 작성하다 보니 그 출처가 불분명하고 인용이 부실할 가능성이 있다. 따라서 집필 과정에서 부당하게 인용이 누락되었거나 정확도가 떨어지는 내용이 있다면 이에 대해 먼저 사과의 마음을 피력하고자 한다.

본 교재를 집필하는 데 소정의 예산을 지원해 주신 전 성위석 원장님, 현 김경식 원장님과 실무 지원을 해 주신 박종환 선생님, 집필진으로 참여해 주신 여러 학과 교수님들, 학교 현장의 선생님들, 김필성 대학원생, 연구보조원으로 참여하여 도움을 준 학부생들께 감사를 드린다. 그리고 특히 이 책을 멋지게 편집해 준 출판부장님과 직원들에게 감사를 드린다.
모쪼록 보잘것없는 본 교재가 우리 예비 교사들에게 학교 현장실습 시의 조그마한 길잡이가 되었으면 하는 바람 간절하다.

집필진을 대표하여
교직부장 강현석 씀

목차

제1부

가르치는 기술

1

효과적인 수업

이것만은 꼭!

- ✔수업목표는 최대한 구체적이고 명세적으로 진술하자.
- ✔철저한 수업 준비를 통해 교사와 학생 모두의 수업 만족도를 높이자.
- ✔학생들의 눈높이에 맞춘, 학생 주도적인 수업을 이끌어 나가자.
- ✔학생들이 상호작용할 수 있는 토론/토의 수업, 협동학습을 많이 시도하자.
- ✔수업을 명료하게 진행하여 학생들의 이해를 돕자.
- ✔다양한 수업방법과 자료를 활용하면서 학생들의 주의집중도를 높이자.
- ✔다양한 체험활동과 창의적인 수업 기법을 통해 학생들의 수업 참여도를 높이자.
- ✔도입 단계: 수업목표에 관심을 가지도록 주의를 환기시킬 수 있는 활동을 제시하자.
  전 시간에 배운 내용과 본시에 배울 내용을 관련시켜 주자.
- ✔마무리 단계: 학습내용의 정리, 확인학습을 통해 학생의 내면화/일반화를 돕자.

수업이란 학습(learning)이 일어날 수 있도록 학습자의 내·외적 조건을 체계적으로 조정하는 과정이다(서울대학교교육연구소, 1994). 수업은 학습자의 내면적 활동으로 전개되는 학습을 촉진하기 위하여 그 외적 조건을 관리하는 일이다. 수업은 목표를 설정한 행동 유형의 변화, 즉 학습이 학습자에게 일어나도록 하기 위하여 그의 내적 과정에 맞추어 외적 상황과 조건을 설계·계발·관리하는 과정이기도 하다. 결국 주어진 조건하에서 명시된 행동이 발생하도록 하거나, 특정 상황과 장면에 대하여 반응을 나타내도록 하기 위하여 상황과 조건을 계획적으로 마련하고 갖추는 과정이다. 효과적인 수업이 이루어지기 위해서는 다음과 같은 조건을 갖추어야 한다.

1_명확한 수업목표 제시

수업목표는 수업을 통하여 학습자가 달성해야 할 내용 또는 행동 등을 학습자 중심으로 간단, 명료하게 진술한 것이다. 그러므로 명확하고 구체적인 수업목표는 교사의 수업 방향을 뚜렷하게 하여 수업 시간을 절약시키고 교수-학습이 마무리될 때의 평가관점도 명확하게 해 준다. 구체적이고 명세적인 수업목표의 진술 특징은 다음과 같다.

- 수업목표는 구체적인 내용과 학습 후에 나타나는 행동으로 진술하여야 한다(행동목표).
- 수업목표는 수업의 구체적인 절차나 방법의 요약을 기술하는 것이 아니라 의도한 학습의 성과(ILO)로 진술하여야 한다.
- 수업목표는 성취 행동 용어로 진술해야 하며 학습이 끝난 후에 제3자에게 무엇을 할 수 있는가를 나타낼 수 있도록 해야 한다. '말할 수 있다.' '쓸 수 있다.' '찾아낸다.' '계산할 수 있다.' 등과 같이 명시적인 동사로 진술하여야 한다.
- 수업목표는 기대되는 성취행동을 나타내는 조건도 함께 진술되어야 한다. (예 : 우리나라 지도를 보고 평야지대를 찾아낼 수 있다. / 집단 토의를 통하여 교통도덕을 지켜야 하는 까닭을 5개 이상 찾아낼 수 있다.)
- 수업목표에는 수락 기준이 포함되어야 한다. (예 : 맨몸으로 평지에서 100m를 15초 이내에 뛸 수 있다.)

종합하면 어떤 행동을(행동명) 어떠한 상태 속에서(조건) 얼마나 잘(수락기준) 할 수 있는가(결과)에 대한 명확한 대답이 주어지도록 진술되어야 한다.

교생들이 자주 접하는 문제상황

__한 시간 안에 너무 많은 수업 목표를 제시하는 경우가 많다.

__수업목표 제시 방법을 알지 못하는 경우가 많다.

__실제 수업 시 수업목표를 제시하지 않는 경우가 많다.

__학생들이 수행하기 힘든, 너무 어렵거나 광범위한 수업목표를 제시하기도 한다.

이럴 때 이렇게 하세요

✔구체적인 행동 동사들의 예를 학습한 후 수업목표를 진술하도록 한다.

✔수업목표 진술 방법에 대한 설명을 듣고 수업목표를 진술하도록 한다.

2_교사와 학생의 높은 수업 만족도

교사의 수업 만족도는 제시한 수업목표에 대한 학생들의 성취에 달려 있다고 할 수 있으며, 학생의 수업 만족도는 교사의 수업 전략 및 내용 이해 등에 달려 있다고 할 수 있다. 즉 교수자로서의 교사와 학습자로서의 학생이 원하는 수업 만족도는 차이가 있겠지만, 교사의 역할에 따라 모두를 충족시킬 수 있다. 교수자 및 학습자의 높은 수업 만족도를 위해서는 철저한 수업 준비에 달려 있다고 볼 수 있다.

- 먼저 가르칠 학생들의 수준부터 파악해야 한다. 수업목표를 정한 뒤, 가르칠 내용에 대한 학생들의 선개념과 수준 등의 실태를 파악해야 한다.
- 가르칠 내용을 학생들의 주변 상황과 연계시켜라. 학생들의 흥미와 호기심을 유발하고 이를 학습목표의 성취로 이어지게 하기 위해서는 학생들이 경험한 상황을 응용하여 지도하는 것이 효과적이다.

- 학생들이 직접 체험할 수 있는 다양한 교수 전략을 활용하라. '귀로만 들으면 곧 잊어버리고, 눈으로 보면 기억에 남고, 직접 해 보면 이해할 수 있다.'는 말처럼 학생들에게 직접 체험할 수 있는 다양한 전략들을 사용하는 것이 효과적이다.

교생들이 자주 접하는 문제 상황

__교생이 학생들을 통제하는 일이 쉽지 않아 수업 분위기가 어수선한 경우가 많다.

__교생들이 학생들이 수업 시간에 교과 공부에 관심을 갖게 하는 일이 어려워 관심을 끌기 위해 지나치게 흥미 위주로 흘러가다 보면 수업의 핵심과 흐름을 잃게 되는 경우가 많다.

__학생의 참여도가 높은 수업이 아닌 지나친 교사 주도의 수업을 하는 경우가 많다.

실수 교정은 이렇게

__많은 내용을 깊이 있게 가르치기보다는 적은 내용이라도 학생들이 쉽게 이해하도록 재미있게 가르치는 것, 즉 수업방법의 개발이 더 중요하다.(less is more!)

__학생들의 반응은 일시적일 수 있으며 반응이 중요하긴 하지만 거기에 지나치게 얽매여서는 안 된다.

__뜬구름 잡는 수업이 되지 않기 위해서는 체계적인 수업이 필요하다. 단계를 알아들을 수 있게 하나하나 설명을 하는 것이 좋다.

이럴 때 이렇게 하세요

✔학생들의 반응에 당황하지 않기 위해서는 수업 전에 학생들의 눈높이에 맞춘 체계적이고 계획적인 수업 지도안을 작성하고 수업 설계를 한다.

✔교생들끼리 협의를 통해 학생들의 특성을 파악하고 똑같은 수업 내용이라도 학생들의 특성에 맞는 수업을 실시한다.

✔학생 활동을 많이 실시하여 교사 위주의 수업이 아닌 학생 주도의 수업을 한다.

✔학생들을 적절하게 통제하기 위해서는 학생들의 관심을 불러일으킬 수 있는 효과적인 동기유발 방법의 개발에 힘쓴다.

3_활동이 많은 학생 주도적 수업

학생 주도적 수업이란 학생이 학습의 주체로서 적극적인 역할을 수행한다는 것을 의미한다. 학생은 수동적인 지식의 습득자가 아니라 적극적이며 자율적인 지식의 형성자이므로 학생들이 스스로 학습과제에 관한 다양한 자료를 찾고, 그것을 분석하고, 분류하고, 관찰하고, 조직하는 등의 능동적인 활동을 통하여 문제를 해결해 나가는 것이다. 활동이 많은 학생 주도적 수업을 위한 방법은 다음과 같다.

- 모든 학생들이 적극적으로 수업에 참여하여야 하며, 우수 학생이나 부진학생 모두가 만족하도록 수업이 진행되어야 한다.
- 소집단 토의활동의 기회를 자주 제공해야 한다. 소집단 활동은 상호 역동적이고 자기 주도적 학습의 장이 될 뿐 아니라 상호 협력 학습을 통해 공동체 의식을 함양하는 좋은 계기가 된다.
- 교사는 학생들이 답을 찾아내도록 보조 발문을 주기도 하고, 알맞은 자료와 정보를 제공하며, 필요하면 함께 문제를 해결하는 활동을 하면서 그들 스스로 답을 찾아내도록 도와주어야 한다.
- 학생끼리 상호 협동하여 학습하게 한다. 협력적, 협동적 수업을 강화함으로써 그들이 기능과 지식을 서로 활용하며 공동의 학습 과정을 추구해 나가도록 해야 한다.
- 학생들끼리 의사소통할 수 있도록 해야 한다. 대화와 토론을 통해 너와 내가 이해되고, 너의 입장과 나의 입장을 이해하게 되며, 세상을 바라보는 관점이 달라질 수 있다.

교생들이 자주 접하는 문제 상황

__교사의 개입을 최소화하되 학생들이 잘못된 방향으로 나아갈 때는 적절히 개입하여 교정해 주는 것이 필요하다.

실수 교정은 이렇게

__학생활동과 교사의 개념, 원리 설명 시간을 적절히 분배하여 효과적인 수업이 되도록 해야 한다.

__모든 학생이 활동에 참여할 수 있도록 학생들 각각에게 맞는 적절한 역할을 배분하여야 한다.

이럴 땐 이렇게 하세요

✔_학습한 개념과 원리를 활동으로 입증해 보는 수업에서는 교사가 설명을 먼저 하고 학생활동을 나중에 실시한다.

✔_활동을 통해 개념이나 원리를 스스로 발견하도록 하는 수업에서는 학생활동 후 반드시 교사가 적절한 개념 정리를 해 준다.

4_수업의 명료성

수업의 명료성은 교사가 수업에서 얼마나 명확하게 수업 내용을 설명하고 전달하는가에 달려 있다. 명료한 수업을 위해 교사는 자신이 말하려는 요점을 쉽게 설명하고 개념을 명확하게 전달함으로써 논리적인 이해가 가능하도록 해야 한다. 교사가 명료하게 수업을 이끌어 간다면 교과서나 교수자료를 되풀이해서 설명하는 시간을 절약할 수 있고, 학생들은 수업 시간의 낭비 없이 교사가 제기한 질문에 대해 학생들은 쉽게 정답을 말할 수 있게 된다. 수업을 명료화하기 위한 방법은 다음과 같다.

- 학생들의 호기심을 불러일으킬 수 있는 질문으로 학습동기를 유발한다.
- 단위 시간 내에 성취할 수 있는 분량으로 수업 후 달성해야 할 준거가 명확히 인식되는 수준별 수업목표가 되도록 한다.
- 도입 부분에서 선행학습에 필요한 단편 지식이나 개념을 점검한다.
- 활동에 대한 안내나 지시를 명확히 해 주고 필요 시에는 반복하거나 작은 단계로 나누어 설명한다.

- 수업의 이해를 돕기 위해 예시, 그림, 시범 실험 등 다양한 자료를 사용한다.
- 결말 부분에서 파지를 높이기 위한 개괄적인 정리 및 요약을 제시한다.
- 학습 자료가 학생의 수준을 고려하여 작성되어야 한다.
- 학습자의 수준에 맞게 동기유발을 해야 한다.
- 사용 어휘의 수준이 눈높이에 맞아야 한다.
- 학생들의 이해 정도를 수시로 점검해야 한다.
- 학생의 참여도가 높도록 유도해야 한다.
- 제재의 특성에 따라 학습내용과 활동이 구성되어야 한다.
- 학습 전개 과정이 학생의 수준에 맞게 구성되어야 한다.
- 수업의 흐름을 쉽게 파악할 수 있어야 한다.
- 학생의 개인차에 따라 반응해야 한다.
- 교재의 순서를 조정하거나 재구성해야 한다.

교생들이 자주 접하는 문제 상황

__자신이 아는 것을 전달할 수업 기술이 부족한 경우가 많으므로 논리적인 흐름이 연결될 수 있도록 충분한 사전 연습과 준비가 필요하다.

자주 범하는 실수

__불분명하거나 애매모호한 언어로 표현하거나 너무 복잡한 문장을 구사하는 경우

실수 교정은 이렇게

__말하고자 하는 요점을 제시하여 문제의 핵심을 쉽게 파악할 수 있도록 한다.

이럴 땐 이렇게 하세요

✔선행학습을 확인하려면 도입 단계에서 학생에게 질문을 하거나 정기적인 숙제 검사를 실시한다.
✔주요한 내용이라면 2가지 이상의 다른 학습 자료로 가르친다.(예: 시각자료와 청각자료)
✔파지 효과를 위해서는 주요 내용을 축약, 반복, 상징 등을 활용해서 설명한다.

5_수업방법의 다양성

수업방법의 다양성이란 수업에서 보여 주는 전달방법의 다양성과 융통성을 의미한다. 수업 중에 다양성을 추구하는 가장 효과적인 방법은 질문방법을 사용하는 것이다. 질문이 수업의 진행속도, 순서와 잘 통합되면 수업방법의 다양성이 창출된다(Chuska, 1995). 그러므로 효과적인 교사는 질문하는 기법과 다양한 유형의 질문을 구별하는 방법을 알아야 한다. 학습 자료, 교수매체, 전시물, 그리고 수업 공간 등의 효과적인 활용을 통해서도 다양성을 보여 줄 수 있다. 교실에서 물리적인 학습 환경의 구성과 시각적인 다양성은 수업의 다양성에 영향을 준다. 이는 곧 단원별 시험, 수행평가, 학습과정에서의 학생 참여도에 영향을 미치게 된다. 예를 들어, 다양한 활동과 학습 자료를 적극적으로 사용하는 수업에서 학생의 일탈행동이 적게 나타났다는 연구보고가 있다. 다른 연구에서는 수업방법의 다양성이 학생의 주의집중도를 높였다고 한다. 그 구체적인 방법은 다음과 같다.

- 주의집중 방법 활용 : 선행 수업이나 활동과는 다른 표현방법으로 수업 시작(예 : 청각자료에서 시각자료로의 변화)
- 골고루 눈 맞추기, 목소리 변화, 다양한 동작 등을 통해 열정적으로 활기찬 모습을 보여 줌(예 : 목소리 높낮이와 크기 변화, 새로운 학습활동으로 전환될 때 자리 이동) : 설명하던 자리에서 다른 자리로 수시로 이동(예 : 매 10분마다). 수업 내용이나 활동이 바뀌었음을 나타내도록 말의 속도나 크기 변화
- 제시방법의 다양화(예 : 강의식, 질의응답식, 자습) : 설명, 시각 메시지, 학생 참여 활동 등이 매일의 수업에서 균등 분포되도록 계획
- 보상과 강화를 적절히 배합하여 활용(예 : 가산점, 칭찬) : 보상의 종류와 칭찬방법들을 수립해 놓고 선택해서 사용하고, 칭찬할 때는 왜 하는가의 이유도 같이 말해 줌
- 학생의 의견과 참여를 수업에 활용(예 : 비지시적 수업 또는 확산적 질문) : 수업의 도입부에서 학생의 의견을 말하도록 함(예 : "만약 …이라면 어떻게 하겠니?")
- 다양한 질문을 제기(예: 수렴적 질문, 확산적 질문) : 학생의 행동과 수업목표의 특성에 부합되는 질문을 제시

교생들이 자주 접하는 문제 상황

__교생들은 수업방법이나 각종 수업 교구와 교재를 개발하는 데만 전념할 경우 '가르쳐야 할 것이 무엇인가?' '그것을 왜 가르쳐야 하는가?' 등의 질문을 소홀히 할 염려가 있다.

이럴 땐 이렇게 하세요

✔__학생들이 수업 내용보다 방법과 보상에 관심이 많을 때는 이 수업을 왜 하는지, 수업목표가 무엇인지를 분명하게 주지시킨다.

6_학생의 적극적인 참여

수업목표를 효율적으로 달성하기 위해서는 교사의 다양한 노력들이 필요한데 그중에서도 수업에 대한 학생들의 적극적인 참여를 유도하는 것이 필수적이다. 따라서 적극적인 학생들의 수업 참여를 이끌어 낼 수 있는 교사의 다양한 교수 전략이 필요하다. 구체적인 방법은 다음과 같다.

- 학생들의 호기심과 흥미를 유발할 수 있는 학습목표와 관련된 자료를 준비해야 한다.
- 학생들에게 단순한 호기심보다 수업과 관련된 지적 호기심을 유도하는 발문들을 미리 준비하는 것이 효율적이다. 수업 초기에는 학생들의 사고를 여는 확산적 발문이, 수업 정리 단계에서는 핵심 내용과 관련된 수렴적 발문이 효과적이다.
- 학생들의 적극적인 참여를 유도하기 위해서는 수업과 관련된 다양한 체험활동을 준비하는 것이 효과적이다.
- 브레인라이팅, PMI, 강제결합법 등과 같은 다양한 창의성 기법들을 수업 내용에 적용하면 효과적이다.
- 수업 내용에 따라 토의법, 강의법, 역할놀이 등 다양한 교수방법을 적절히 적용한다.

교생들이 자주 범하는 문제 상황

__학생의 적극적인 참여를 유도할 때 교사의 강의와 학생의 능동적 학습의 비율이 적절하도록 조절하여 너무 소란스럽거나 주제에서 벗어나는 일이 없도록 한다.

자주 범하는 실수

__교사의 생각을 강요 또는 유도하거나 특정 학생이나 그룹과의 상호작용이 빈번한 경우

실수 교정은 이렇게

__학생들의 의견을 존중하여 스스로 요약하고 정리할 수 있도록 하고, 모든 학생들에게 동일한 참여 기회를 제공해야 한다.

이럴 때 이렇게 하세요

✔바람직한 학습행동을 유도하려면 소단위의 내용을 수업한 후 즉시 연습이나 질문을 제기한다.
✔소극적인 학생이 있다면 칭찬과 격려를 통해 온화한 분위기를 조성한다.
✔순회지도할 때는 개별 학생들의 질문에 답하면서 전체 학생들과 골고루 접촉하도록 한다.

7_시작과 마무리 잘하기

수업이 시작되는 도입 단계에서는 수업목표에 관심을 가지도록 주의를 환기시킬 수 있는 활동을 제시해야 하며, 전 시간에 배운 내용과 본시에 배울 내용을 연관짓도록 도와주고, 다음에 이어질 학습에 대비할 수 있도록 준비시키며, 상황에 적응할 수 있는 시간과 기회 제공해야 한다. 수업이 마무리되는 정착 단계에서는 학습내용을 정리하고 확인학습을 통해 학생의 지적 체계의 일부로 통합하고 내면화하여 새로운 사태에 적용하고 일반화할 수 있도록 한다.

수업 단계별로 구체적인 방법은 다음과 같다.

가르치는 기술

학급경영

생활지도

교육실습 유의사항

부록

1) 수업 시작 단계

- 수업 시작 전 학습 환경 및 학습 준비 상황을 확인하고 정비한다.
- 수업은 정시에 시작하여 정확하게 시간을 지키는 것을 배울 수 있도록 한다.
- 전시학습 내용을 정리함으로써 학습자의 이해와 파지효과를 높인다.
- 질문을 통해 학습주제를 확인하고 안내한다.
- 수업목표를 명확하게 인지시켜 학습효과를 높인다.

2) 수업 마무리 단계

- 수업목표와 관련지어 본시에 반드시 알아야 할 핵심 학습요소를 추출하여 지도한다.
- 성취 정도를 확인하고 보상, 피드백 및 적절한 보충학습의 기회를 제공한다.
- 차시 학습내용을 예고하고 학습과제를 제시하여 학습의 연계가 이루어지도록 한다.

교생들이 자주 접하는 문제 상황

__시작과 마무리 단계에서 성급하게 수업목표를 설명하거나 정리하기보다는 학생의 사고로부터 유도해 내거나 학생의 말로 점검, 확인할 수 있도록 한다.

자주 범하는 실수

__강한 동기유발을 하려다 수업 내용과 무관하게 흘러가는 경우

실수 교정은 이렇게

__도입 내용과 과정 내용 사이의 논리적 연결점을 확인한다.

이럴 때 이렇게 하세요

✔수업목표를 제시할 때 학생의 개인적 욕구와 결부시켜 관심과 흥미를 갖도록 한다.
✔수업목표는 도입 단계뿐 아니라 학습과정 중에도 확인할 수 있도록 제시한다.
✔바람직한 학습활동 전개를 위해서 학습 환경과 학습 준비 상태를 확인한다.
✔학습내용 확인 단계에서 교사의 일방적인 요약, 설명보다는 학생활동과 발문을 이용한다.

Q 교육목적, 교육목표, 수업목표는 어떻게 다른가요?

A 교육목적은 일반적으로 교육의 커다란 방향을 의미하며, 교육받은 사람의 특성을 의미하기도 한다. 흔히 납세자, 부모 혹은 국민 전체가 바라는 교육의 궁극적인 지향 방향이다(교육방향을 나타내는 가치관). 교육목표는 교육목적보다는 구체적인 것이며, 그것은 수업목표 달성을 통해 이루어진다. 수업목표가 가장 구체적이며 명세적인 행동용어로 진술된다.

Q 무엇이 실제적인 행동인가요?

A '실제적'이라는 단어는 실생활과의 관련성을 의미한다. 만약 학생이 학교나 집 같은 실생활 상황에서 대통령의 이름을 외워야 할 필요가 있다면 대통령의 이름을 암기하는 것은 실제적인 행동이다. 그러나 실제 학교나 일상생활에서 대통령의 이름을 외워야 할 필요는 거의 없을 것이다. 따라서 교사는 학습내용이나 학년에 따라 학생들이 학습 후 어떠한 실제적 행동을 할 수 있어야 하는가에 대해 확실히 알아야 한다.

Q 학생들이 개념을 잘 이해하기 위한 전략에는 어떤 것들이 있나요?

A
- 학생들에게 주제를 이해하고 그것을 적용할 수 있는 응용문제를 준다.
- 학생들이 주제에 관하여 질문하도록 유도한다.
- 선생님이 갖는 주제나 문제에 접근한 방식을 모델로 제시하는 것이 좋다.
- 수업에서 다루고 있는 분야를 직접 경험(field experience)할 수 있는 과제를 준다.
- 학생들이 노트나 게시판 등에 새로운 생각이나 사고들, 주제를 이해하는 데 겪은 어려움들을 기록하도록 한다.

가르치는 기술

학급경영

생활지도

교육실습 유의사항

부록

Q 수업을 명료하게 하는 방법에는 어떤 것들이 있나요?

A
- 간결하고 짧은 단어, 추상적인 것보다는 구체적인 단어를 사용한다.
- 실제적인 문제와 연결하거나 일상적인 사례를 통한 설명을 제공한다.
- 한번에 6분 이상 말하지 말고 학습자의 참여를 유도한다.

Q 수업의 다양성을 나타내는 지표는 무엇인가요?

A
- 주의집중 방법 활용
- 학습 자료 제시방법의 다양성
- 보상과 강화 활용
- 학생의 의견과 참여 수용
- 다양한 질문

Q 학생 주도적 수업에서 교사의 역할은 무엇인가요?

A 학생들이 스스로 학습내용을 배워 가는 과정을 안내하고 흐름을 이끄는 방향안내자 및 보조자의 역할을 한다. 즉 구체화되고 구조화된 지식의 전수자가 아닌 인도자, 조언자, 학생과 동등한 역할을 하게 된다.

Q 학생의 수업 참여도를 높일 수 있는 방법에는 어떤 것들이 있나요?

A
- 소집단 토론을 자주 활용한다.
- 긍정적 피드백을 제공한다.
- 모든 질문과 의견을 존중한다.

Q 도입에서 적용할 수 있는 전략에는 어떤 것들이 있나요?

A 전시와 본시 수업의 관련 짓기, 수업목표 기술, 학습자들이 배울 정보나 기술 명시, 학습자들의 관심을 끌어 학습동기를 부여할 수 있는 활동 제시, 수업의 전체적 개요 설명, 학습자 활동 명시 등

Q 정리 단계에서 결손이 큰 문항을 보충하는 효과적인 지도 방법은 무엇인가요?

A
- 한 학생을 지명하여 발표하게 하고 다른 학생들로 하여금 발표한 학생의 해답과 비교하게 하여 자신의 해답과 다른 까닭을 설명하게 한다.
- 교사가 종합하여 틀린 반응들을 지적하고 이유를 설명해 준다.

2

효과적인 자료 준비

이것만은 꼭!

- ✔ 명교수도 매 시간 철저히 자료준비를 한다. 초보 실습생에게 자료준비는 필수!
- ✔ 수업 계획안 작성을 게을리하지 말자.
- ✔ 직접 만지고, 보고, 느낄 수 있는 구체적인 자료를 제시하자.
- ✔ 학생들이 궁금해할 만한 질문을 미리 준비하여 학생들에게 발문해 보자.
- ✔ 교육목적, 교육목표, 수업목표에 맞는 적절한 자료를 준비하자.
- ✔ 학생과 학습내용에 대한 이해는 필수적이다.

자료준비는 성공적인 수업에 필수적인 요소다. 바쁘게 진행되는 실습 중에 효과적으로 자료를 준비하는 것은 실습기간 중 시간을 최대한 생산적으로 활용하는 것이 된다. 자료를 준비하지 않고 '어떻게든 되겠지.' '임기응변으로 처리하자.'라고 생각하는 것은 위험하다. 미국에서 강의 잘하기로 유명한 조벽 교수는 매 시간 강의노트를 작성했으며 즉흥적으로 강의한 적이 한 번도 없었다고 회상한다(2008, EBS 최고의 교수 제작팀, p. 60). 이렇듯 명교수도 매번 철저히 준비하는데 하물며 초보 실습생에게 자료 준비는 당연한 것이다.

1_성공적인 수업 계획안 작성하기

수업 계획안 작성은 가장 기본이라 할 수 있다. 먼저 해당 학교에서 사용하는 수업 계획안 틀을 교과 지도교사로부터 소개받도록 한다. 수업 계획안의 기본적인 내용은 학교마다 같지만, 해당 학교에서 선호하는 타입이 있을 수 있다. 그러므로 교과 지도교사에게 학교에서 선호하는 틀이 있는지 물어보는 것이 좋다.

수업 계획안의 기본 내용은 다음의 표를 참조하라. 대체로 발단(introduction), 전개(development), 정리(consolidation) 순으로 되어 있다. 어떻게 수업할지에 대한 대강의 idea 뼈대를 scratch paper에 먼저 정리해 보고, 수업 계획안 틀에 자세한 내용을 넣어 주는 것이 좋다.

실습기간에 수업을 할 때는 해당 수업에 대해 대체로 상세한 내용(micro lesson plan)을 적어 지도교수님께 미리 보여 드릴 필요가 있다. 매번 수업할 때마다 상세하게 적어야 한다면 '이 많은 일을 어떻게 평상시에 감당할까?' 하는 의구심이 생기겠지만, 실습생으로서는 반드시 거쳐야 할 훈련 과정이라는 생각을 해야 한다. 실제 교사가 되면 micro lesson plan을 약식으로 적게 될 것이다.

이전 선배들이 쓴 수업 계획안을 참조해 보기도 하면서, 대학교 수업 시간에 배운 학습 계획안 짜는 법을 한껏 활용하기 바란다. 다음은 실제로 학교에서 사용되고 있는 수업안 틀의 예시이다.

<table>
<tr><th colspan="6">본시 수업안 (/ 차시) Sub Plan</th></tr>
<tr><td>단원
Unit</td><td></td><td>소단원
Lesson</td><td></td><td>지도교사
Advisor</td><td></td></tr>
<tr><td>학반
Class</td><td></td><td>일시
Date</td><td></td><td>교생
Student Teacher</td><td></td></tr>
<tr><td>수업목표
Ojbectives</td><td colspan="5"></td></tr>
<tr><td rowspan="2">수업 자료
Materials</td><td colspan="3">교사 Teacher</td><td colspan="2">학생 Students</td></tr>
<tr><td colspan="3"></td><td colspan="2"></td></tr>
<tr><td rowspan="2">단계
Stages</td><td rowspan="2">과정
Steps</td><td colspan="2">교수·학습활동
Activities</td><td rowspan="2">자료
Teaching aid</td><td rowspan="2">시간
Time</td></tr>
<tr><td>교사 Teacher</td><td>학생 Students</td></tr>
<tr><td>도입
Introduction</td><td></td><td></td><td></td><td></td><td></td></tr>
<tr><td>전개
Development</td><td></td><td></td><td></td><td></td><td></td></tr>
<tr><td>정리
Consolidation</td><td></td><td></td><td></td><td></td><td></td></tr>
<tr><td>형성
평가
Evaluation</td><td></td><td></td><td></td><td></td><td></td></tr>
<tr><td>평가기준
Criteria</td><td></td><td></td><td></td><td colspan="2"></td></tr>
<tr><td>판서계획
Chalkboard</td><td colspan="5"></td></tr>
</table>

2_직접 만지고, 보고, 느끼고, 경험할 수 있는 자료 제시

직접 만지고, 보고, 느끼고, 경험할 수 있는 자료 제시가 효과적이다. 이와 같은 자료는 그림이나 실물, 만지고 사용하고 조작할 수 있는 종이 자료, ppt 자료나 모니터 화면을 통해 보고 들을 수 있는 자료와 같이 구체적으로 실감할 수 있는 자료를 망라한다. '말'이란 '추상적(abstract)'인 것이다. 추상적인 것은 물질적인 것에 비해 학생들이 이해하는 데 용이하지 않다. 그러므로 이해를 돕기 위해 학생들이 직접 만지고, 보고, 느끼고, 경험할 수 있는 자료를 준비해야 한다.

3_내용 이해에 도움이 되는 사이트 안내

내용 이해에 도움이 될 만한 인터넷 사이트를 미리 준비해서 수업 시간에 활용하거나, 숙제로 내어 줄 수 있다.

4_수업목표에 준한 수준별 형성평가지 만들기

수업목표에 따른 형성평가를 매시간 수준별로 준비하는 것이 좋다. 같은 내용 안에서 수준을 상, 중, 하 셋 혹은 상, 하 둘로 나누어 평가 내용을 준비해야 한다.

5_학생들이 궁금해할 만한 질문과 답변 준비

학생들이 궁금해할 만한 질문을 미리 준비하여 학생들에게 발문해 보자. 정답도 미리 준비해야 한다. 학생들이 질문에 대해 궁금증을 해결하지 못한 채로 두면 무책임한 교사로 보일 수 있다. 정답이 없는 open-ended question의 경우라도 '이러이러한 것이 한 가지 답이 될 수 있다.'라고 교사의 의견을 제시해 주는 등 최소한의 guidance를 주는 것이 좋다.

6_교육목적, 교육목표, 수업목표에 대한 이해

준비한 자료가 적절한 것이 되기 위해서는 해당 수업 배경에 있는 큰 교육목적, 그 하위의 교육목표, 그리고 세부적인 수업목표에 대한 이해가 있어야 한다. 아무리 재미있는 자료를 준비해도 이러한 목적과목표에 연관성이 부족하거나 무관하다면 사실상 좋은 자료라고 하기 어렵다. 자료 결정에 앞서 '이 자료는 수업목표와 관련성이 있는가?'라는 질문을 늘 해 봄으로써 해당목표와 자료의 일관성을 도모해야 한다.

교재의 각 단원들에는 선정된 배경과 이유가 있다. 국가 사회적인 입장에서 어떤 효과를 기대하고 단원이 설정되었는지 생각해보자. 또한 학습자 입장에서 볼 때 이 단원을 배움으로써 어떤 개인적인 효과가 있는지도 생각해본다. 학년 면에서, 학생 발달 및 학습 단계 면에서 왜 이 단원이 선정되었는지도 이해해야 한다. 이러한 거시적, 미시적 단원 선정 배경을 이해한 뒤 자료를 제작하고 모을 때, 그 자료들은 조화롭고 적합한 자료가 될 수 있다.

7_학생에 대한 이해

자료의 내용이 학생들의 학습능력에 맞는지, 너무 어렵거나 쉬운 것이 아닌지를 고려해야 한다. 또한 학습양식(예컨대 의도한 bottom-up 유도 양식이나 top-down 유도 양식에 유용한지)도 고려해야 한다. 또한 학생들의 가정환경을 고려하여 정서적으로도 물의가 없는 자료를 선정해야 한다.

8_학습내용에 대한 이해(내용의 위계, 주제, 중요 내용, 학습 순서 등)

마지막으로 학습내용에 대한 이해는 효과적인 자료준비에 필수적이다. 교사가 학습내용을 분명히 이해하지 않으면 적합한 자료가 나오지 않는다. 학습 주제를 이해하고, 중요 내용이 무엇인지 간파하고, 내용 위계를 이해해야 한다. 이러한 이해를 바탕으로 알맞은 자료를 준비할 수 있다. 또한 학습 순서에 대한 계획을 짜고 그 계획에 적합한 자료를 만들어야 한다.

3

효과적인 동기유발

이것만은 꼭!

✔ 현실성 있는 자료(교과 내용 관련 시사)를 제시하여 학생들의 동기를 유발하자.

✔ 수업의 활기를 위한 '나만의' 유머를 준비하자.

✔ 교실이 나의 무대라고 생각하고 동작이나 제스처를 아끼지 말자.

✔ 적절하고 간단한 명언, 좋은 글귀 등을 준비해 학생들에게 소개해 보자.

✔ 시청각 매체, 학습도구 등을 활용하여 학생들의 적극적인 동기를 유발하자.

학습자에게 있어 동기유발이란 학습자가 배우고 싶어 하는 마음이 일어나도록 만드는 것이다. 이러한 동기를 유발시키면 수업이 자연히 학생들에게 즐거운 경험이 되게 해 주고 학생들이 진지한 태도로 수업에 임하는 데 도움이 된다. 당연히 학습도 효과적으로 될 것이다. 그러므로 동기유발을 하느냐 못하느냐의 문제는 학습 효과를 나타나게 하는지 그러지 못하는지에 대한 가장 강력한 변수가 된다. 동기유발만 되면 나머지는 알아서 된다고 봐도 과언이 아니다. 그러므로 학생들의 잠자고 있는 동기를 유발시키는 교사가 가장 유능한 교사라 해도 과언이 아닐 것이다.

효과적인 동기유발을 위해서는 다음 사항들을 고려하고 이를 시행하기 위해 미리 아이디어를 준비해야 한다. '어떻게든 되겠지.' 하고 생각하고 수업에 임하면 동기유발 시도가 효과적인 결과를 가져오기는 힘들다.

1_교과 내용 관련 시사 소개

교과 내용과 관련한 시사는 현실성과 직결되어 학생들의 관심을 모으는 데 효과적이다. 평소 주요 뉴스를 접하면 시사 소개에 유용하게 사용할 수 있다. 알맞은 시사가 떠오르지 않을 때는 교과 내용과 관계되는 시사나 역사적 사실을 의도적으로 탐색하여 연결시킬 수도 있다.

2_적절한 유머로 주의력 환기

적절한 유머는 수업에 활기를 가져온다. 유머집을 구입하여 읽어 보고 하나씩 적절할 때 사용하는 것도 좋은 방법이다. 저명한 교수들 중에는 '유머까지 준비'한다고 말하는 교수들이 종종 있다. 적절한 유머는 임기응변에서 나오는 것이라기보다는 철저한 준비에서 나온다. 유머 감각은 타고나기도 하지만, 타고난 유머감각이 없더라도 유머를 준비함으로써 재치 있는 교사가 될 수 있다.

3_온몸 사용하기

교사가 손짓, 표정 등 제스처를 아끼거나 부끄러워하면 활기찬 수업이 되기 힘들다. 교실은 교사의 무대이다. 마음껏 동작을 크게 하고 적극적이고 자신감 있게 신체 부위를 활용하면 학생들의 관심을 집중시키기에 좋고 활동적인 수업이 된다. 활기차고 열성적인 선생님으로서의 이미지도 부각시킬 수 있다.

4_명언이나 좋은 글귀 소개하기

적절하고 간단한 명언이나, 좋은 글귀를 소개하면 학생들에게 감화를 주어 교사를 존경하게 되고 따르려고 한다. 좋은 글귀는 실생활과 수업을 연결시켜 주어 수업을 한층 격조 높게 해 준다. 평소에 유명 인사들의 좋은 글귀를 담은 명언집을 구입해 두고 보거나, 명언들을 수록한 인터넷 사이트를 알아두고 방문하면 교사 자신들의 생활에 도움이 될 뿐 아니라, 수업에 적절히 소개함으로써 학생들에게 훌륭한 자각의 기회가 될 수 있게 한다. 적절하게 훌륭한 말을 소개하고 학생들의 얼굴에서 공감과 자각의 빛을 보며 느끼는 가르침의 즐거움을 만끽하기 바란다.

5_시청각 매체, 학습도구 활용하기

수업과 관련된 시청각 매체 및 각종 학습도구는 수업을 다채롭고 흥미롭게 해 주며 학생들의 관심을 모아 동기유발에 유용하다. 특히 눈으로 볼 수 있고, 만지고, 느끼고, 경험할 수 있는 자료들은 모두 동기유발에 사용될 수 있다.

6_내재적, 외재적 동기유발하기

내재적으로 유발된 동기이든 외재적으로 유발된 동기이든 동기는 많을수록 학습에 효과적입니다. 가능하면 내재적 동기인 것이 더 효과적이겠지만, 외재적인 동기라도 적극적인 유발을 통하여 학습에 긍정적인 효과를 불러일으키는 것이 바람직하다. 외재적 동기로 출발했더라도 내재적 동기가 형성되도록 가르쳐야 한다.

4

효과적인 수업 전개

이것만은 꼭!

- ✔수업이 시작되기 전, 이번 시간 목표를 달성하기 위해 학생들이 지니고 있어야 할 지식, 기능 등을 확인하자(선행학습 확인).
- ✔너무 많은 학습목표를 제시하거나, 제시한 학습목표를 단순히 읽도록 하는 것은 좋지 않다. 또 학습목표를 일시적으로 제시하는 것도 바람직하지 않다.
- ✔학습목표는 수업 시간 동안 어느 한 곳에 제시되어 학생들이 계속해서 확인할 수 있도록 하는 것이 좋다.
- ✔학습목표를 수업 내내 수시로 확인하고, 수업 내용과 계속해서 관련 짓자.
- ✔중요한 내용과 중요하지 않은 내용을 구분해서 제시하자.
- ✔학습내용과 관련성이 있는 구체적인 예를 많이 제시하자.
- ✔학생들에게 스스로 생각하고 행하고 말하는 기회를 주며, 학생들 자신이 선택한 목표에 따라 성장하도록 돕는 민주적인 교사가 되자.
- ✔학생들과 자주 이야기를 나누고 학생의 이야기를 경청하자.
- ✔학생의 대답에 긍정의 표시를 하자(고개 끄덕거리기, 응답을 재진술하기 등).
- ✔학생의 대답이 끝나고 1~2초간 기다리자.
- ✔학생이 질문을 파악하지 못하고 엉뚱한 대답을 했을 경우에 순발력을 발휘하자(그 엉뚱한 대답을 선생님의 탓이나, 환경의 탓으로 돌린다).
- ✔행동을 하고 있는 동안에 즉시 칭찬해 주자.
- ✔모호한 말보다는 어떤 점이 좋은지를 구체적으로 지적하여 칭찬해 주자.
- ✔협동학습을 할 때 교사가 어느 정도 개입을 하더라도 이질적으로 조를 구성하자.

전개활동은 대부분의 수업활동을 차지하며 수업의 핵심적인 부분이라 할 수 있다. 여기에서는 교사가 주요한 학습 정보를 제시하고 활동을 안내하며 학생과 교사가 상호작용하는 활동이 전개된다. 효과적으로 수업을 전개하기 위해서는 여러 가지 활동을 한다.

- 선행학습 확인
- 학습목표 제시
- 적절한 발문 : 내용의 성격에 따라 확산적 사고 발문, 수렴적 사고 발문 등
- 교사와 학생의 적절한 상호작용
- 다양한 수업 매체 활용
- 적절한 피드백 제공
- 깜짝 퀴즈 제시
- 스트레칭

1_전시학습을 확인하는 방법은?

학습자에게 요구되는 기능, 출발점 행동, 선수 정보 등을 알려주는 선행학습 확인 방법은 다음과 같다.

- 이번 시간에 제시한 학습목표를 성공적으로 학습하기 위해서는 학습자가 알고 있어야 하는 지식이나 기능을 확인해야 한다.
- 학생이 지닌 선행학습의 정도를 확인할 내용과 방법을 구체적으로 제시한다. 만약 대부분의 학생이 선행학습에 결손을 보인다면 이 시간의 수업을 시작하기 전에 부족한 선수 기능이나 능력을 보완할 내용과 방법을 진술하고, 일부의 학생들이 선행학습에 결손을 보이면 그들을 위한 특별 과제를 부여한다.

2_학습목표를 제시하는 방법은?

수업 시간의 keyword인 학습목표는 수업의 방향을 제시하고 학습자가 무엇을 성취해

야 하는지를 말해준다. 또한 수업 전개 시 교수-학습과정을 계획적이고 조직적으로 만드는 도구이며, 학습과정이 우연하거나 산발적으로 되는 것을 막을 수 있는 적절한 장치이다. 따라서 한 시간의 수업에서 학생들이 도달해야 할 목표이자 교육활동의 중심축이라 할 수 있는 학습목표는 다음과 같이 제시한다.

- 학습자가 수업을 받고 난 뒤에 할 수 있는 내용이 무엇인지에 대한 정보를 분명하게 제공한다.
- 학습목표의 제시는 판서로 제시, 구두로 제시, 컴퓨터 화면으로 제시, 학생들을 통해서 제시하는 방법 등이 있다. 학습자의 수준과 학습내용을 고려해서 어느 방법이든지 활용할 수 있다. 단지 PPT로만 제시하거나, 말로만 설명해서는 안 된다.
- 학습목표는 동기를 유발하고 학습의 방향을 제시하며, 수업 전략을 결정하고 학습 결과를 평가하는 기준이 되기 때문에 목표를 효과적으로 제시하는 것은 매우 중요하다. 학습목표는 이러한 기능과 적절하게 관련지어 제공될 필요가 있다.
- 전개 단계에서 강조하여 설명하더라도 지속적으로 "자, 이게 바로 처음에 이야기한 그 학습목표입니다." 등과 같이 확인하고 강조한다.
- 형성평가 단계에서 학습목표의 도달 정도를 꼭 확인한다. "세제가 인체 표면에 미치는 화학적 영향 3가지가 무엇이었습니까?" 등과 같은 질문으로 확인할 수도 있다.
- 가능한 조건, 상황, 준거 등을 포함시켜 제시하여야 한다. "부등식의 영역에서 간단한 식의 최대값을 구할 수 있다." "오버핸드 서브 5개 중 3개를 성공시킬 수 있다." "5개의 그림 중 르네상스 화풍의 그림을 4개 이상 가려낼 수 있다." 등이 좋은 예이다.
- 동기유발과 관련지어 학습목표를 제시해야 한다. 예를 들면 "자, 여러분은 갑신정변의 결과를 이렇게 4가지로 답했는데요." "과연 어느 것이 맞을까요?" "오늘의 학습목표 알아볼까요?" "산술, 기하 평균을 이용하여 최대, 최소값을 구할 수 있다." 등이 있다.
- 너무 어렵고 많은 학습목표를 제시하지 않는다. "지진대와 화산대의 관련성 및

판과 지진 및 화산대 분포의 관련성을 체계적으로 설명할 수 있다."와 같은 학습 목표는 잘못된 예이다.

3_부적절한 학습목표 제시 방법과 개선 방안

학습목표는 수업의 강조점이다. 그것이 없다면 초점이 없는 수업, 악센트가 주어지지 않는 수업이다. 학습목표는 교사와 학생 간의 보이지 않는 튼실한 약속인 것이다. 다음의 사례를 통하여 학습목표 진술 방법에 있어서의 문제점과 개선 방안을 알아보자.

- 학습목표를 칠판에 적고 학생들이 따라 읽도록 한다.

  ⇨ 학습목표는 단순히 제시하거나 읽도록만 해서는 안 된다. 학생들에게 도달해야 할 목표는 무엇이고, 왜 이러한 학습목표가 제시되었는지 명확하게 이해시켜야 한다. 따라서 전시학습과의 관련성, 교과 내용으로서의 중요성, 학생들의 학습활동 등과 관련지어 흥미롭고 구체적으로 진술되어야 한다.
- 학습목표를 파워포인트로 제작하여 보여 준 후 이내 다음 장면으로 넘겨 버린다.

  ⇨ 학습목표는 한 시간 동안 학습활동의 곳곳에서 학생들의 주의를 환기시켜야 한다. 때문에 일시적으로 보여 주기보다는 한 시간 동안 어느 한 곳에 제시되어 있는 것이 좋다. 그리고 전개 단계에서 관련 내용을 학습할 때 결부시키고, 마지막 정리 단계에서도 학습목표와 관련하여 형성평가를 확인시키는 것이 좋다.
- 학습목표를 종이로 프린트하여 칠판에 붙이고 교사가 읽는다.

  ⇨ 학습목표를 종이로 프린트하여 칠판에 붙이는 경우가 있는데 매 수업 시간마다 그렇게 할 수 있을까? 칠판에 판서로 해결할 수 있는 일인데 굳이 프린트하여 오리고, 테이프로 칠판에 붙이는 번거로운 일을 할 필요는 없다. 형식적이고 일회적인 교사의 행동은 학생들의 거부감을 자아낸다. 단지 PPT로만 제시하거나 말로만 설명해서는 안 되며, 칠판의 왼쪽 위에 판서를 하거나 처음부터 끝까지 한 곳에 제시한다.
- 학습목표를 시작할 때 제시하기만 하고, 수업 중 이에 대한 언급이 없다.

  ⇨ 학습목표는 수업 시간 동안 결코 놓아서는 안 될 끈이다. 해당 부분에서는 학습

목표와 관련하여 강조되어야 하고, 정리와 형성평가 부분에서는 이에 대한 언급이 있어야 한다. 즉 한 시간의 흐름에서 가장 중요한 'Main Stream'이라는 생각을 가져야 한다.

교생들이 자주 접하는 문제 상황

__학습목표는 수업 시간에 놓쳐서는 안 되는 key word임에도 불구하고 학습목표를 제시하지 않거나, 제시된다고 하더라도 형식적인 면에 그친다.

잘못된 이유

__학습목표를 제시하지 않는 이유는 여러 가지일 수 있다. 귀찮아서, 진술 방법을 몰라서, 쓰나 안 쓰나 그게 그것인 것 같아서, 제시하는 것이 어색해서 등 이유가 많다. 그러나 수업을 거론하는 그 수많은 교육학 도서에 학습목표 진술이 나오는데 그것을 간과하는 것은 하나의 '직무유기'이며, 수업의 격을 떨어뜨리는 일이라 할 것이다.

이럴 때 이렇게 하세요

✔__학습목표는 수업의 도입, 전개, 정리 단계에서 학생들에게 확인시키고, 수업 운영의 중심축으로 활용해야 한다. 학습목표 제시는 수업에서 가장 먼저 행해야 하는 교사의 교수 행위이다.

Q 학습목표를 진술할 때 유의 사항은?

A
- 학습목표 진술 시 유의 사항은 다음과 같다.
- 학습내용과 행동을 동시에 진술한다.
- 학습 후에 기대되는 학습결과를 진술한다.
- 구체적이고 행동적인 용어로 진술한다.
- 가능한 조건, 상황, 준거 등을 포함시켜야 한다.
- 동기유발과 관련지어 학습목표를 제시해야 한다(내적 동기, 외적 동기).
- 너무 어렵고 많은 학습목표를 제시하지 않는다.

4_효과적인 설명 기술은?

숙련된 교사는 학생들을 참여시키고 흥미를 유지하기 위해 반복되는 수업방법을 피하고 다양한 접근을 사용한다. 다음의 다양한 기술은 설명을 보다 상호작용적이고 효과적으로 만드는 데 사용된다.

- 개요 설명, 구체적인 설명, 확인 설명 등을 미리 준비한다. 계획 단계에서부터 수업 노트를 준비하여 수업의 서론, 본론, 요약 등과 핵심 용어에 대한 설명 등을 기록한다.
- 호흡법과 심호흡으로 긴장을 가라앉히고, "처음이라…, 선생님 좀 도와줄래?" 등의 역설적인 인정과 자기 고백을 함으로써 오히려 수업을 자신감 있게 실행할 수도 있다.
- 환한 표정으로 얼굴은 학생들 정면으로 응시하고, 손은 바르게 옆으로 한다. 칠판보다는 학생들을 바라보고 설명하며, 교탁 뒤에만 있지 말고 한 측면으로 나가 선다. 그리고 손과 팔로 제스처를 하는 등 적절히 움직이는 것은 열정적이고 흥미로운 느낌을 준다.
- 자료의 내용을 부연 설명하는 방식으로 이용하고, 학습내용 설명 후 잠시 멈추고 중요한 내용을 강조하는 것이 효과적이다.
- 눈맞춤을 시작한 후 설명에 들어가며, 학생들과 계속해서 눈을 마주치며 설명한다. 한 사람당 3초의 시선이 머물게 하고 의도적으로 중앙에 두며, 왼쪽과 맨 뒤쪽 학생들 모두를 골고루 주시한다.
- 대화하는 것처럼 자연스러운 몸동작을 하며, 호주머니에 손을 넣거나 뒷짐 지는 것은 금한다. 손과 팔을 흔들지 말고, 물건을 만지작거리지 않는다.
- 개인적인 차원에서 의사소통하면서 설명한다. 교사는 수업 중에 학생들과 관계를 맺는 시도를 해야만 한다.
- 교실 뒤에 앉은 사람이 명백하게 들을 수 있는 목소리를 내어 설명한다.
- 비속어, 반복되는 단어나 구절, 지나친 몸짓 사용을 피한다. 이런 단어와 몸을 과도하게 사용하는 것은 그 매력을 떨어뜨린다.

- 복잡한 학습내용은 단순화된 아이디어들을 간결하게 사용하여 설명한다.
- 중요한 내용과 중요하지 않은 내용을 구분해 주고, 특히 중요한 내용은 강조한다.
- 다양한 시청각 매체를 사용하여 설명한다.
- 보다 쉽게 설명하기 위하여 학습내용과 관련성이 있는 구체적인 예를 많이 사용한다.
- 수업 내용 중에 중간의 이동 부분을 부드럽게 넘어간다. 이런 변화는 수업 노트에서 표시되어야 한다.

Q 바람직하지 않은 설명 방법에는 어떤 것들이 있나요?

A 학습내용에 대한 이해 증진을 목적으로 하는 설명의 잘못된 방법은 다음과 같다.

- 가르칠 내용에 대한 준비가 부족하다.
- 설명이 애매하고 추상적인 단어를 많이 사용한다.
- 중요한 내용을 강조하지 않아 학습자들이 어떤 내용이 중요한지를 구별하지 못한다.
- 복습이나 요약 설명을 하지 않는다.
- 계속적으로 설명하여 학생들이 생각할 기회를 주지 않는다.
- 학습자로부터의 피드백에 신경을 쓰지 않는다.
- 설명의 순서가 논리적이지 않으며, 선택된 예들이 너무 편협하다.

Q 학생들이 싫어하는 교사의 설명 방법은 어떤 것들이 있을까요?

A 교사들이 설명할 때 흔히 범하는 오류는 다음과 같다.

- 중요한 개념을 명료하게 설명만 하고 구체적으로 실연하지 않는 경우
- 엉성한 학습 조직자로서의 역할만을 하는 경우
- 쇼맨십을 강하게 보이는 경우
- 관계없는 말만 하는 경우
- 추상적인 이야기만 하는 경우

5_교사와 학생의 상호작용에서 유용한 기술은?

교실에서 일어나는 상호작용은 교사와 학생 사이의 지시, 정보 제시, 선택 유도, 산출 유도, 과정 유도를 위한 것으로, 특히 절차를 지시하고 지식 또는 정보를 제공하기 위해 이루어지는 것이다.

일반적인 수업 상호작용의 시작의 주체는 대부분 교사인 경우가 많다. 하지만 교실 수업의 상호작용에서는 교사의 발화로 시작하는 것보다는 학생들에게 주는 반응 및 의견, 즉 피드백이 훨씬 중요하다. 성공적인 학교생활 및 수업을 위해 상호작용에서 교사는 다음과 같은 역할을 해야 한다.

- 학생들에게 의미 있는 과제를 제시하고 학생들이 상호작용 활동에 적극적으로 참여하도록 할 수 있어야 한다.
- 학생들의 사고를 확산하고 표현하도록 장려하며, 필요한 도움을 찾아 제공하면서 건설적인 비평을 하도록 도와주어야 한다.
- 학생들에게 스스로 생각하고 행하고 말하는 기회를 주며, 학생들 자신이 선택한 목표에 따라 성장하도록 돕는 민주적인 교사가 되어야 한다.
- 학생들의 아이디어에 귀 기울이고, 학생들의 아이디어를 말이나 글로 명확하게 표현하고 정당화하게 한다.
- 자신의 발화를 통해 학습자의 반응과 자발적인 참여를 유도하고, 교재를 기반으로 하여 상호작용을 이끌어 내고 진정한 의사소통의 기회를 만들어야 한다.
- 사전에 철저한 준비를 통해 수업에 사용될 질문을 미리 정해 놓아야 하고, 그 질문은 학생의 메타인지를 발달시킬 수 있는 질문과 사고 질문이어야 한다.
- 모든 학생들이 소외됨 없이 담론에 참여할 수 있도록 교실 문화를 분석하고, 학생들이 담론에 참여하지 않거나 배제되는 일차적인 원인이 될 수 있는 불평등, 소수에 의한 담론의 지배, 낮은 기대 수준 등의 패턴을 고려해야 한다.
- 활발하게 나타나는 학생 주도의 상호작용을 이끌어내기 위해 한 차시 수업의 흐름에 따라 단계별로 적절한 상호작용을 선택하여야 한다. 이를 위해 필요한 교수

및 학생 맥락이 무엇인지 파악함으로써 보다 많은 학생들이 주체적으로 참여할 수 있는 학습 맥락을 제공할 수 있다.

교생들이 자주 접하는 문제 상황

__응답의 형식으로는 단답, 설명, 무응답의 세 가지 형태가 관찰되는데, 절차를 지시하고 정보를 제시하기 위한 발화에 대해 학생들은 언어적 응답을 하지 않고 신체적 반응으로 대응하기 때문에 무응답이 자주 나타난다.

__상호작용 시작의 주체가 발화만 하고 다음의 상호작용으로 이동하는 상황도 발견되는데, 이는 대부분 학습내용을 제시하는 과정에서 자주 관찰된다. 또한 피드백 없이 발화와 응답만이 있는 경우도 관찰되는데 이는 상호작용의 목적이 동의를 구하거나 여러 가지 중 하나의 선택을 유도하는 활동에서 발생하는 것으로 분석된다.

잘못된 이유

__상호작용의 양식은 주로 개시 발화(Initiation) – 응답(Reply) – 피드백(Feedbak)의 세 부분으로 나뉜다. I–R(생략)–F(생략)의 양식이나 I–R–F(생략)의 양식은 서로 의사소통이 이루어지지 않으며, 교사가 상호작용의 주체가 된다.

이럴 때 이렇게 하세요

✔교실 수업에서 교사의 발화로 상호작용을 시작하기보다는 학생들의 반응이나 의견에 대한 적절한 피드백이 있어야 한다.

Q 상호작용의 활성화를 위한 노력에는 어떤 것들이 있나요?

A 상호작용의 활성화를 위해서는 다음과 같은 노력이 있어야 한다.

- 상호작용 활동의 활성화를 위하여 다양한 형태의 질문법과 피드백을 강화한다. 수업 주제에 맞는 적절한 상호작용 활성화는 꼭 필요하므로 수업 전 수업을 위한 질문법에 대한 노력을 경주해야 한다.

- 학생들이 수업에서 일어나는 상호작용에 참여할 수 있는 분위기 조성과 격려가 필요하다. 활발한 상호작용을 이끌어 낼 수 있는 분위기와 학생의 생각, 성향이 존중되는 교실 수업을 유지해야 할 필요가 있다.
- 강의식 수업 시 학생들의 활발한 참여가 요구된다. 교사는 수업 중 학생의 질문을 적극적으로 받아들이고 수업의 주제와 연관 지어 이끌어 나가려고 하는 노력이 필요하다. 수업의 주제, 진도, 학급의 현황 등 여러 문제가 있을 수 있지만 학생의 적극적인 수업 참여를 권장해야 한다.
- 수업에서의 바람직하고 의미 있는 상호작용을 위한 전략을 활용한다. 단순한 수업방법과 과정에 관한 상호작용뿐 아니라 결론 도출을 위한 유의미한 상호작용이 이루어질 수 있는 수업 전략이 요구된다.

6_상호작용에서 교사에게 요구되는 자세는?

교실에서 일어나는 교사와 학생의 상호작용은 교사 의존적인 경향이 강하다. 따라서 상호작용의 질은 교사의 교육 수준에 의존하게 되어 있으며, 경험이 부족한 교사에게는 매우 어려운 접근이다. 다음은 성공적인 상호작용을 위해 교사들에게 요구되는 자세들이다.

- 학생과 교사 간의 인간적 관계는 교사가 주도적으로 만들어야 한다.
- 언제나 자신 있고 밝고 따뜻한 표정을 짓는다.
- 학생들과의 인사는 항상 밝고 친절하게 한다.
- 학생들과 자주 이야기를 나누고 학생의 이야기를 경청한다.
- 학생들의 장점을 발견하여 진심으로 칭찬한다.
- 각종 행사 시 학생들과 함께하고 어려움을 도와준다.
- 거짓말을 하지 않고, 학생들과의 약속은 반드시 지킨다.
- 학생들을 편애하지 않고, 모두를 공정하게 대한다.
- 학습자의 주의와 흥미를 이끌어 내며 재미있게 설명한다.
- 학생들이 대답할 수 있는 질문을 한다.

교생들이 자주 접하는 문제 상황

__교사와 학생 간의 언어적 상호작용은 주로 교사의 단순 확인 질문, 기억 질문, 학생의 단답 응답, 교사의 즉각적 피드백이 주를 이룬다.

__교사는 학생들의 사고를 유발하고 이를 진전시키기 위한 노력보다는 수업 내용을 논리적 흐름에 맞추어 체계적으로 제시하는 것에 더 큰 중점을 두는 경향이 있다.

__교사는 학생들의 부적절한 반응에 대해 틀렸다고 말하는 대신, 학생들이 정답을 찾아가는 방법까지 정해 두고, 교사 자신이 의도하는 방법에 부합하는 해결 방법을 제시할 때까지 일련의 유도 질문을 한다.

__학생이 적절한 반응을 보이지 못하면 단계별로 학생에게 정답을 알려주거나 정답을 유도한다.

잘못된 이유

__교사가 상호작용의 주가 되는 경우, 교사의 질문에 대답할 경우에 학생들은 문제를 이해하거나 사고 전략을 사용할 필요가 없을 뿐 아니라 스스로 문제를 해결하기 위해 다른 여러 가지 해결 방법을 찾도록 격려받지 못한다.

이럴 땐 이렇게 하세요

✔__교사가 문제를 해결하는 표준적인 알고리즘을 제시하는 것이 아니라 학생 스스로 해결하는 방법을 생성하도록 격려하고 자신의 아이디어를 설명하며 근거를 제시하도록 해야 한다.

Q 교사와 학생의 상호작용에서 교사들이 흔히 범하는 오류에는 어떤 것들이 있나요?

A 교사들이 범하는 상호작용의 오류는 다음과 같다.

- 교과 내용의 전달에 치중하여 피드백에 무관심함
- 전문적이거나 어려운 어휘를 사용하는 등 비효과적으로 정보를 전달함
- 너무 빠른 속도로 수업을 진행하여 학생들의 이해력이 따라가지 못함
- 준비 없이 이것저것 이야기하는 등 언어적 설명에 치중함
- 미숙한 전달로 학생들의 주의를 끄는 데 실패함

7_청취하기의 원칙은?

학생의 적극적인 참여는 질문과 대답을 통하여 이루어진다. 이때 교사가 할 수 있는 매우 효과적인 대응 행동인 청취하기의 원칙은 다음과 같다.

- 눈맞춤을 유지하도록 하라. 학생에게 질문을 한 후 학생들이 대답할 때 교사가 다른 행동을 하여서는 안 된다.
- 약간 앞쪽으로 기대듯이 서 있도록 하라. 대답을 들을 때 뒤로 물러서듯이 듣는 자세는 학생으로 하여금 지금 교사가 자신이 하는 말을 듣기 싫어한다는 인상을 준다.
- 질문을 함으로써 학생의 대답을 분명하게 하라. 학생의 대답을 듣는 중에 혹은 대답을 다 듣고 난 후 간단한 질문을 함으로써 불분명한 것을 확인한다.
- 대답하는 학생을 주시하라. 학생이 질문에 답하는 동안 다른 학생들이 질문에 집중하는지를 살피지 말고 답하는 학생을 바라보며 들어준다.
- 학생의 대답이 끝나고 1~2초간 기다려라. 간혹 대답이 끝났다고 생각했으나 그렇지 않은 경우도 있다.

8_학생들의 질문과 대답에 대한 적절한 반응은?

- 질문을 한 후 반응을 반드시 받아낸다.
  - 반응이 나올 때까지 기다린다.
  - 대답이 나올 수 있도록 다시 질문한다.
  - 오답 유형을 제시한다.
  - 말의 '물꼬'를 열어 준다.
  - 부담을 줄여 준다.
- 적절한 대답을 했을 경우 칭찬한다.
  - "예를 들어 주어서 좋다." "이유를 말해 주어서 좋다." "간단히 요약해 주어서 좋다." "질문의 본질을 정확히 파악했네요." 등으로 격려한다.

- 학생이 틀린 답을 했을 때 격려해 준다.
  - "틀렸어!" "아닙니다."보다는 "다른 대답 없나요?" 등으로 격려한다.
  - "그렇게 생각할 수 있지만 내 질문은 ~였습니다."
  - "그 대답과 이것을 연결하면 좀 더 정확한 대답이 나올 수 있습니다."
- 학생이 질문을 파악하지 못하고 엉뚱한 대답을 했을 경우에 순발력을 발휘한다.
  - "내 질문이 조금 모호했던 모양이네요. 내 질문은 ~였습니다." 등 학생보다는 선생님의 탓으로 돌린다.
  - "뒤에 앉아 질문이 잘 들리지 않았군요. 내 질문은 ~였습니다." 등 환경 탓으로 돌린다.
- 학생이 대답을 했을 때 다른 학생들이 반응을 보이게끔 한다.
  - "이 대답이 맞습니까?" "이 대답이 타당합니까?" "왜 맞다고 확신합니까?" "왜 틀렸다고 생각합니까?" 등으로 반응한다.

교생들이 자주 접하는 문제 상황

__질문과 답변의 핵심에 일정한 패턴을 지닌다.

__즉흥적으로 선생님이 질문하고 학생들로부터 원하는 대답이 바로 나오지 않으면 선생님이 대신 답한다.

잘못된 이유

__교사가 항상 똑같은 패턴을 사용해서 묻고 답하면, 가르치는 기술은 제한된 효과밖에 발휘하지 못한다.

__선생님이 질문하고 대답하는 행위가 계속되면, 학생들은 선생님의 질문을 세심하게 들으려고 하지 않는다.

이럴 때 이렇게 하세요

✔ 질문과 답변의 핵심은 일정한 패턴을 피하는 것이 좋다.

✔ 모든 질문은 의도적이어야 하며, 이를 위해 선생님은 질문하는 목적에 맞는 질문을 준비하여야 한다.

Q 학생의 숫자에 따라 질문의 형태가 달라져야 할까요?

A 수업을 디자인하는 데 있어서 단계마다 청중의 숫자를 고려하는 것이 중요하다. 그렇지 않다면 틀림없이 수업의 효과에 부정적인 영향을 가져온다. 다음은 학생의 숫자에 따라 질문의 형태가 어떻게 달라지는지를 보여 준다.

- 1~20명 : 교사와 학생 모두 많은 질문을 한다. 학생들과 교사 스스로, 또한 모두와 함께 수업에 대해 토론한다.
- 21~30명 : 교사는 질문을 하고, 학생들은 대답한다. 학생들은 어느 정도 질문을 한다. 학생 상호 간에 약간의 토론이 있다.
- 31~50명 : 교사가 질문을 하고, 학생들은 대답한다. 학생들은 조금 질문을 한다. 학생들 간에 제한된 토론만 있다.

Q 수업에서 질의응답을 촉진시켜 주는 분위기 조성을 위해 우리가 주의할 사항은 무엇입니까?

A 질의응답이 잘 이루어지려면 학생들이 다른 사람과 견해를 서로 공유할 수 있는 분위기가 조성되어야 한다. 이런 분위기를 조성하기 위해서 다음 세 가지 점에 유의해야 한다.

- 학생들의 대답이 선생님에 의해 무시되거나 다른 학생들에 의해 비하될 경우, 학생들은 자유롭게 질문하고 응답하려 하지 않는다. 학생들이 옳지 않은 답을 말할 경우, 옳지 않다거나 타당하지 않다고 직설적으로 말하거나 무시하는 행위보다는 그 질문을 다시 한 번 더 생각해 보고 그 답을 수정하거나 보완하게 하는 방법이 훨씬 바람직하다.
- 학생이 이해했는지를 알기 위해 선생님은 "질문 있습니까?"라고 묻는 경우가 있다. 좋은 방법은 아니다. 대신에, "A와 B가 다른 점은 무엇인가?"와 같은 이해 여부를 알 수 있는 질문을 하고 옆 사람과 의논할 시간을 준다.
- 학생을 호명한 후 질문하는 것은 바람직하지 않다. 다른 학생들은 그 질문에 대하여 생각하려 하지 않고 호명된 학생이 무엇을 말하는지 듣기만 할 뿐이다. 학생들은 언제 본

인이 호명될지 몰라 수업 시간에 불안할 수도 있다. 질문은 모든 학생들에게 하고 모든 학생들이 생각할 수 있도록 시간을 준다. 그리고 원하는 학생을 먼저 호명한다. 내성적인 학생들을 좀 더 적극적으로 수업에 참여하게 하기 위해서 그들의 표정을 주의 깊게 살피고 어떻게 생각하는지 얘기해 보겠냐고 권해 본다. 예를 들면, '선생님의 눈을 똑바로 보는가?' '무엇인가를 말하려는 듯 입술을 깨물고 있는가?' '혼자 중얼거리고 있는가?' '무엇인가를 메모하고 있는가?' 등과 같은 것들을 관찰한다.

9_효과적인 칭찬 방법은?

칭찬은 사람을 분발시킨다. 사람은 누구나 자기를 인정해 줄 때 사기가 높아지고 의욕이 샘솟는다. 특히 청소년기에는 주변으로부터 인정받고자 하는 욕구가 강하기 때문에 선생님의 칭찬 한마디가 결정적인 영향을 줄 수 있다. 사소한 일이라도 잘한 일을 찾아 칭찬과 격려를 해 주면 학생들은 성취감과 자신감을 크게 얻게 된다. 칭찬은 바람직한 행동을 촉진시키는 윤활유 구실을 한다. 효과적인 칭찬을 위하여 염두에 두어야 할 사항을 정리하면 다음과 같다.

- **칭찬은 자연스럽게 진심에서 우러나와야 한다.** 학생이 억지 칭찬이란 느낌을 갖지 않도록 한다. 진정 감격스럽고 기뻐하는 마음으로 찬사를 보내야 공감대가 이루어진다.
- **칭찬에는 학생의 행동이나 노력의 가치를 인정하고 존중하는 의미가 담겨 있어야 한다.** 칭찬은 바람직한 일을 수행한 데 대한 정신적인 보상이 되었을 때 그 효력이 있다. 칭찬을 통해서 학생은 보람과 성취감을 맛볼 수 있다.
- **칭찬에 조건을 달지 않는다.** 칭찬을 하면서 요망사항을 덧붙이게 되면 트집을 잡는 꼴이 되기 쉽다. 공연한 사족을 달아서 칭찬의 효과를 반감시키는 일이 없도록 해야 한다.
- **학생의 눈을 쳐다보면서 밝은 표정과 목소리로 칭찬한다.** 칭찬의 말은 행동과 일치해야 한다. 칭찬을 하면서 즐겁지 않은 표정을 짓는다면 아무도 그의 말을 칭

찬으로 받아들이지 않을 것이다.

- **행동을 하고 있는 동안에 즉시 칭찬한다.** 칭찬은 결정적인 순간, 즉 바람직한 행동을 하고 있는 중이거나 훌륭한 성과가 나타났을 때 즉시 해야 한다. 행동이 끝나고 한참 지난 뒤에 하면 효과가 떨어진다.
- **칭찬의 말은 간결한 것이 좋다.** 한번으로 충분한 칭찬을 몇 차례 반복하게 되면 칭찬 효과가 줄어든다.
- **칭찬은 누구에게나 공평하게 하고 후하게 하는 것이 좋다.** 칭찬은 굳이 아낄 필요가 없다. 다만 한 학생에 대한 칭찬이 다른 학생에게 상처를 주거나 시기심을 불러일으킬 수 있다는 것을 염두해 두어야 한다.
- **학생이 보인 바람직한 행동과 관련된 부분만을 칭찬한다.** 평가하거나 판단하는 칭찬은 불안감을 조성하고 반발심을 불러일으키기 쉽다. 인간성을 평가하는 칭찬보다는 특정 행위를 칭찬하는 것이 바람직하다. 학생의 인간적인 존재와 행동을 구별할 필요가 있다.
- **때로는 비언어적인 칭찬의 방법도 사용한다.** 머리를 쓰다듬어 준다든지 어깨를 두드려 준다든지, 아주 놀랐다는 표정, 감탄 어린 눈빛 등을 곁들이면 칭찬의 효과가 커진다.
- **일시적인 칭찬으로 그치지 말고 장점을 찾아서 꾸준히 격려를 아끼지 않는 것이 좋다.** 칭찬으로 인한 강화의 효과는 시간이 지나면 약해지기 마련이다. 그러므로 수시로 칭찬과 격려를 해 줌으로써 분발의 상태가 유지되도록 한다. 특정한 행동의 습관화를 위해서는 일정한 시간의 간격을 두고 의도적으로 칭찬을 하도록 한다.
- **성취의 양보다는 질에 초점을 두고 칭찬하는 것이 좋다.** 어떤 일을 했느냐 안 했느냐, 또는 얼마나 많이 했느냐를 따질 것이 아니라 그것을 얼마나 성실하게, 창의적으로 했는지 그 내용을 살펴서 칭찬해야 한다. 학생이 창의적인 방법으로 문제를 해결했을 때 그 참신성을 인정해 주는 것이 질에 초점을 둔 칭찬이라고 할 수 있다.

교생들이 자주 접하는 문제 상황

__"좋다." "잘했다!" 등으로 칭찬한다.

__"야, 천재적인 발언이다." "귀신같이 알아 맞추었네!" 등으로 칭찬한다.

잘못된 이유

__모호한 말보다는 어떤 점이 좋은지를 구체적으로 지적하는 것이 바람직하다.

__너무 과분하거나 과장된 칭찬은 오히려 비꼬는 것처럼 들릴 수 있다.

이럴 땐 이렇게 하세요

✔"적절한 예를 들어 주어서 좋다." "이유를 말해 주어서 좋다." "간단히 요약해 주어서 좋다." "질문의 본질을 정확히 파악했네요."

✔너무 과분하거나 과장된 칭찬은 오히려 자제한다.

Q 학습 부진 학생에게는 어떻게 칭찬할까요?

A 학습 부진 학생에게 칭찬은 더욱 필요하다. 선생님은 학생들의 개별성을 고려하여 다양한 칭찬의 기준을 마련할 필요가 있다. 선생님이 칭찬을 하는 데에 편향된 기준을 가지고 있다면 그 기준에 맞는 몇몇의 학생만 칭찬받을 수 있게 된다. 예컨대 선생님의 칭찬의 기준이 오로지 학업 성취에만 국한된다면 공부를 잘하는 학생만 항상 칭찬을 독차지하게 될 것이다. 반면에 성적은 좋지 않아도 친구를 잘 돕는 학생, 운동이나 예능 방면에 뛰어난 학생들은 선생님에게 칭찬받을 기회가 없게 된다. 특히 학습 부진 학생의 경우는 늘 하위권에서 맴돌기 때문에 항상 선생님의 책망 속에서 살아야 하는 운명에서 벗어날 수가 없다.

이런 까닭에 선생님은 학생들의 다양한 능력과 장점을 인정해 줄 수 있는 폭넓은 칭찬의 기준을 가지고 있어야 하는 것이다. 학습 부진 학생에게는 반드시 지적인 칭찬을 해 줄 필요가 있다. 학습 부진 학생을 다른 학생들과 상대 비교할 것이 아니라, 그 학생의 개인적 능력에 맞는 달성 목표를 부과한 다음, 그 목표에 따른 향상도를 고지해 주고 칭찬해 주는 것이다. 그렇게 하면 그 학생도 자기의 수준에서 "나도 할 수 있다."는 자신감과 "나도 해냈다."는 성취감을 맛볼 수 있게 된다.

Q 칭찬은 무조건 좋은 것인가요?

△ 칭찬이 다 좋은 것은 아니다.

- 칭찬은 항상 긍정적인 효과만 있는 것은 아니다. 사람은 처음에 자기 만족을 위하여 일을 하다가 그 일에 대해 외적인 보상을 받게 되면, 처음에 느끼던 내적인 만족도가 점점 줄어드는 경향이 있다. 뿐만 아니라 관심의 초점이 일 자체보다는 그 일로 인해 얻게 되는 외적인 보상에 집중됨으로써 일의 능률과 질이 떨어지게 되는 수도 있다. 실제로 학생이 칭찬을 듣거나 상을 받기 위하여 학업에 몰두하는 경우가 적지 않다. 이러한 학생은 애초에 느꼈던 새로운 것을 배우고 깨닫는 데서 오는 자기만족이나 희열이 점차 감소할 뿐더러, 장기적으로는 스스로 내적 욕구에 따라 공부하는 경우에 비해 학습 능률이나 질이 떨어질 수밖에 없다. 칭찬은 얼마 동안 학생을 신나게 해 줄지는 모른다. 그러나 그것이 왜곡되면 학생으로 하여금 의타심을 갖게 만든다. 선생님의 칭찬을 듣고 싶은 나머지 자기 본래의 욕구를 억누른 채 칭찬받을 수 있는 일에만 매달리게 되는 학생들도 많이 있다.
- 칭찬은 진실해야 한다. 칭찬이 좋다고 해서 아무에게나 할 수는 없는 일이다. 사리에 맞지 않는 일을 칭찬한다면 그것은 아첨이다. 아첨은 순간적으로는 듣는 이를 기분 좋게 만들 수는 있지만 사람을 분발시키는 지속적인 힘은 없다. 오래지 않아 사실이 드러나고 만다. 훌륭한 칭찬은 학생으로 하여금 분발을 촉진하고 인간적 완성을 지향할 수 있도록 한다.
- 질책과 칭찬은 균형을 이루어 행해지는 것이 좋다. 칭찬 일변도의 학생 지도는 자칫 학생을 자만과 나태에 빠지게 할 수 있다. 칭찬을 해도 학생이 전혀 기뻐하지 않는다면 그 칭찬은 이미 효과를 잃어버린 것이다. 그렇다고 질책을 자주 하게 되면 선생님이 칭찬에는 인색하고 질책에만 치우쳐 있다는 인상을 주게 된다. 학생을 나무랄 때는 단점만 들추어내지 말고 훌륭한 점도 아울러 말해 줌으로써 긍정적인 자아개념이 손상되지 않도록 해 주어야 한다. 또 잘못된 행동을 지적하면서도 긍정적인 일면은 칭찬을 해 줌으로

가르치는 기술

학급경영

생활지도

교육실습 유의사항

부록

써 질책과 칭찬이 균형을 이루도록 배려할 필요가 있다. 이렇듯 칭찬과 질책은 잘만 구사하면 학생의 바람직한 행동 형성에 크게 도움을 줄 수 있다. 선생님이 칭찬과 질책의 효과와 학생의 행동 발달에 미치는 영향에 대해 분명한 인식을 가지고, 현명하게 전략을 구사한다면 교육 효과를 한층 극대화할 수 있을 것이다.

10_효과적인 협동학습 참여 방법은?

협동학습은 소집단을 구성하는 모든 모둠원이 상호 의존을 바탕으로 자신의 성취만이 아니라 집단의 성취도를 중시하면서 주어진 학습과제나 학습목표를 공동으로 달성해 나가는 교수-학습방법이다. 학생들의 효과적인 소집단 활동 참여를 위한 방법은 다음과 같다.

- 모둠원 모두가 토의나 과제에 참여하고 기여해야 함을 기본으로 한다.
- 결론으로 너무 급진전하기보다는 소수의 의견도 귀담아 듣는다.
- 특정 의견에 대하여 아무도 반대하지 않는다고 해서 합의를 도출했다고 결론짓지 않는다. 필요한 경우에는 투표를 하더라도 모둠원 각자가 동의하는지를 일일이 물어본다.
- 즉각적인 목표, 중간 목표, 장기적인 목표를 분명히 세운다. 물론 진도가 나감에 따라 목표가 변경될 수도 있음을 기억한다.
- 과제를 분담한다. 조 구성원 각자가 맡은 일이 무엇인지를 확실히 알아야 하며, 마감 일자를 명확히 해 놓아야 한다.
- 다음 시간에 논의할 일을 분명히 해야 한다.
- 모임을 마치기 전에, 집단 과정을 평가해야 한다. 다음 시간에는 어떠한 시도를 해 볼 수 있을 것인가를 논의한다.

교생들이 자주 접하는 문제 상황

__학생들에게 자율적으로 조를 구성하게 한다.

잘못된 이유

__학생들에게 조구성을 맡기면 대개의 경우 동질적으로 조를 구성하여 다양한 정보의 공유가 불가능해지기 때문이다.

이럴 땐 이렇게 하세요

✔교사가 어느 정도 개입을 하더라도 이질적으로 조를 구성한다.

Q 협동학습의 장점은 무엇인가요?

A 협동학습의 장점은 다음과 같다.

- 관계 맺는 능력이 향상된다.
- 구성원 서로서로가 학습하는 것을 배우게 된다. 즉 상대방이 하나의 학습모형이 될 수 있다.
- 조직 구성원 전체가 협력하여 지식을 얻음으로써 혼자 학습할 때보다 교과에 대한 지식이 증대된다.
- 토론과 논쟁을 통하여 높은 수준의 사고력이 발달된다.
- 다른 사람으로부터 정보를 어떻게 얻어 내고, 어떻게 질문을 하고 도움을 요청해야 하는지를 배우게 된다.
- 학교에서 행하는 과제가 학교 밖에서 행하는 과제와 유사하다.
- 구성원 서로가 힘을 합쳐 분담해서 수행하는 작업을 가치 있게 여긴다.

Q 협동학습의 단점은 무엇인가요?

A 협동학습의 단점은 다음과 같다.

- 많은 시간과 노력을 요구한다.
- 학습자끼리 잘못 이해한 것을 정답으로 오해할 우려가 있다.
- 몇몇 우수한 학생들의 주도로 나머지 학생이 소외되고 심리적으로 위축되기 쉽다.

- 학습 능력이 낮은 학습자가 적극적으로 학습에 참여하지 않아도 학습 능력이 높은 학습자의 성과를 공유하는 무임승차 효과(free rider effect)가 나타난다.
- 학습 능력이 높은 학습자는 자신의 노력이 다른 학습자에게 돌아가기 때문에 학습에 적극적으로 참여하지 않는 봉 효과(sucker effect)가 나타난다.

5

효과적인 강의

이것만은 꼭!

✔ 학생들에게 도움이 되는 인지전략(시연, 정교화, 조직화 전략)을 사용하자.

✔ 너무 많은 밑줄 긋기는 금물!

✔ 학생들의 대답 또는 반응에 대해 단지 잘했다고 피드백해 주는 것보다는 구체적으로 어떤 점이 어떻게 잘 되었는지에 대해 피드백을 제공하자.

✔ 의견을 지지하거나 강화해 주는 지지적 피드백과 잘못된 행동을 바꾸기 위한 교정적 피드백 사이에 균형을 유지하자.

✔ 학생들이 원하지 않는 대답을 하더라도 "아니야." 대신에 "글쎄, 그런 생각도 할 수 있구나. 그것에 대해서 더 자세하게 말해 주겠니?" 혹은 "그것은 또 다른 해결 방법이구나, 어떻게 그 답이 나오게 되었니?"라고 반응해 보자.

✔ 수업 형태에 적합하고 학습목표를 도달할 수 있는 학습활동지를 선택하자.

✔ 학생이 학습활동지를 직접 제작하도록 해 보자.

교사는 강의를 할 때 학습내용을 여러 가지 교수-학습방법을 통하여 정보를 제시하고 학생들은 이것을 능동적으로 받아들이게 된다. "어떻게 하면 훌륭한 내용을 쉽고 재미있게 전달할 수 있을까?"라는 고민이 곧 효과적인 강의를 위한 시작일 것이다. 이 물음을 기준으로 수업 준비를 하고, 그에 따른 교수 기법을 습득하여 원활하고 재미있는 강의를 만드는 것이 효과적인 강의가 아닐까?

1_수업 상황에 활용되는 인지 전략(Cognitive strategy)은?

인지 전략은 시연, 정교화, 조직화 전략을 통하여 학습자가 자료를 기억하고 이해하는 데에 사용하는 실제적인 학습 전략이자 정보 인출에 관한 전략으로 학습을 효율적으로 기억하는 데 도움이 되는 학습방법에 관한 것이다. 즉, 인지 전략은 지식의 획득, 저장, 표현 또는 정보의 시범 등의 측면에서 학습자가 목적을 달성하기 위하여 사용하며, 인지 전략의 과정은 이해, 전이, 시각화, 구상화, 가설 설정, 예상, 계산, 평가하기로 구성되어 있다.

- **시연(rehearsal)** : 단기기억 속에서 정보가 사라지지 않게 하기 위한 전략으로서 학습내용을 외우는 것이나 소리 내어 읽는 것과 관련된다. 시연은 글의 중요한 부분에 관심과 주의를 집중하게 하고 학습내용을 능동적으로 암송하여 작동 기억으로 전이하는 효과가 있으며, 특히 시를 암송하거나 영어 단어를 암기할 때 효율적이다. 따라 읽기, 밑줄 긋기, 강조 표시하기, 베끼기, 색칠하기, 덧칠하기, 노트하기 등과 같은 행동으로, 앞으로 이용할 정보를 습득하고 세부 사항을 선택하도록 하는 것이다. 시연된 정보는 장기 기억에 저장될 때에는 유의미한 형태로 저장되지 못하는 경우가 많고, 일정 시간이 경과한 후에 인출하기가 어려울 때가 많다. 그러므로 복잡한 학습내용의 경우에는 단순 반복 이상의 시연 전략이 이용되어야 한다.
- **정교화(elaboration) 전략** : 학습 자료를 유의미하게 만들기 위하여 새 정보와 이전 정보를 관련시켜 특정한 관계를 지니도록 하는 적극적인 인지활동 방법이다. 이러한 관계 형성은 언어나 이미지로 이루어진다. 정보처리 이론의 관점에서 보면 새로운 정보를 이전의 정보와 내적으로 관계를 맺도록 하여 정보를 장기기억

안으로 저장하는 것이다. 다른 말로 바꾸어 보기, 유추하기, 요약하기, 심상 형성하기, 질의·응답하기, 창의적으로 노트하기 등이 있으며, 기존의 지식과 새로운 정보의 통합을 촉진하는 것으로 기억 보조술도 여기에 해당된다.

- **조직화(organization) 전략** : 학습내용의 요소들 간의 관계를 논리적이고 의미 있게 구상해 보는 것으로 중요한 개념을 중심으로 학습내용을 보다 쉽게 이해할 수 있도록 분석해 보거나 내용 요소들 간의 관계를 논리적으로 구성하고 위계화를 하여 암기를 돕는 방법이다. 핵심 아이디어 선택하기, 개요화하기, 그룹화하기, 도표화하기와 같은 행동을 포함하며, 새로운 지식을 더 큰 기존의 개념 속으로 통합시키기 위해 문항을 군집화하는 것이다. 심층적인 이해를 필요로 하는 조직화 전략은 단순한 사실을 암기하는 시연과 큰 차이가 있다.

교생들이 자주 접하는 문제 상황

__너무 많은 밑줄 긋기를 하거나 요약하기에 너무 많은 정보를 포함한다.

잘못된 이유

__너무 많은 내용에 밑줄을 긋고 너무 많은 정보를 요약하면 그다지 중요하지 않은 자료에도 밑줄이 그어지고 요약되기 때문에 그 효과를 잃게 된다.

이럴 때 이렇게 하세요

✔밑줄 긋기는 선별적으로 사용하면 학습 효과를 높일 수 있는 유용한 시연 전략이다. 학습 목표와 가장 관련이 높은 자료들을 위주로 밑줄을 그어야 한다.

✔적절한 요약이 되어야 하며, 특히 요약이 효과적이려면 학생들이 학습 자료에 나타난 중심 개념을 반드시 자신의 언어로 표현할 수 있도록 해야 한다.

Q 정교화 전략 중 기억 보조술은 어떤 전략인가요?

A 기억 보조술은 학습할 새 정보와 자신이 이미 알고 있는 것을 연결지음으로써 정보를 장

기 기억 속에 저장하거나 유의미화하려는 것이다. 흔히 쓰이는 정교화 방법인 기억 보조술에는 암기할 내용의 첫 글자를 조합하여 의미 있는 단어로 만드는 두문자어(Acronym) 조합을 광범위하게 사용하여 왔으며, 외국어 학습에 효과적인 방법인 핵심 단어법과 팩-워드법도 있다.

- 핵심단어법(Keyword Method) : 외국어 단어를 기억하기 위해서 먼저 그 외국어의 발음 혹은 그 일부만이라도 비슷한 단어, 즉 키워드를 선택한다. 그리고 키워드와 연결될 만한 단어를 연상한다. 키워드를 선정해서 단어의 뜻 또는 발음의 유사성을 찾아 암기하면 매우 효과적이다.
- 팩-워드법(Peg-word Method) : 쉽게 시각화될 기억 보조인 구체적 사물로 고정된 자료를 선정하여 암기할 내용과 연결하는 것이다.

Q 정교화 전략의 창의적 노트하기와 시연 전략의 정리하기는 어떻게 다른가요?

A 창의적으로 노트하기는 본문의 표현된 가장 중요한 아이디어를 유의미하게 바꾸어 쓰도록 하는 것을 말한다. 노트하면서 학생들은 새 학습내용을 다른 정보와 통합하거나 자신에게 유의미한 방식으로 전환한다. 창의적으로 노트하기가 효과적이려면 본문에 담긴 내용을 그대로 옮기는 것이 되어서는 안 되며, 단지 기억을 증진시키는 단순한 베껴 쓰기나 정리하기가 되어서는 안 된다. 창의적으로 노트하기의 의도가 정보를 통합하거나 적용하는 데에 있으므로 학생들이 일반적으로 효과적인 노트가 어떤 것이며, 어떻게 작성하는지에 대해 알도록 해야 한다.

2_메타인지 전략(Metacognition strategy)이란?

메타인지란 자신의 사고 과정에 대해 의식적으로 모니터하는 작업으로 무슨 일을 왜, 어떻게 하고 있는지를 인지하는 것과 어떤 일을 할 것인지 선택하거나 그 선택을 바꾸는 것을 결정하는 것을 의미한다. 다시 말하면 학습자가 문제를 해결하는 활동을 포함하여 어떤 일을 수행할 때, 나는 무엇을 하고 있는가? 나는 왜 이것을 하고 있는가? 나는 이 일을 어떻게 하고 있는가? 내가 이를 통해서 내가 알게 된 것은 무엇이며, 어떤 도움이 되는가에 대해 자기 스스로에게 묻고 대답하기 위해 생각하고 깨닫고, 자신의 행위 그 자체에 대해 회상, 반성하는 것을 말한다. 인지 전략의 목적이 학습내용을 배우고, 기억하고, 이해하는 데 있다면, 메타인지 전략은 자신의 인지를 계획, 점검, 조절하는 데 있다.

- **계획(planning)** : 학습을 효율적으로 하기 위해 어떤 전략과 정보 처리를 사용할 것인지에 대한 생각을 일컫는다. 예컨대 시작 전에 목차부터 살펴보기, 무슨 내용에 관한 것인지 대강 훑어보기, 문제를 풀기 전에 무엇을 묻고자 하는지 추측하기, 문제에 대한 작업이 이루어지기 전 목표 설정하기 등이 여기에 해당된다고 볼 수 있는데, 이들은 학습에 어떤 인지 전략을 사용할 것인지를 계획한다는 점에서 공통적이다. 결국 인지 전략을 잘 사용하는 학습자가 메타인지적 활동도 많이 수행한다.
- **점검(monitoring)** : 과제를 수행하는 동안 자신의 주의집중을 추적하면서 이해 정도를 확인하는 것을 일컫는다. 메타인지의 핵심을 이루기 때문에 결국 메타인지적 활동은 점검 없이는 설명이 불가능해진다. 다시 말해 점검은 자신의 상태를 체크하는 인지활동이다. 따라서 학습내용에 주의집중 확인하기, 자신의 이해 정도를 스스로 평가해보기, 시험치는 동안 문제 푸는 속도 체크하기, 자신이 얼마나 이해했는지를 검증해 보기 등이 여기에 해당되며, 수행의 결과와 내재적 흥미를 높여 주는 역할을 한다.
- **조절(regulating)** : 현재 자신이 사용하고 있는 전략의 적절성을 검토하면서 자신의 전략을 조절해 보는 전략으로 자신의 인지활동을 점검하다가 문제가 생기면 앞으로 되돌아가거나 인지 전략을 바꾸고, 이해가 어려운 부분이 있으면 속도를 조절한다거나 읽기를 다시 하는 것이 이에 해당되며, 점검과 밀접한 관계가 있다. 조절은 과제 완성 후 일어나는 것으로 선택된 활동이 효과적이고 효율적이었는지를 계속적으로 체크하고 필요할 때 활동을 조절하도록 한다. 자신의 학습행동을 교정하고, 잘못된 이해 부분을 수정하여 학습을 향상시키게 하는 것이다.

Q 인지와 메타인지 전략의 요소에는 어떤 것들이 있나요?

A 인지와 메타인지 전략에는 세 가지 요소가 있다.

- 학생의 수행 능력을 평가하고 지도프로그램이 어떤 학생에게 적합한지를 판별하는 것이다. 학생 수행평가는 효과적인 인지 전략에 있어서 중요한 역할을 하는 것으로, 학생들의 특성을 확인하고 개별화된 프로그램을 발전시키기 위해 필요한 정보를 줄 수 있는 다양한 종류의 평가가 이루어져야 한다. 표준화된 검사 등은 학생의 읽기나 계산적 능력들을 비교적 빨리 평가하는 데 사용될 수 있으며, 교사들은 학생들이 긍정적인 방식으로 지시에 응하고 학습에 전념할 수 있도록 그들의 능력에 대한 긍정적인 생각을 하도록 도와주어야 한다.
- 문제해결을 위한 전략을 습득하고 응용하도록 학생들을 명확하게 가르치는 것이다. 교사는 학생들이 문제를 푸는 동안 전략을 암송하여 적용하도록 하며, 문제를 시연하면서 학생들과 역할을 바꾸기도 하고 수행하는 동안 긍정적 피드백을 주어야 한다.
- 전략의 유지와 일반화에 강조점을 두어 학생의 수행을 평가하는 것이다. 학생 수행을 평가하는 것은 학습에서 인지 전략 교수의 효과를 평가할 때와 달리 시행하여야 한다. 학습의 4단계인 전략의 취득, 적용, 유지, 일반화의 사항을 가지고 인지 전략 교수를 평가해야 한다.

3_인지적 교수 전략의 절차는?

문제해결 능력을 신장시키기 위해서 교사는 문제해결의 성취 결과, 즉 정답보다는 문제를 인식하고 사고와 추론을 통해 문제를 해결하는 문제해결 과정에 더 큰 관심을 두어야 한다. 왜냐하면 문제해결은 친숙하지 않은 상황의 요구를 해결하기 위해 학습자가 이미 습득하고 있는 지식이나 기능을 적용하는 과정이며, 또한 문제해결 과정은 목표에 도달할 때까지 사용하게 되는 전략이 되기 때문이다. 많은 학자들이 문제해결의 절차 및 내용을 다양하게 제시하였는데, Montague 등은 문제해결에 있어서 인지적 절차와 메타인지적 절차로 나누어 설명하였다.

〈표〉 인지 절차와 메타인지 절차

단계	메타인지 / 인지	자기 교수	자기 질문	자기 점검
문제 이해	이해 (문제 읽기)	문제를 읽자. 이해가 되지 않으면 다시 읽자.	내가 문제를 읽고 이해했는가?	문제를 이해하도록 읽었는가?
	전이 (중요한 부분 밑줄 긋기, 바꾸어 말하기)	중요한 부분에 밑줄을 긋고 나의 언어로 문제를 바꾸라.	내가 중요한 부분에 밑줄을 그었는가? 문제가 무엇인가? 내가 찾고 있는 것이 무엇인가?	밑줄이 문제 내용에 어긋나지 않았는가?
	시각화 (그림으로 표현하기)	그림을 그려라. 문제를 스티커로 표현해 보자.	문제에 맞게 그림으로 표현하였는가? 스티커를 사용했는가?	그림이 문제에 적합한가?
계획 수립	가설 설정 (문제 해결을 위한 계획)	어떤 계산 단계의 과정이 필요한지, 필요한 계산 기호는 무엇인지 생각해보자.	그렇게 한다면 어떤 답이 나올까? 그런 다음에 내가 할 일은? 얼마나 많은 단계들이 필요한가?	이치에 맞게 계획을 수립하였는가?
계획 실행	계산 (계산하기)	지시에 따라 계산을 해 보자.	나의 예상 답과 비교했을 때 어떤가? 내 답이 맞는가? 연산 기호들이 정확한가?	모든 계산들이 정확한 지시에 따라 이루어졌는가?
검증	확인 (바른지 체크하기)	정답과 풀이 과정을 검토해 보자.	모든 단계를 검토했는가? 답이 옳은가?	모든 것이 정확한가? 그렇지 않다면 처음부터 다시하자. 도움이 필요하다면 요청하자.

가르치는 기술

학급경영

생활지도

교육실습 유의사항

부록

Q 인지적 전략 교수의 특징은 무엇인가요?

A 인지 전략과 메타인지 전략은 학생들의 학업 성취에 중요한 요소이며, 이론적으로 학습될 수 있다. 그러므로 교사들은 학생들이 전략을 학습해서 적용할 수 있도록 조장하여야 한다. 문제해결 전략에 결손을 가진 학생들에게는 일반적으로 이해, 실행, 문제 평가에 대한 특별한 인지 전략을 가르치는 것이 필요하며, 반대로 문제해결의 레퍼토리를 가지고 있는 학생들이라도 효과적인 전략을 사용하기 위해서는 메타인지 전략인 자기교수, 자기통제, 자기평가가 필요하다. 또한 인지 전략과 메타인지 전략의 주요 교수 원리로는 인지적 모델, 언어적 시연, 유도된 연습, 정확하고 긍정적인 피드백, 그리고 숙달된 학습 등을 사용할 수 있다.

Montague는 문제해결을 하기 위한 메타인지적 관점을 포함한 정보처리 이론의 영향을 탐색하면서 교과서와 현실 세계 문제의 강조보다는 문제해결 교수를 먼저 지도한 후 문제해결 전략을 인식하고 조절하는 데 필요한 메타인지적 능력을 강조하여 학생들이 전략적 지식의 습득과 사용에 필요한 자기교수, 자기질문, 그리고 전략을 통제하기 위한 자기 모니터링을 하도록 요구한다. 학생들이 인지전략과 메타인지 전략의 습득과 적용을 잘 하기 위해서는 전략 그 자체의 지식만으로는 충분하지 않으며, 학생들 스스로가 그들의 학습을 효과적으로 통제하고 감시하지 않으면 안 된다. 그리고 학습의 효과를 극대화하기 위해서 학습자들이 구체적 목표를 달성하게 하는 자아조절 기제로서 그들 자신을 의식적으로 사려 깊게 인식하는 방법을 알아야 한다. 그러므로 메타인지 개념을 병합한 인지 전략과 메타인지 전략을 스스로 통제할 수 있어야 한다.

4_적절한 피드백을 제공하는 방법은?

피드백이란 어떤 학습 상황에서 학생 개개인의 활동이나 반응의 적절성에 관하여 학생들에게 정보를 제공해 주고자 하는 모든 형태의 의사소통을 말한다. 이러한 정상적인 의사소통 과정의 한 부분인 피드백은 학생들이 성취 과정 혹은 결과의 적절성을 확인해 보고 학습의 진전 정도를 조정해 볼 수 있도록 해 주는 정보이다. 따라서 수업에서 피드백을 사용함으로써 수업이 성공적이었는지 실패이었는지를 확인할 수 있으며, 또한 학습자들의 능력을 정확히 파악할 수도 있다. 하지만 교사가 학생들의 반응에 그냥 단순히 피드백을 준다고 해서 다 좋은 것만은 아니다. 그 피드백이 얼마나 교육적 효과가 있는지 또는 어느 정도 적절한지가 중요하다. 물론 피드백을 받는 사람이 어떻게 받아들일 것인지도 문제가 될 수 있다.

- **수업의 자투리 시간을 활용한 피드백** : 학생들이 자리에 앉거나 이동하는 등의 자투리 시간에 간단한 퀴즈나 O·X문제를 제시하고 피드백을 제공한다.
- **수업 전후의 시간을 활용한 피드백** : 수업 전후에 짧은 질문을 주고 나서 한두 개의 모범 답안을 읽어 주거나 학생의 의견에 대해 피드백을 줌으로써 학생들의 수업 준비나 복습을 돕는다.
- **과제물에 대한 피드백** : 과제를 마감하기 전에 특정 기간을 정하여 과제의 개요나 초안 수준으로 제출하도록 하여 피드백을 제공해 준다.
- **수업 중간에 학생들끼리의 피드백** : 15~20분 정도 단위로 수업이 진행되는 중간에 학생들이 옆의 동료와 함께 질문을 서로 나누어 토의할 시간을 준다. 토의가 정리된 후에는 2~3명의 학생이 의견을 발표하도록 한다.
- **중요 내용의 정리를 통한 피드백** : 수업이 절반 이상 진행된 후에는 학생들에게 수업에서 언급된 주제 가운데 가장 중요하다고 생각되는 내용을 적어 보도록 한다. 그 후, 주요 내용을 칠판 등으로 제시하고 학생들이 적은 주제와 비교해 보도록 한다.
- **학생들의 반응에 대한 구체적인 피드백** : 학생들의 대답 또는 반응에 대해 단지 잘 했다고 피드백해 주는 것보다는 구체적으로 어떤 점이 어떻게 잘 되었는지에 대해 피드백을 제공한다.
- **교수 매체를 활용한 피드백** : 단지 설명으로만 피드백을 제공하기보다는 상호작용을 촉진할 수 있는 비디오, 시청각 자료, 유인물 등 다양한 자료를 통한 방법을 활용하도록 한다.
- **친밀한 분위기 조성을 통한 피드백** : 학생들이 자유롭고 편한 피드백을 구할 수 있는 친밀한 수업 분위기를 만들도록 한다.

교생들이 자주 접하는 문제 상황

__무의미한 피드백을 주면서 지지적 피드백을 주었다고 생각하는 경우가 많다.

__교육이나 훈련 등의 뒷받침이 없이 매우 까다로운 교정적 피드백을 주는 경우가 있다.

__피드백을 할 때 불필요한 내용이나 의도하는 피드백과 전혀 상관없는 질책 등으로 피드백 자체를 어렵게 하는 경우도 있다.

잘못된 이유

__학생들에게 엄청난 결과를 기대하는 경우가 많아 큰 실망을 느낄 수도 있다.

__뒷받침 없이 피드백을 주는 경우 자칫 학대적 피드백으로 흐르는 경우가 많아 학생들에게 모멸감을 주기도 한다.

이럴 때 이렇게 하세요

✔지지적 피드백에는 교정적 피드백이 뒷받침되어야 효과적인 피드백이 될 수 있다.

✔피드백을 통해 보다 개선될 수 있도록 행동 중심적이고 해결 중심적 피드백이 되어야 한다.

Q 일반적으로 알아야 할 피드백의 요령은 무엇인가요?

A 피드백의 10가지 요소를 정리하면 다음과 같다.

- 피드백을 주기 전에 생각을 정리하고, 대답을 마음속에 생각한다. 예를 들면서 확실하게, 그리고 받는 사람에 맞도록 유연하게 피드백 계획을 짠다.
- 상대방이 의도를 추측할 필요가 없도록 명확하게 이해할 수 있게 한다.
- 상대방의 성격이나 태도가 아니라 눈에 보이거나 평가될 수 있는 특정 행동에 초점을 맞추어야 한다.
- 피드백은 가능한 한 신속히, 그리고 스트레스를 덜 받을 만한 상황에서 전달되도록 시간과 공간을 배려한다.
- 의견을 지지하거나 강화해 주는 지지적 피드백과 잘못된 행동을 바꾸기 위한 교정적 피

드백 사이에 균형을 유지해야 한다.

- 객관적으로 침착하게, 지금 일어난 일에 대해서만 피드백을 해야 한다.
- 요점 말하기, 눈 마주치기, 중요한 한 가지 문제에만 집중하기 등 효과적인 기술을 익힌다.
- 피드백은 자신에게 맞는 방식으로 접근해야 하므로 효과적인 스타일을 계발한다.
- 자신의 느낌을 표현한 피드백을 해야 한다.
- 상대방으로 하여금 자신의 의견을 표현하게 하고, 그 사람의 의견을 경청한다.

5_피드백의 활용 방법은?

수업을 할 때 어떤 피드백을 통하여 학생들의 지속적 학습 효과를 이끌어 낼 수 있는가는 모든 교사가 고민하는 부분이다. 이러한 고민을 해결해 줄 수 있는 피드백의 활용 방법은 다음과 같다.

- 많은 교사들이 발화 오류의 원인이 된 형태를 교사가 직접 바로잡는 방식인 '명시적 수정'과 학습자 발화의 중심을 유지하되, 부분 혹은 전체를 재구성하는 방식인 '고쳐 말하기'를 선호한다.
  ⇒ '명시적 수정'과 '고쳐 말하기'가 학습자의 지속적 오류 수정에 크게 이바지하지는 않는다. 반면에 부정이나 질문을 통하여 학습자가 직접 옳은 형태로 다시 발화하도록 유도하는 방법인 '유도'는 오류 수정 후에도 지속적으로 바로잡기의 효과가 지속되었다고 한다. 이런 점들이 학습 현장에서 교사 위주가 아닌 학습자 주도 수업을 권장하는 이유이다.
- 학생들에게 오직 한 가지 정답이 있는 질문을 하고, 그들에게 주어진 도전적인 과제는 바로 그 정답을 찾아내는 것이라고 주입시킨다.
  ⇒ 학생들은 그 한 가지 정답을 알아냈다고 확신하기 전에 손을 들면, 스스로 위험에 처하게 된다고 인식한다.
- 교사가 찾고 있는 정확한 답을 학생이 얘기하지 못할 경우에 "아니야."라는 말을 한다.
  ⇒ 학생들에게 상처를 주고 자신이 무력하고 바보같다고 느끼게 한다. 그리고 "아니

야."는 학생들에게 주제에 대한 그들의 특유한 생각이 특별한 가치가 없는 것이라는 말과 같다. 결국 이것은 학생들이 주제에 대하여 생각하고 탐구하려는 욕구를 말살하고, 학생의 지적 자율성을 존중하기보다는 오히려 학생들을 교사에게 의존하게 만든다.

⇨ **해결 방안** : 학생들은 그들의 아이디어와 논평을 암묵적으로 존중하는 비판단적 피드백이 주어졌을 때, 기꺼이 위험을 무릅쓰고 과제에 참여한다. 비판단적 피드백을 추구하는 교사는 학생들의 질문에 부가적인 질문을 하며, 학생들의 확신에는 그럴 듯한 반박을 비간접적으로 한다. 그리고 학생의 답변에 대해 왜 그렇게 생각하는지 설명해보도록 한다. "글쎄, 나는 그런 식으로는 생각하지 못했다. 그것에 대해서 더 말해 주겠니?" 혹은 "그것은 그 주제를 보는 창의적인 방법이구나. 어떻게 그 답에 이르게 되었니?"라고 할 때 교사는 학생들의 마음을 들여다볼 기회를 가질 수 있으며 학생의 창의적 노력을 불러일으킬 수 있다.

교생들이 자주 접하는 문제 상황

_선생님이 학생들에게 질문을 한 후, "아니야." "비슷하지만 정확하지는 않아." "좋아, 그것이 정답이야!" 등으로 피드백한다.

잘못된 이유

_학생들은 교사가 제기하는 각각의 질문에는 오직 한 가지 정답이 있고, 학생은 그 한 가지 정답을 알아냈다고 확신하기 전에는 대답 자체를 피한다.

_학생이 교사가 예상하고 있는 대답을 하지 못할 경우에 교사의 "아니야."라는 말은 학생들에게 상처를 주고 무력감을 느끼게 하며, 학생들이 주제에 대해서 생각하고 탐구하려는 욕구를 말살시킨다.

이럴 땐 이렇게 하세요

✔학생들이 원하지 않는 대답을 하더라도 "아니야." 대신에 "글쎄, 그런 생각도 할 수 있구나. 그것에 대해서 더 자세하게 말해 주겠니?" 혹은 "그것은 또 다른 해결 방법이구나. 어떻게 그 답이 나오게 되었니?"라고 반응한다.

Q "아니야."와 같은 판단적 피드백은 학생의 자율성과 어떠한 관련이 있나요?

A "아니야." "좋아." "옳아." 그리고 "틀렸어."라는 단어들을 듣자마자, 학생들은 어떤 내적인 깨달음 때문이 아니라 외적인 자극 때문에 그들의 생각을 유지하거나 변경시킨다고 한다. 시간이 흐르면서 이런 종류의 피드백은 학생의 지적 자율성을 존중하기보다는 오히려 학생들을 교사에게 의존하게 만들 수 있다.

6_학습활동지의 적절한 활용 방법은?

교사들이 수업 보조자료로 많이 활용하는 것 가운데 하나가 바로 학습활동지이다. 수업 내용을 요약하거나 형성평가 문제, 읽기 자료 등을 담은 것들이 그것이다. 그런데 그 내용이나 레이아웃, 학생들의 활용 상태를 보면 각양각색이다. 이러한 학습활동지, 어떻게 활용해야 할까?

- 학습과정과 수업 형태에 적합하고 학습목표를 도달할 수 있는 학습활동지를 선택해야 한다. 만약 학습활동지 해결에 투자할 시간에 비해 학습목표 도달이 미흡하다면 학습활동지 사용을 포기하는 것이 더 효율적이다. 학습활동지를 이용한 학습이 되어야지 학습활동지에 얽매여서는 안 된다.
- 단위 시간에 사용할 학습활동지는 활동 영역이 다양하도록 고려하여 선택한다. 다양한 학습활동지를 사용하기 위해서는 우선 학습 형태부터 다양하게 변화를 주어야 효과가 있다.
- 학습활동지는 교과 및 학습내용에 따라 수준별, 단계별로 준비하며, 기존 학습활동지를 이용할 경우 학생들의 수준에 알맞게 수정·보완하여 사용한다.
- 학습 형태에 따라 일정한 유형의 학습활동지를 사용하면 학생들이 학습 형태에 쉽게 적응할 수 있으며, 학습활동지의 해결도 효율적으로 이루어진다.
- 학습활동지는 교사가 제공해야 한다는 고정 관념에서 벗어나, 학생이 제작하도록 하는 것도 교육적으로 의미가 있다. 학습의 심화 과정으로 학습활동지와 정답

지를 만들도록 한 후 다른 학생들이 이용하도록 하는 방법도 있고, 더 발전하면 학습문제를 찾아낸 후 그 문제를 해결할 수 있는 학습활동지를 직접 만들어 완성하도록 하는 방법도 있다.

- 학습활동지를 파일에 넣으려면 A4를 사용하나, 공책에 붙일 경우에는 B5나 B4로 인쇄하는 것이 편리하다.
- 학생들이 해결한 학습활동지 중에서 우수한 예는 다른 학생들에게도 보여 주어 자극을 주도록 한다.
- 활용하는 방법을 이해하고 활용할 수 있도록 자세하게 안내한 후 활용한다.

교생들이 자주 접하는 문제 상황

__학생들이 학습활동지를 잘 관리하고 있는지에 대한 관심이 부족하고 점검이 제대로 이루어지지 않는다.

__모든 학습활동지를 학생들의 수만큼 인쇄하여 나누어 준다.

잘못된 이유

__학습활동지에 대한 학생들의 관리가 소홀하다.

__학습활동지 중에는 인쇄하여 개인별로 직접 해결하여야 하는 것도 있으나, 학습활동지의 문제만을 읽으면 되는 것도 있다. 이런 경우 학생들의 수만큼 모든 학습활동지를 인쇄하는 것이 번거롭고 종이도 많이 낭비된다.

이럴 땐 이렇게 하세요

✔_과목에 따라 한꺼번에 나누어 주어 개인 파일에 정리해 놓고 원하는 것을 뽑아 쓰거나, 묶음으로 만들어 사용하는 것도 편리하다. 개인 파일을 사용할 경우 파일 1면에 학습활동지 목록표를 넣어 두도록 한다.

✔_모둠별로 나누어 주거나 짝과 같이 볼 수 있도록 하여 종이를 절약하는 것이 좋다.

학습활동지의 효율적인 제작 방법은 무엇인가요?

학습활동지의 활용을 100% 이루어 내려면 직접 계획한 학습에 알맞게 직접 학습활동지를 제작하여야 한다. 다음은 학습활동지의 제작 과정과 제작 방법이다.

- 학습활동지 제작 전에 교재 분석과 교수-학습과정에 대한 연구가 이루어져야 한다.
- 탈 교과서적인 다양한 학습활동을 위하여 가능한 한 다양한 영역의 활동을 포함하도록 한다.
- 학습목적에 맞는 핵심적인 요소를 선정하여 제작한다.
- 학습내용을 구조화하고 정선하여 재미있게 구성한다.
- 학생의 창의성을 향상시키고, 자기 주도적 학습능력을 신장시킬 수 있도록 제작해야 한다.
- 능력별로 개별화된 수준별 학습 전개를 위해 학생들의 수준차를 고려하여 제작해야 한다.
- 연간 계획에 의거하여 어떤 내용과 편제로 제작하고 이를 수업 시간에 어떻게 활용한다는 방침이 서 있어야 한다.
- 기존의 참고서를 그대로 활용하기보다는 나름대로 교과 내용을 재구성하여 만드는 것이 좋다.
- 학습 보조자료가 될 수 있도록 학습내용의 정리뿐만 아니라 학습목표, 요점 정리, 형성평가, 읽기 자료 등 다양한 내용이 수록될 수 있도록 한다.

7_경직된 분위기를 깨뜨리는 방법은?

수업 첫날은 보통 수업목표를 수립하고 서로 안면을 익히면서 보내게 된다. Ice breaker들은 수업의 첫 과정에서 긴장과 불안함을 감소시키고 즉각 수업에 몰입할 수 있게 사용되는 기술이다. Ice breaker는 단지 시간을 때우기 위해서가 아니라 필요한 경우에 사용해야 한다.

다음은 교수법 전문가가 권장하는 몇 가지 Ice breaker 목록이다.

1) 자신을 소개한다.

학생들이 스스로를 소개하고 무엇 때문에 이 과목을 공부하고 있는지를 말한다. 좋아하는 텔레비전 프로그램, 혹은 읽었던 책 중에 가장 좋은 것 등을 소개한다.

2) 다른 사람을 소개한다.

학생들을 둘씩 짝을 지어 나눈다. 그다음 '나의 장점은 …'과 같은 이야기를 나누게 하거나 특정한 정보를 공유하도록 지시한 후, 각각 서로에 대해 말하게 한다. 5분 후에 학생들에게 짝을 소개하도록 한다.

- **성격 묘사** : 학생들에게 스스로를 설명할 수 있는 한두 개의 형용사를 A4용지에 적도록 한다. 이를 가슴에 붙인다. 다른 학생들에게 비슷한 혹은 반대되는 형용사를 찾게 하고 5분 정도 이야기하게 한다.
- **어느 누구도 못한 무언가를 나는 해 보았다** : 각자 스스로를 소개하게 한 후 자신이 해 본 것 중, 학급의 다른 누구도 하지 않았을 것으로 생각하는 것을 말하게 한다. 만일 같은 경험을 한 사람이 있다면 그 학생에게 어느 누구도 해 보지 못한 일을 찾을 때까지 계속 말하게 한다.
- **그 사람을 찾아라** : 각자 빈 종이에 가장 좋아하는 색, 관심사, 취미 등과 관련해서 1~3개 정도의 문장을 적게 한다. 그 카드를 돌려서 모두에게 다른 사람의 카드를 선택하도록 한다. 자신이 가진 카드의 주인공을 찾게 하고 소개하게 한다.
- **유명한 사람** : 학생들에게 종이에 유명한 사람의 이름을 적게 하고, 한 학생의 등에 그 종이를 붙인다. 그 학생은 다른 학생들에게 질문을 하고 '예' 또는 '아니오'로 대답을 듣게 하면서 그 이름이 누구인지를 추측하게 한다. 유명한 사람의 이름 대신 유명한 장소의 이름을 적게 하는 등 다양한 경우가 있다.
- **내 이름** : 학생들에게 스스로를 소개하게 하고, 어떻게 자신의 이름을 갖게 되었는지 아는 대로 말하게 한다. 성이나 이름, 별명도 좋다.

3) 느낌을 묻는다.

학생들에게 수업의 첫날에 느낀 것을 묘사하는 단어나 구절을 적게 한다. 그 응답들을 칠판에 적는다. 그리고 학생들에게 만일 선생님이었다면 수업 첫날 어떻게 느꼈을지 칠판에 적도록 한다. 짧게 자신의 느낌에 대해 논하고, 이 수업을 이끌어 가는 데 있어 학생과 교사 간의 공동 책임에 대하여 논의한다.

위와 같은 방식들은 수백 가지의 Ice breaker 중 몇 가지일 뿐이다. 창조적으로 스스로 다양한 방식을 구상하고 다양한 접근 방식을 시도해 본다면 즐거운 수업이 될 수 있을 것이다.

6

효과적인 발문*

이것만은 꼭!

- ✔ 효과적인 발문을 위해 발문의 원리와 전략을 숙지하자.
- ✔ 가능한 한 사고를 확장하는 개방형, 확장형 질문을 하자.
- ✔ 학생들의 생활 및 경험과 관련된 발문을 하자.
- ✔ 수업 시간에 특정한 몇몇의 학생하고만 상호작용하는 것은 피하자.
- ✔ 틀린 답에 대한 지적은 가능한 간접적으로 하여, 응답한 학생의 자존심이 상하지 않도록 하자.
- ✔ 학생이 발문에 맞는 답변을 한 경우, 가능하면 부연 설명에 학생의 답변을 이용하여 인정하고 발표 의욕을 신장시키도록 해보자.
- ✔ 지나치게 상세하거나 단순한 내용을 확인하는 발문은 피하자.

* 집필자가 참여한 2009년 경상북도 교육연수원 맞춤형 원격 연수 내용을 참고한 것임.

1_발문의 전략과 원리 습득하기

효과적인 발문을 하기 위해서는 발문의 원리와 전략을 숙지할 필요가 있다. 발문의 원리에서는 일반적인 발문 원리 및 준칙, 학습 상황이나 장면에 따른 발문의 원리 등을 소개하였고, 발문의 전략은 학생들의 수업 참여를 증진시키기 위한 발문 전략, 학생들의 사고활동을 자극하여 응답을 이끌어 내기 위한 발문 전략, 일반적인 발문 전략 등을 소개하였다. 다음의 내용에 주목하여 발문의 전략과 원리를 알아보자.

- 일반적인 발문의 원리 및 준칙
- 학습 상황이나 장면에 따른 발문의 원리
- 내용이나 방법에 따른 발문의 원리
- 발문 내용의 구성 절차
- 학생들의 수업 참여를 증진시키기 위한 발문 전략
- 학생들의 사고활동을 자극하여 응답을 이끌어 내기 위한 발문 전략
- 일반적인 발문 전략
- 일반적인 발문의 원리(이종일 외, 2006)

구분	발문의 원리
원리 1	• 수업에 학생들의 참여를 증대시켜 사고와 이해를 끌어내기 위해서는 교사가 핵심적 발문을 미리 계획하기
원리 2	• 시험에 대비한 사실적 지식을 위해서는 많은 양의 연습적 질문하기 • 고차적 사고력 함양을 위해서는 적은 양의 질문하기
원리 3	• 분명하고 목적적이고 계열적이며, 반응적이고 사고를 자극하고 목표 성취에 도움을 제공하는 발문하기 • 애매모호하고 끊이지 않고 위협적이며 비계열적이며 방향이 없고 단순한 사실적 정보의 회상만을 의도하는 좋지 않은 발문 삼가기
원리 4	• 높은 수준의 이해를 위한 준비 여부를 진단하는 낮은 수준의 발문하기 • 낮은 수준의 발문에 반응하는 학습은 비판적이고 평가적인 발문에 대한 대답의 기초

구분	발문의 원리
원리 5	• 학생들은 다양한 유형의 질문을 알고, 익숙해지기
원리 6	• 반성적 논의를 하는 동안 모든 학생들이 생각할 시간을 주기 위해 교사들은 잠시 멈추기
원리 7	• 수업에 참여를 원하지 않는 학생들도 가급적 논의에 참여시키기
원리 8	• 학생들의 사고와 상호작용을 염두에 둔다면 교사는 학습내용과 관련된 발문을 위해 다양한 기술 사용하기

- 일반적인 발문의 준칙(황금이 외, 2004)

구분		부적절한 발문의 예시	수정된 발문의 예시
준칙 1	문제 해결에 필요한 단서 제공하기	• 계절이 변하는 까닭은?	• 계절이 변하는 것은 무엇과 관련이 있는가?
준칙 2	'왜'보다 '무엇'이라고 묻기	• 왜 한강유역에 산업이 발달했을까?	• 한강의 무엇이 그 유역의 산업을 발달시켰을까?
준칙 3	본질보다 현상을 묻기	• 화폐는 왜 만들었을까?	• 지금 갑자기 이 세상의 돈이 모두 없어져 버린다면 어떤 현상이 일어날까?
준칙 4	부정적이거나 아동의 생각과 전혀 다르게 묻기	• 민주주의는 좋은 것이다. 왜 그럴까요?	• 여러분 민주주의가 좋다고 생각합니까? 선생님은 그렇지 않다고 생각합니다.

- 학습 상황이나 장면에 따른 발문의 원리(최선화 외, 2002)

구분	효과적인 발문 요령	발문의 예시
단순한 기억 재생	• 학습사태가 처음 주어질 때 또는 기습 사항을 확인하려 할 때 아동에게 반응의 기회를 주어 알고 있는 정도를 알아보려는 목적으로서의 확인하는 발문 • 도입 단계에서 많이 적용	• 지난 시간에 공부한 내용은 어떤 것이 있나? • 누가 평화통일의 저해 요인을 말해 볼까?
정보 발견	• 어떤 사실을 깊이 알고자 하거나 관계되는 정보를 수집하고자 할 때 사용하는 발문	• 우리 고장의 향토 문화재를 알아보려면 어디를 가야 할까요?
사실의 인과관계	• 어떤 사태가 빚어지게 된 원인이나 결과를 규명하기 위한 발문	• 사계절이 생기는 까닭은?
의견 개진	• 문제의 초점화 또는 문제의식의 강화를 목적으로 할 때 문제해결 관계를 재확인하려 할 때 쓰는 발문 • 아동의 판단력, 해결력, 느낌을 요구하는 발문	• 길에서 웃어른을 뵈었을 때 어떻게 인사를 해야 하나? 등으로 문제해결의 과정에서 사고를 심화시키려고 할 때 많이 쓴다.
학습 의욕 고취	• 아동의 실태나 경험의 근거를 두고 학습을 시작하며, 다른 면에서는 흥미를 조장함으로써 도입 단계나 문제의식 단계에서 지적 호기심을 자극시키는 발문	• 강화도 전적지를 다녀온 경험이 있는 사람은?
이해 정도 확인	• 어떤 사실에 관하여 실험, 관찰 추리한 것을 정리하며 응답할 것을 요구하는 발문	• 지구가 둥글다는 것은 어떻게 증명할 수 있나?

구분	효과적인 발문 요령	발문의 예시
문제 확인 및 해결	• 학습할 초점을 확실히 하고 결과에 대한 방향을 분명히 하려는 것으로, 사태의 확인과 해결 방법을 모색하기 위한 발문	• 풍납동 토성에 관해서 자세히 공부하도록 합시다.
사실의 설명	• 어떤 사실이나 문제의 해결 과정, 만든 과정, 그 방법 등을 논리적으로 구체적인 설명을 요구할 때 적용하는 발문	• 벼락은 어떻게 해서 치게 되는가?
사실의 비교	• 특정한 사실의 가치나 특색, 상호 장단점 등을 비교 또는 관계 파악으로 유도하는 발문	• 고려청자와 백자의 특색을 알아봅시다.
찬·반 의견의 판단	• 대립이나 쌍방 또는 유사한 두 사실을 어느 쪽이 옳은지, 그 이유는 무엇인지를 묻는 판단 요구의 발문	• 쌀밥과 혼식 중 어느 쪽이 좋은가?
사실의 분석	• 어떤 사실을 조사하고 분석시키는 발문	• 토마토에는 어떤 영양분이 들어 있는가?
관계 규명	• 어떤 사실과 다른 사실의 긴밀한 관련을 분명히 하고자 할 때 적용되는 발문	• 석유와 우리 생활은 어떤 관계가 있는가?
결론 도출	• 아동에게 추론을 시켜 일정한 결론을 얻으려는 발문	• 물에 기름을 넣으면 어떻게 될까?
비판적 사고	• 어떤 사실에 대해 비판적으로 사고시키는 발문	• 공중도덕을 지키지 않으면 왜 나쁜가?

2_학생들의 수업 참여를 증진시키기 위한 발문 전략

학생들의 수업 참여를 증진시키기 위해 '바람직한 발문 전략'은 그림과 같다(Blosser, 1973).

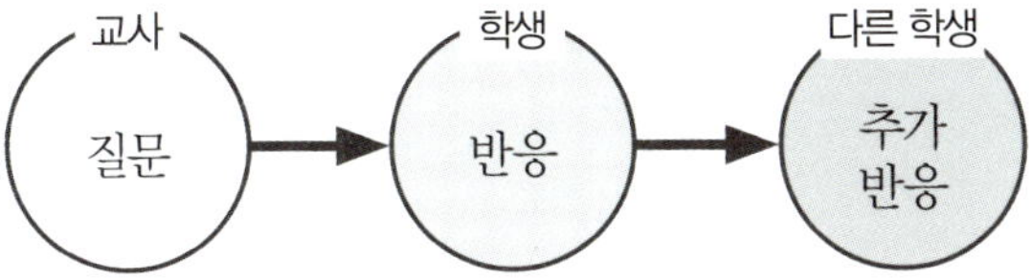

바람직한 발문 전략의 유형(1)

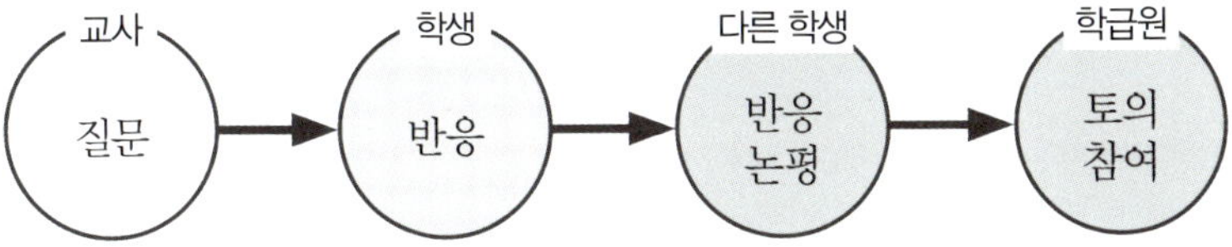

바람직한 발문 전략의 유형(2)

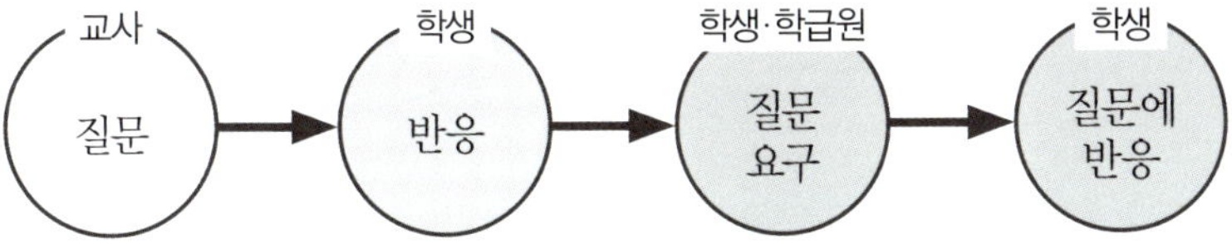

바람직한 발문 전략의 유형(3)

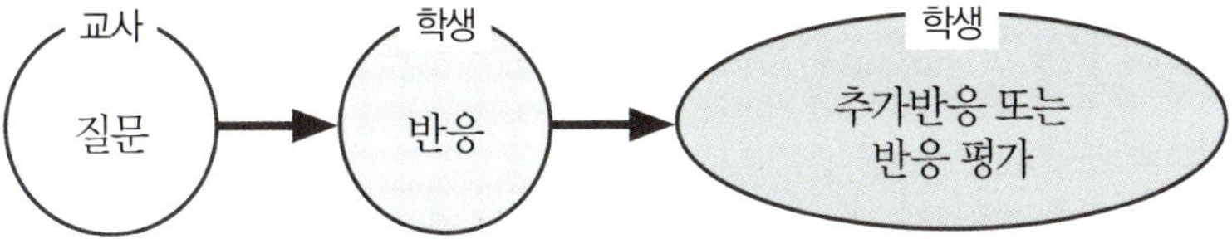

바람직한 발문 전략의 유형(4)

학생들의 수업 참여를 증진시키기 위해 '피해야 할 발문 전략'은 그림과 같다(Blosser, 1973).

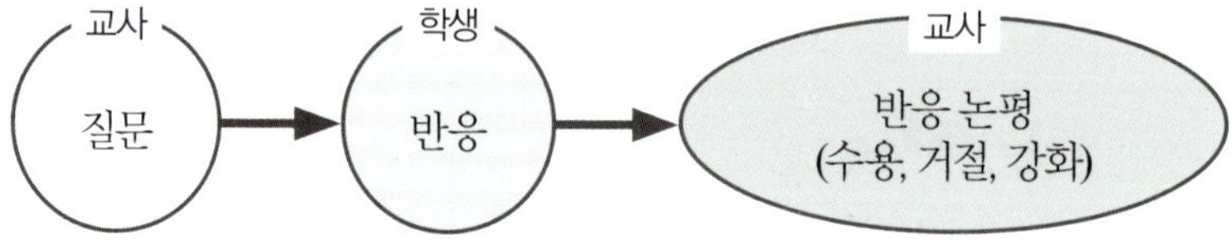

피해야 할 발문 전략의 유형(1)

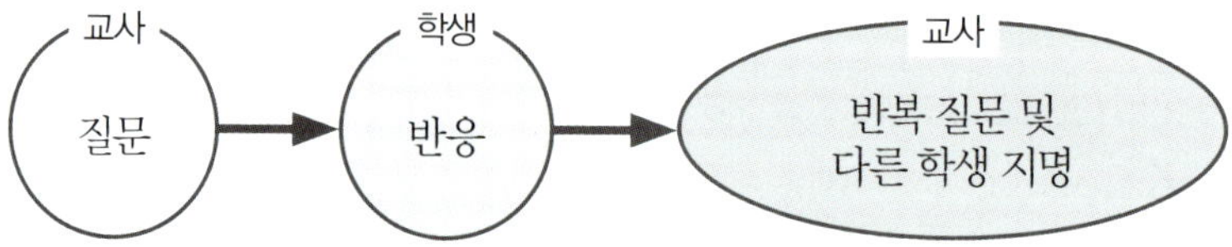

피해야 할 발문 전략의 유형(2)

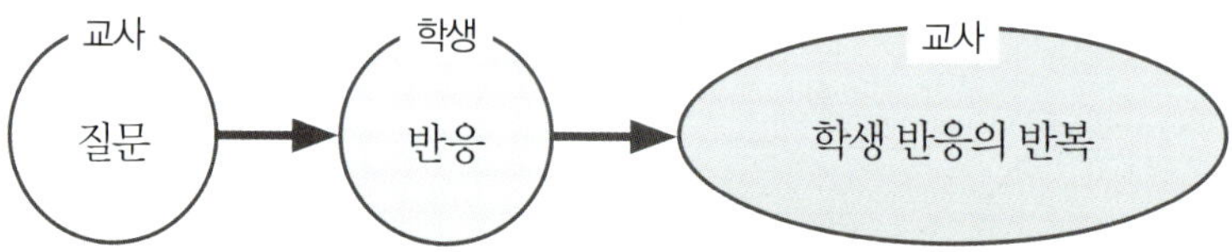

피해야 할 발문 전략의 유형(3)

3_효과적인 질문 기술은?

수업 도중에 상호작용을 돕기 위해서 교사가 할 수 있는 가장 효과적인 기술은 바로 질문과 답변을 격려하는 것이다. 수업에서 가장 일반적인 상호작용인 질문은 수업 내용을 소개하고, 수업 내내 상호작용을 자극하며 내용을 요약하는 데 쓰일 수 있다. 질문은 학생들을 계속 주의집중하게 하며, 특히 주제가 복잡하고 수업이 길 때 효과가 높다. 다음과 같은 질문을 통해 수업을 풍부하게 할 수 있다.

- 전체 그룹에게 질문을 한다. 학생들이 자원해서 대답하게 되는 경우, 교사는 몇몇의 생이 토론을 독점하는 것을 경계해야 한다.
- 특별한 학생을 타깃으로 질문한다. 청중이 상대적으로 적을 때 이 방법은 더 많은 학생들을 참여시키는 데 쓰일 수 있다.
- 학생들이 질문을 할 때, 질문에 대답할 때, 코멘트를 할 때 긍정적인 반응을 보여 준다. 그리고 가능한 한 학생들의 이름을 불러 준다.
- 학생의 대답에 긍정적인 강화를 한다. 칭찬은 매우 긍정적인 분위기를 형성하고 더 많은 학생이 토론에 참여할 수 있게 해 준다.
- 학생의 질문을 반복하고 모든 학생이 토론을 들을 수 있도록 확인한다.
- 가능한 한 사고를 촉진하는 확장형, 개방형 질문을 사용한다. 학습자를 방어적으로 만드는 질문은 하지 말아야 한다. "왜?"라고 묻기보다는 충분한 시간을 주고, 대답의 단서를 제공한다.
- 질문에 대한 학습자의 반응을 존중한다. 충분한 사고의 기회를 제공하고 대답을 적극적으로 경청하고 있음을 보여 주어야 한다.
- 학생이 질문했을 때 교사는 질문에 직접 대답할 수도 있고, 학생들에게 관련된 질문을 다시 할 수도 있고, 다른 학생에게 질문을 제시할 수도 있다.
- 사소한 것보다는 핵심적인 내용을 질문한다. 학생들은 교사가 질문하는 내용을 중요하게 여기고, 이를 중심으로 공부하기 때문이다.
- 질문을 먼저 하고 답할 사람을 찾는다. 먼저 지명하고 질문을 던지면 해당 학생만 열심히 답을 고민하고 나머지는 방관자가 되기 쉽다.
- 많은 질문을 하고, 학생들의 답변을 격려한다.
- 적절한 시점에서 적절한 형태로 질문을 제기해야 한다.

4_수업의 효과를 높이는 발문은?

학교 수업에서 교사가 가장 쉽게 사용할 수 있는 교수 방법이 바로 발문이다. 교사의 계획적이고 조작적인 발문은 학생의 사고를 자극하여 학생들을 수업 속에 끌어들이고, 새로운 추구나 발견 또는 상상을 하도록 만든다. 그렇다면 어떤 발문이 수업 효과를 높이는 발문일까?

- 학생들의 사고를 자극하는 발문
  - '왜', '어떻게'라고 묻는 발문
  - 비교·종합하거나 결론을 내도록 요구하는 발문
  - 한꺼번에 여러 명의 학생에게 묻고 발표시키는 발문
  - 학생들에게 문제 해결 또는 표현 방법을 찾도록 하는 발문
  - 그냥 넘어가기 쉬운 문제에 대하여 의문을 갖도록 해 주는 발문
- 흥미유발 효과가 높은 발문
  - 학생들의 생활 및 경험과 관련지은 발문
  - 교과서의 사진이나 삽화와 연결시킨 발문
  - 학생들이 조금만 생각하면 쉽게 답할 수 있는 선택형 발문
  - 대립되는 반응에 대하여 판정을 내리는 발문

교생들이 자주 접하는 문제 상황

__계획적인 발문보다 즉흥적인 발문이 많고, 발문의 유형도 학생들의 다양한 사고를 자극하는 것보다 단순 지식의 재생을 요구하는 것들이 많으며, 학생들의 반응을 수용하고 이를 피드백하는 절차나 방법 등에서 미숙한 점들이 많다.

__"전화를 발명한 사람은 벨이지요? 그렇죠?" "맞지, 맞잖아!" "이건 이렇게 되지?" "틀린 거 알지?" "이렇게 푸는 거죠, 그렇죠. 모두 다 알겠죠?" 등 동의를 강요하는 단발성 발문을 계속한다.

잘못된 이유

__발문에 대해 깊이 있는 이해나 계획적인 준비가 부족하고, 발문 운영 등에 있어서도 미숙하기 때문이다.

__학생으로 하여금 동의를 강요하는 발문이 의외로 많아 1단계 발문으로 끝나버리기 때문

에 학생들은 사고할 시간을 갖지 못하게 된다.

이럴 땐 이렇게 하세요

✔ 발문에 대해 관심을 가지고 깊은 이해와 계획적인 준비가 이루어져야 한다. 특히 계획적인 발문일수록 그 효과는 더 크다.

✔ "이렇게 푸는 것이 맞나요?" "이렇게 하면 안 되는데 어디가 틀렸나요?" "이상한 데가 있는 것 같은데 한번 찾아보세요." 등 동의를 구하는 발문은 학생들의 반응을 기대하는 개방형 발문으로 바꾸어야 한다. 그 질문에 대해서 연속할 수 있는 과정이 있고 그 발문의 대답을 기초로 해서 다시 질문이 연출되는 구체적이고 개괄적인 발문이 바람직하다.

Q 수업의 효과를 높일 수 있는 좋은 발문의 특징은 어떤 것들이 있나요?

A 좋은 발문은 다음과 같은 특징을 지닌다.

- 명확하고 간결한 발문으로 발문의 의미가 분명하다.
- 여러 조건을 내세우지 않는 단순한 발문을 한다.
- 개괄적인 발문, 즉 생각해보고 싶도록 하는 발문을 한다.
- 구체적이고 개괄적인 발문을 하고 추상적 발문은 피한다.
- 사고를 자극하는 발문을 한다.
- 학생의 능력, 지식 및 경험 등의 개인차에 적용할 수 있는 발문을 한다.
- 하나의 질문에서 둘 이상의 해답을 요구하지 않는다.

Q 응답 학생을 선정하는 방법은 무엇인가요?

A 학습 과제를 제시하고 그에 대해 응답할 학생을 선정하는 방법은 다음과 같다.

- 소집단 수업을 하는 경우에는 모든 학생이 거의 같은 비율로 참여하게 하는 것이 바람직하다.

- 교사가 정한 일정한 순서에 따라 학생들에게 차례로 응답하게 하는 것이 효율적이다.
- 독단적인 학생이 다른 학생들의 응답 기회를 독차지하려는 것을 막고 과묵한 학생도 참여할 수 있도록 배려하여야 한다.
- 아는 문제에 대하여는 답변을 하고 싶어 하는 것이 학습자들의 욕구임을 알고 시켜 달라고 소리를 지르는 학생을 지도할 필요가 있다.
- 수업 시간에 특정한 몇 명의 학생과만 상호작용하며 보내는 것은 피해야 한다.
- 전체 학습을 대상으로 하는 수업의 경우에는 모든 학생이 공평하게 발표할 수 있는 기회를 갖게 한다는 것은 불가능하다. 그러나 답변의 기회가 학습 성취도와 중요한 상관관계가 있다는 것을 교사는 항상 생각해야 한다.

교생들이 자주 접하는 문제 상황

__"다혜! 변증법이 뭐지?" "선우한테 묻겠는데 답이 3번인 이유는 뭘까?" 등 학생을 먼저 지명한 다음에 발문한다.

잘못된 이유

__수업 중 발문의 목적이나 방법을 제대로 이해하지 못한 채 관행적으로 이루어지는 발문은 바람직하지 않다.

이럴 땐 이렇게 하세요

✔발문은 일단 학생들에게 질문한 다음 생각할 시간을 준 뒤 개인을 지적하여 발표하도록 하는 것이 효과적이다. 그리고 개인 지적 발문, 희망자 지명 발문, 전체 발문, 교육목표별 또는 사고유형별 발문 등을 다양하게 할 필요가 있다.

5_학생의 반응에 따른 교사의 현명한 대처 방법은?

교사는 답변하도록 지적된 학생의 반응에 유의하고 그에 따라 반응해야 한다. 학습자의 답변에 따라 교사의 반응은 달라질 필요가 있다. 학력이 낮은 학생, 발표력이 없는 학생,

내성적인 학생에게는 더 주의를 기울여야 하며, 편애하여 어떤 학생의 대답은 받아들이고 어떤 학생의 대답은 배척하든가 질책하든가 방관하는 등의 불공평한 처리는 삼가야 한다. 올바른 답변, 부분적 정답, 틀린 답, 무반응 등 학생의 반응에 따른 교사의 대처 방법은 다음과 같이 정리할 수 있다.

- 올바른 답변일 경우
  - 성공적인 발문에 대해서는 칭찬과 격려로써 성공감을 갖게 하여 다음의 문제 해결에 자신감을 주도록 한다.
  - 올바른 답변을 했을 때 교사는 어떤 식으로든 반응을 해야 한다. 학습자가 답변한 내용을 반복하거나, 고개를 끄덕이거나, "참 잘 알고 있구나."라는 말 등으로 반응을 하는 것이 옳을 것이다.
- 부분적 정답일 경우
  - 구체적으로 틀린 곳을 지적하여 격려가 섞인 칭찬을 하여 줌으로써 자기의 결점을 찾게 하고 계속적인 학습활동이 되게 한다.
  - 맞는 부분을 긍정해 주고 틀린 부분에 대해서는 답변의 실마리를 주거나 질문을 다시 하도록 한다.
  - 질문을 다시 풀어서 해 주거나 답변을 할 수 있는 힌트를 주어 도와준다.
  - 그래도 옳은 답이 나오지 않을 때는 교사가 답을 주거나 다른 학생을 시킨다.
- 틀린 답일 경우
  - 답변이 틀린 경우 교사는 일차적으로 답변이 정확치 않음을 지적해 준다.
  - 틀린 답변은 단순한 부정이어야 하며, 학생 개인에 대한 비난이 되어서는 안 된다.
  - 교사는 답변의 실마리를 주거나 발문을 다시 하여 개선된 답변을 얻으려고 노력한다.
  - 틀린 답을 말했을 때 교사는 어떤 방식으로든 틀렸다는 사실을 학생들에게 알려 주어야 하며, 틀린 답을 정답으로 알고 있어서는 안 된다.
  - 틀린 답에 대한 지적은 가능한 간접적으로 하여, 응답자의 자존심이 상하지 않

도록 해야 한다.

- 옳지 않은 답이나 제의가 나오더라도 집단 사고로 돌려서 각자 다시 생각할 기회를 갖게 한다.

• 무반응일 경우

- 교사들은 학생들이 "모르겠습니다."라고 대답했을 때 핀잔을 주는 일이 있어서는 안 되며 문제의 핵심을 이해하도록 다시 질문하고 훈련시켜야 한다.
- 발문하고 무반응일 때 교사는 조급해지기 쉬우나 기다리는 것만으로는 분명한 반응을 얻지 못하는 경우 피드백을 통하여 재인식시킬 필요가 있다.
- 교사는 학생들의 반응 정도를 분명하고 정확하게 판단하고 그에 따른 처치를 해 주는 것이 학생들의 학업 성취도를 높이는 데 대단히 중요한 역할을 한다는 것을 간과해서는 안 된다.

6_응답이 지연될 경우 학생의 반응을 유도하는 방법은?

• 교사는 농담 등으로 학습자들의 긴장을 풀게 하고 학생들이 쉽게 답할 수 있도록 발문 내용을 재구성하는 것이 바람직하다.

• 발문 내용을 재구성하는 방법으로는 발문 내용을 단계적으로 풀어서 하는 방법이 있다.

• 응답이 없을 때 학생들의 생활과 경험을 되살리는 발문으로 학습의 흥미를 유발시키는 방법이 있다.

• 생활 경험이 진짜 학습과 잘 연결되도록 하여 시간 낭비가 되지 않도록 하여야 한다.

• 학습과 관련된 삽화나 자료를 제시하여 주의를 집중시킴으로써 문제에 대한 생각을 하도록 한다.

• 학생들에게 스무고개, 장학퀴즈, 수수께끼 등 흥미 있는 놀이나 게임 형식으로 문제를 풀어 제시함으로써 주의를 환기시킬 수 있다.

• 말이 아닌 행동이나 제스처로 학생들의 활동을 유도하는 방법이 있다.

7_학생의 응답이 쉽게 나오게 하는 방법은?

발문을 할 때 학생들이 조금만 생각하면 답할 수 있는 방안을 항상 모색하고 찾아내는 기술이 교사에게 있어야 한다. 그렇다면 응답이 쉽게 나오게 하는 방법은 무엇일까?

- 학생들의 답변에 주의를 기울이고, 그 답변에 적절히 이어질 수 있는 다음 단계의 질문을 준비하여 신속하게 던지는 교사의 집중력과 순발력이 필요하다.
- 학생이 답한 내용에 다른 학생이 추가하여 답하는 방법도 있을 것이다.
- 처음에 답변하는 학생에게서 반드시 완전한 답변을 들으려 하지 않는다. 즉 일단 생각나는 대로 답변하게 한 후, 다른 학생들이 보충하여 완성된 답으로 이끌어 가는 것이다.
- 응답한 학생을 칭찬하여 자부심을 갖게 하고 학생들의 부담감을 덜어주는 역할을 해야 한다.
- 학생들에게 가설적인 상황을 설정해 줌으로써 쉽게 이야기할 수 있도록 도와준다.

8_부적절한 반응에 대한 교사의 역할은?

- 학생들의 답변이 틀리지 않았더라도 적절하지 않을 경우 이를 수정하기 위한 교사의 노력이 요구된다.
- 교사의 발문 의도에는 맞지 않지만 알아두면 좋은 사항이 있을 수 있다. 이때, 교사는 발표 학생의 답변 내용이 교사의 질문 내용과는 다르더라도 발표 내용의 가치가 있음을 인정해 주고 교사의 질문 요지를 다시 한 번 밝혀 주어 학습의 내용과 교사가 의도한 내용에 맞는 답변을 끌어내야 한다.
- 부적절한 답변을 한 학생이나 다른 학생들을 대상으로 교사가 보충적인 질문을 해 줌으로써 정확한 답변을 유도해 내야 한다.
- 학생의 답변이 지나치게 단순한 경우에도 교사의 보충적인 질문은 더 나은 답변을 유도할 수 있다.
- 학생들이 답변 내용이 너무 복잡하거나 모호하고 표현한 내용이 어려워 다른 학

생들이 이해하기 어려울 때에도 교사는 명확하거나 쉬운 표현으로 바꾸어 줌으로써 모든 학생들이 이해하게 하고 발표한 학생이 쉬운 표현으로 다시 발표할 수 있게 해 주는 역할을 해야 한다.

9_적절한 반응에 대한 교사의 역할은?

교사가 발문하고 학생이 답변한 내용을 수업에 이용하는 것이 최선의 방법이다. 학생의 답변을 수업에 손쉽게 이용하는 방법 중의 하나는 학생의 답에 대한 이유나 근거를 묻고 그 내용이 수업에 적용될 수 있도록 하는 것이다. 적절한 반응에 대한 교사의 역할은 다음과 같다.

- 학생의 답변을 이용하여 학생들에게 논리적 사고를 길러 주는 기회가 되도록 하고, 몇 가지 선택의 여지를 주고 그 중 하나를 선택하도록 발문한 경우에는 선택한 이유를 물어 선택된 답이 수업에 이용될 수 있도록 하여야 한다.
- 맞는 답이 나왔을 때는 학생의 답이 왜 옳은 답인지 또는 왜 좋은 답변인지 설명해 주어 칭찬의 효과까지도 누릴 수 있도록 한다.
- 학생들의 의견이 다양할 수 있는 여지가 있을 때에는, 학생의 답변을 어떻게 이용하느냐에 따라 수업의 효과가 크게 달라질 수 있다. 한 가지 문제에 대하여 여러 갈래의 답변이 나올 수 있도록 하고 토론을 통하여 정답에 정착시키는 것도 좋은 방법일 것이다.
- 교사의 발문에 맞는 답변을 한 경우 가능하면 교사의 설명에 학생의 답변을 이용함으로써 인정하고 발표 의욕을 신장시키도록 한다.

교생들이 자주 접하는 문제 상황

__발문에 답하지 않으면 즉시 다음 사람을 지적한다.

__학생이 발문에 답하면 즉시 교사가 정답 여부를 판정하여 말한다.

__"어떻게 하면 좋은가?" "어떻게 생각하는가?"라는 발문을 자주 한다.

잘못된 이유

__발문에 답하지 않으면 즉시 다음 사람을 지적하는 것은 발문의 운영 기술이 부족하기 때문이다.

__학생이 응답한 내용에 대하여 교사가 직접 판정을 내리는 것은 학생들의 사고를 위축시키는 방법이다.

__'어떻게'라는 용어는 발문의 의미가 불분명하여 바람직하지 않다.

이럴 때 이렇게 하세요

✔발문에 답하지 못하면 발문의 수준을 낮추거나 약간의 힌트를 주어 학생이 답할 수 있도록 유도하는 것이 학생의 용기를 북돋울 수 있고, 수업 분위기를 활성화시킬 수 있다. 일단 지명한 학생이 얼마만큼이라도 답할 수 있도록 하는 것이 바람직하다.

✔학생이 응답한 내용에 대하여 교사가 직접 판정을 내리기보다는 다른 학생에게 재차 발문하여 응답을 유도하는 것이 학생들의 사고를 자극하는 방법이다.

✔좋은 발문은 명확하고 간결한 발문으로, 발문의 의미가 분명해야 한다.

Q 학생의 응답에 어떻게 적절하게 반응해야 할까요?

A 학생의 응답에 적절하게 반응하는 방법은 다음과 같이 정리할 수 있다.

- 학생들은 교사에 비해서 목소리가 작고 발음이 부정확할 수 있으며, 어미를 흐리는 경우가 있어 교사의 설명처럼 다른 학생들에게는 잘 전달되지 않는 경우가 있으므로 교사는 학생이 발표한 내용을 반복하여 줌으로써 다른 학생들이 알아듣도록 해 주어야 한다.
- 교사의 질문에 학생이 정답을 정확하게 발표했을 때나 잘못된 답변을 했을 때, 답변 내용을 수업에 이용하도록 하며 교사는 보충 설명을 하여 학생들이 학습의 문제를 이해하도록 도와야 한다. 어떤 방법이든지 학생이 답변했을 때는 칭찬으로 학습에 대한 흥미와 자신감을 갖도록 하여야 한다.
- 학생들의 답변은 구두로 설명하거나 판서를 통하여 정확하게 알아들을 수 있도록 해 주어야 한다.

- 간단한 답변은 거의 그대로 반복하여 알아듣도록 되풀이해 주고 긴 답변의 경우에는 교사가 답변의 핵심을 요약하여 설명하여 준다. 응답자의 문장이 틀리거나 표현이 잘못되는 경우에는 약간의 수정을 필요로 하는 경우도 있다.
- 교사가 반복해 주는 내용이 발표한 내용과 전혀 달라질 경우 학생의 답변을 무시한 채 교사의 의견을 제시하는 것에 불과하므로 유의하여야 한다.

Q 학생의 응답에 적절하게 칭찬하는 방법은 무엇인가요?

A 학생의 응답에 적절하게 칭찬하는 방법은 다음과 같이 정리할 수 있다.

- 교사의 발문에 관하여 학생들이 답변한 내용을 정리하고 수정하여 판서하고, 판서한 내용을 수업에 이용하는 것은 학생의 답변을 칭찬하는 것이 될 것이다.
- 여러 학생들의 응답 내용을 판서해 놓고 판서한 내용들을 토대로 비교, 수정, 토론하게 한다면 학생들의 응답 내용을 충분하게 이용했다고 할 수 있을 것이다.
- 학생의 답변을 수업에 이용하는 경우는 물론이고, 응답한 내용을 판서하거나 구두로 반복해 주면 그 답변을 인정해 주는 셈이며, 따라서 그 자체가 칭찬의 기능을 갖는다고 할 것이다.
- 응답에 칭찬한다고 무조건 칭찬하는 것은 금물이다. 칭찬을 남발하다 보면 진짜로 칭찬할 만한 좋은 답변이 나왔을 때 보상할 방법이 궁색해지기 때문이다.
- 응답에 적극적인 칭찬을 하려면 칭찬하는 이유를 분명하게 밝히면서 칭찬하는 것이 좋을 것이다.
- 학생들은 응답을 통해서 어떤 행동을 해야 보상을 받는가를 알게 되고, 보상을 받기 위한 행동을 하게 될 것이며 그러한 자극으로 학업성취도가 높아질 것이다.
- 학생들은 발표를 할 때 교사의 행동 여하에 따라 자신감과 성취감을 갖기도 하고 심한 좌절감에 빠지기도 한다는 것을 생각해야 한다.

10_사고를 자극하는 발문은?

- 명확하고 구체적인 의미를 지닌 짧은 발문 : 막연하고 모호하며 너무 긴 발문은 제외
- 학습자의 수준에 적합한 발문
- 구체적인 발문 : 너무 추상적이고 막연하며 사고의 방향을 제시하지 못하는 발문은 제외
- 개방적인 발문 : 발문의 답이 '예/아니오'이거나 단순 기억재생 발문은 제외
- 학생들의 의견이나 해석을 구하는 발문
- 가치나 판단을 묻는 발문
- 어떤 일에 대한 원인이나 결과를 구하는 발문
- 사고를 집중시키는 발문 : 한 개의 발문에 한 가지 내용만 포함
- 개인차를 고려한 발문 : 학생들의 발달 정도나 학습의 특질에 적합한 발문
- 생각할 여유를 주는 발문 : 발문을 한 후 답변할 내용을 잠시 메모할 시간을 제공한 후 발표하도록 유도하는 발문
- 전원의 관심을 모을 수 있는 발문
- 개별적인 대답이나 반응 유도하는 발문

Q 사고를 위축시키는 발문은 어떤 것들이 있을까요?

A 다음과 같은 발문들은 사고를 위축시키는 것들이다.

- 지식의 기억만을 묻는 발문 : 단순한 지식을 가르치고 그대로 답변을 구하는 기억 확인 발문
- 양자택일의 발문 : 어느 쪽이 옳은지를 묻는 발문
- 유도하는 발문 : 교사가 미리 자기 머릿속에 답이나 의견을 정해 놓고 그 방향으로 이끌어 가는 발문

가르치는 기술

학급경영

생활지도

교육실습 유의사항

부록

11_효과적인 발문은?

- 음성 억양, 강조되는 단어, 언어 선택 및 질문이 제기되는 맥락에 따라 달라져야 한다.
- 서로 다른 여러 계열의 맥락 속에서 활용될 수 있어야 한다.
- 확산적이거나 수렴적이고 특수한 유형의 학생을 겨냥한 발문이어야 한다.
- 지식, 이해, 적용, 분석, 종합, 평가 등 인지적 영역의 수준에 적합한 발문이어야 한다.
- 대기 시간이 길면 길수록 응답의 길이가 늘어나고 자발적 응답이 늘어나며 응답에 관련된 사고 행동의 복합성이 심화된다.
- 후속 발문은 선행 발문에 대한 연장선상에 있도록 해야 한다.
- 발문에 대한 학생의 응답에 대해 즉시 전개하는 발문을 해야 한다.
- 개인, 집단, 전체 교실을 대상으로 하는 발문의 유형이 달라야 한다.
- 학생들이 능동적이고 적극적으로 응답할 수 있는 발문을 유도해야 한다.

Q 비효과적인 발문은 어떤 것들이 있을까요?

A 비효과적인 발문은 다음과 같다.

- 서로 다른 응답이 나올 수 있는 지나치게 복잡하거나 애매한 발문
- 교사의 발문에 대한 학생의 응답이 틀렸다며 바로 정답을 제공하는 발문
- 학생을 당황하게 하거나 벌을 주기 위한 발문
- 어떤 답변이 나오건 별 의미가 없는 발문
- 어떤 답변이 나올지 너무나 분명한 발문
- 지나치게 상세하거나 단순한 내용을 확인하는 발문
- 규격화된 정답을 요구하는 발문
- 적절한 시기를 놓친 발문
- 발문을 한 후에 교사가 다른 일을 하는 경우
- 습관적으로 자문자답하는 발문
- 답변의 형식을 지나치게 강조하는 발문

12_효과적인 발문을 위해 교사가 할 일은?

- 지식 수준에서의 발문을 과다하게 사용하거나 단편적으로 사용하는 것을 피하기 위해, 교사는 스스로에게 "내 발문에서 요구하고 있는 사실은 후속 학습에 필요한 과제 관련 선행 지식을 대표하는가?"를 자문해야 한다.
- 학생으로부터 맞는 대답을 얻지 못할 때, 교사는 발문 속에 사실 회상에 관한 내용을 포함시키지 말고 사실을 담고 있는 교과서, 워크북 또는 참고서로 가르칠 수 있다.
- 학생으로부터 맞는 대답을 얻었다면, 교사는 학생들이 그 사실을 다음 수업에서 어떻게 활용할 수 있을지를 결정하고, 보다 복합적인 사고를 하도록 돕는 최종 발문을 제시해야 한다.
- 교사는 항상 시간을 내서 자신이 가르치려고 하는 사실이 후속 학습을 위해 필요한 과제 관련 선행 지식인가를 확인함으로써 사소하거나 적절하지 못한 지식 수준 발문을 하는 것을 피하여야 한다.
- 교사는 학생이 이전에 배웠던 내용을 그 처음 형태에 변화를 주며 조작하여야 한다.
- 인지적 사고 과정을 요구하며, 장기 기억과 이해를 장려하고 궁극적으로는 배운 내용을 실제 상황에서 활용하도록 해 주어야 한다.
- 교사는 학생들이 어떤 내용을 배울 때 경험한 것과는 다른 맥락이나 문제를 제시해 주어야 한다.
- 교사가 적용 발문을 얼마나 많이 제시하는가보다 더 중요한 것은 교사의 일관성이다.
- 사실 또는 규칙을 포함하는 빠르고 자동적인 응답이 바람직하다고 판단될 때나 하나의 사고 행동 계열을 형성하는 것이 수업 목적일 때는 언제나 적용 발문을 요청하여야 한다.
- 교사가 제시하는 적용 발문의 질은 대체로 학생들이 사실 또는 규칙을 배울 때의 문제, 맥락 또는 환경을 교사가 얼마나 많이 바꾸어 주는가에 따라 결정됨을 명심해야 한다.
- 교사가 학습과제와 관련된 사실 및 규칙을 모두 가르치고 난 후 학습한 것을 새로운 문제 또는 맥락에 전이하는 적용 발문을 제시하여야 한다.

교생들이 자주 접하는 문제 상황

__“그게 무엇입니까?” “그래서 어떻게 되었지?” “그때 내가 뭐라고 말했지?” “그게 언제죠?” “백년전쟁은 어느 나라와 어느 나라의 전쟁이죠?” 등과 같이 인지·기억적 발문만 있고, 확산적 사고 발문은 없다.

잘못된 이유

__수업에서 지식의 단순 재생을 요구하는 인지·기억적 발문은 전시학습의 상기시키거나 학습내용의 이해 정도를 측정하기 위한 목적에서 사용할 수 있으나, 이러한 발문이 많은 것은 결코 바람직하다고 할 수 없다.

__지나치게 포괄적인 발문이라 발문의 요지가 무엇인지 알 수 없다.

이럴 땐 이렇게 하세요

✔학생들의 사고를 폭넓게 자극할 수 있는 다양한 발문이 필요하다.

✔지나치게 상세하거나 단순한 내용을 확인하는 발문은 피해야 한다.

Q 효과적인 발문을 하기 위한 기술에는 어떤 것들이 있나요?

A 발문의 효과를 높이기 위해서는 자신의 수업을 모니터링하여 잘못된 발문 습관을 바로잡아야 하며, 다음과 같은 규칙들을 잘 지켜야 한다.

- 발문은 전체 학생을 대상으로 하고 응답은 개별적으로 하도록 한다.
- 발문은 응답에 필요한 시간을 주어야 한다(3~5초 정도).
- 발문은 학습자의 경험과 지식의 범위 안에서 해야 한다.
- 발문은 수업 사태와 진행에 알맞은 적시성과 함께 간단명료해야 한다.
- 지명은 어떤 특정한 학습자에게만 치우치지 말고 균등하게 해야 한다.
- 교사의 발문과 동시에 지명하는 것은 좋지 않다. 학습자 전원이 생각할 여유를 주되, 2~3명에게 같은 발문에 대한 답을 하게 하여 종합적인 결론을 내린다.

- 발문을 해서 대다수의 학습자가 거수했을 때는 구태여 특정한 학습자에게 지명할 필요 없이 교사가 적절히 대답하면 좋다. 경우에 따라서는 중 이하의 학생을 몇몇 지적하여 대답함이 좋다.
- 다양한 지명 방법(무작위, 지원자, 의도적, 번호별 등)을 활용하여 학습자에게 학습기회와 발표기회를 줌으로써 학습 성취도를 높인다.
- 지명 시에는 학생의 이름을 부르는 것이 친근감이 있고 학습 효과에도 도움이 된다.

13_발문 운영 시 유의 사항은?

- 발문의 종류를 다양화하라.
- 주의를 집중시킨 후 질문하라.
- 발문 처리 단계를 늘려라.
- 발문의 대상을 다양화해라.
- 발문에 반응할 수 있도록 유도하라.
- 발문 결과에 대한 처리를 확실히 하라.
- 발문 후 대답할 수 있는 여유를 줘라.
- 편안하게 생각하고 발표할 수 있는 온정적인 분위기를 조성하라.

교생들이 자주 접하는 문제 상황

__교사가 습관적으로 자신이 묻고 스스로 대답한다.

__발문에 대한 반응을 요약하거나 정리하지 못한다.

잘못된 이유

__수업 운영 기술로서 자문자답을 할 수 있지만 그런 장면이 지나치게 많으면 이 또한 학생들의 사고를 자극하는 데는 바람직하지 못하다.

__발문은 묻고 답하는 것으로 끝내서는 안 되고 그것을 통하여 학습과제를 해결하고, 학습내용을 정리해 나갈 때 의미가 있다.

이럴 때 이렇게 하세요

✔ 발문은 학습자로 하여금 갈등 상황을 제공하여 사고의 시간을 갖도록 한 다음 답을 말했을 때 학습 효과가 크다.

✔ 교사는 학생들의 반응을 종합하고 거기에 교사의 지도 사항을 덧붙여 발문의 결과를 요약·정리해 주는 것이 바람직하다.

Q 발문에서 교사들이 자주 범하는 오류에는 어떤 것들이 있나요?

A 수업 중 학업 성적이 우수한 학생에게만 집중하는 등 특정 집단을 선호하며, 비판적으로만 평가하고, 선입견을 갖고 발문하는 교사들이 있다. 그리고 너무 빠른 속도로 발문을 하며, 학생들의 응답에 귀 기울이지 않는 교사들도 있다.

7

효과적인 매체 사용

이것만은 꼭!

- 매체를 사용하는 수업의 경우, 매체가 잘 작동하지 않을 수도 있으므로 그에 대비한 다른 자료(학습지 등)를 따로 준비해 두자.
- 칠판은 가장 손쉽게 사용할 수 있고, 피로감이 덜하며, 주의집중을 시키기에 적합하고 활용도가 높은 훌륭한 매체이다. 효과적으로 활용하자.
- 파워포인트를 사용할 때에는 최대한 단순하게, 텍스트를 도식화(그림, 표, 도형, 차트 등)하여 제시하고, 가독성이 높은 폰트를 사용하자.
- 수업 내내 파워포인트에 의존하는 것은 금하자.
- 파워포인트를 사용하더라도, 학생들이 필기할 수 있게 핸드아웃을 제공하자.
- 학습지의 보관 및 활용 정도를 정기적으로 검사하고 적절한 피드백을 제공하자.
- 제시하는 자료의 출처를 정확히 밝히자.

매체(media)란 '사이(between)'를 뜻하는 라틴어 'medius'에서 나온 말이며, 의사소통 과정에서 정보(message)를 전달하는 데 사용되는 모든 매개체 또는 전달 수단을 말한다. 그리고 수업 매체(instructional media)란 교수자와 학습자 사이에서 수업목표를 달성하기 위해 사용되는 모든 매개물 혹은 수단을 말한다. 여기에는 TV, 컴퓨터, 라디오와 같은 하드웨어와 이를 이용하여 제작한 교수-학습 자료는 물론, 인적 자원, 학습 환경, 교육 내용, 시설 등이 모두 포함된다. 수업 매체 중에서 근래에 각광받는 것으로는 ICT가 있다. ICT(Information & Communication Technology, 정보통신기술)란 정보 기술과 통신 기술의 합성어로 정보를 전달하는 하드웨어나 소프트웨어와 같은 매체를 가리키며, 나아가 정보통신 기술을 활용하여 정보를 수집, 생산, 재창조하는 모든 활동을 포함한다.

효과적인 매체 사용을 위해서는 무엇보다 계획한 수업에 적합한지 다음과 같은 사항을 면밀히 고려해야 한다.

- 학습자의 특성에 적합한지를 따져 보라.
- 교수자의 특성이나 활용 능력을 따져 보라.
- 학습목표와 내용에 적합한지를 따져 보라.
- 선택한 수업 형태에 적합한지를 따져 보라.
- 수업 환경을 따져 보라.
- 매체 자체의 특성을 따져 보라.
- 시간이나 비용, 최신 자료인지 등을 따져 보라.

1_교실 현장에서 사용할 수 있는 하드웨어적 매체는?

가장 많이 사용하는 것은 칠판, 컴퓨터, TV, 실물화상기 등이다. 그런데 교실 내에서 사용할 수 있는 하드웨어는 학교 상황에 따라 차이가 있으므로 수업을 하기 전에 반드시 확인을 해야 한다.

- 칠판 : 대부분 분필칠판이 비치되어 있지만 상황에 따라 물칠판, 화이트보드, 전

자칠판이 비치되어 있는 곳도 있다. 특히 전자칠판은 멀티미디어실과 특별교실을 중심으로 비치되어 있으므로 이를 사용하기 위해서는 미리 해당 교실 사용을 허가받아야 한다.

- 컴퓨터 : 대부분 컴퓨터와 프로젝션 TV(혹은 PDP 벽걸이 TV)가 연결된 구조로 되어 있지만 상황에 따라 빔 프로젝터가 연결되어 있기도 하다. 또 교실 내에 컴퓨터를 비치하지 않고 개인 노트북을 연결해야 되는 교실도 있다.
- VCR, 빔 프로젝터, 실물화상기, 마이크, 앰프 : 교실 내에 비치되어 있는 경우도 있지만 대개는 관련 부서에서 미리 기기를 대여한 후 연결해야 사용할 수 있다.
- OHP : 현재 학교 현장에서는 거의 사용하고 있지 않다. 기기를 사용하려면 관련 부서에서 미리 대여하여야 한다.
- 학교 네트워크나 인터넷 : 보안 때문에 사용자 인증 과정을 거친 사람만이 사용할 수 있으므로 학교에 비치된 컴퓨터를 사용할 경우에는 문제가 없으나 개인 노트북을 사용하기 위해서는 관련 부서에서 임시 IP를 부여받거나 개인적으로 인터넷 서비스에 가입하여야 한다.

자주 범하는 실수

__매체가 제대로 작동되지 않아 수업의 반을 허비하거나 아예 사용을 못하는 경우가 있다.

실수 교정은 이렇게

✔아무리 사전 점검을 하더라도 수업 상황에서는 얼마든지 벌어질 수 있는 일이다. 따라서 항상 대체 자료를 준비해 두어야 한다. 디지털 자료라면 다른 저장 장치에 하나 더 저장해 두어야 하고, 하드웨어의 오작동으로 사용하지 못할 경우를 대비하여 인쇄자료나 학습지를 준비하는 것이 좋다.

2_교실 현장에서 자주 사용하는 교수-학습 자료는?

교실 현장에서 사용할 수 있는 수업 자료는 학습지나 참고서, 신문과 같은 인쇄매체, 실물과 표본자료, 사진이나 그림과 같은 이미지자료, 영화나 TV프로그램과 같은 동영상자료, 소리나 음악자료 등으로 다양하다. 그러나 최근에는 컴퓨터와 인터넷의 발달로 대개의 수업 자료가 한 가지 유형에서 벗어나 멀티미디어 자료화되었고, 디지털 형태를 갖추게 되었다. 따라서 교실 현장에서는 텍스트, 동영상, 이미지가 적절하게 혼합된 파워포인트(PPT) 자료와 인터넷상에서 바로 구현이 되는 웹 자료가 가장 많이 사용된다. 그 외에 학습지나 참고서, 신문과 같은 인쇄매체는 제작과 활용성이 뛰어나 여전히 교실 현장에서 사랑받는 매체이다.

3_칠판을 효과적으로 사용하려면?

칠판은 학습내용을 제시하는 용도뿐만 아니라 여러모로 활용도가 높다. 예를 들어 '칠판 나누어 쓰기'는 과제를 제시하고 많은 수의 학생들이 한꺼번에 자신의 생각을 자유롭게 표현할 수 있도록 한다. 또 연극이나 역할극 활동에서는 훌륭한 배경이 될 수 있으며, 자석과 이미지(텍스트) 자료를 활용하여 간단한 게임을 할 수도 있다. 칠판을 효과적으로 사용하기 위해 다음 사항에 유의하여야 한다.

- 말하는 내용을 모두 칠판에 적어서는 안 된다. 이 경우 학습자들은 강의에 집중하기보다 필기를 하는 데 급급하게 된다. 판서를 시작하기 전에 미리 계획을 하고 강조할 내용과 요점만을 적는다. 가능하면 지우고 쓰기보다는 내용이 일목요연하게 한 칠판에 제시되도록 한다.
- 교수자의 '낙서장'으로 활용되어서는 안 된다. 일관성도 없고, 알아보기도 힘든 단어들만 잔뜩 나열된 칠판이 되어서는 안 된다. 공간별 시선 집중도를 고려하여 핵심정보를 제시하도록 한다. 색분필이나 밑줄, 도형 등을 사용하여 핵심을 강조한다.
- 뒷줄에 앉은 학습자도 읽을 수 있도록 글자는 충분히 커야 하며 가능한 한 정자로 쓴다. 특히 외국어나 공식을 판서하는 경우에 해독에 어려움이 없도록 반듯하게 써야 한다.
- 교수자가 강의와 동시에 필기를 하게 되면 학습자는 강의에도 집중하지 못하고

필기에도 집중하지 못한다. 학습자들이 필기할 시간을 따로 줌으로써 강의 내용에 집중하도록 한다. 또 학습자들이 필기를 할 때는 시야를 가리지 않도록 주의한다.

자주 범하는 실수

_칠판을 전혀 사용하지 않는다. 단원명과 학습목표를 판서한 후 수업 시간 내내 PPT와 말로 진행하는 경우가 많다.

실수 교정은 이렇게

✔ICT 자료가 많아지면서 한때 칠판을 사용하지 않는 수업이 유행한 적이 있다. 그러나 칠판은 가장 손쉽게 사용할 수 있고, 피로감이 덜하며, 주의집중을 시키기에 적합하고 활용도가 높은 훌륭한 매체이다. 학습내용을 일목요연하게 정리하여 필기를 해 주어야 학생들의 이해도를 높일 수 있다.

4_파워풀한 파워포인트(PPT) 제작과 활용 노하우는?

파워포인트는 제작이 쉽고, 정보 전달력이 뛰어나며, 이미지나 소리 및 동영상 자료와 결합이 쉽고, 자유자재로 변형이 가능하여 매우 파워풀한 매체이다. 파워포인트를 제작하거나 사용할 때는 다음을 주의해야 한다.

- **One Slide-One Message** : 한 화면에 들어가는 핵심 내용을 조절해야 한다. 자세한 내용은 말로 설명하거나 인쇄물을 나눠 주는 게 좋다.
- **무조건 잘 보이게** : 파워포인트는 워드프로세서가 아니다. 최대한 단순하게, 가독성이 좋은 폰트(고딕체, 돋움체, 헤드라인체)로, 한 화면에 4~6줄이 넘지 않도록, 배경색과 글자색, 디자인이 최대한 선명하도록 해야 한다. 또 중요한 내용에는 확실히 포인트를 주어야 한다.
- **도식화하라** : 텍스트를 그림이나 표, 도형, 차트 등으로 변형하여 제시하면 더 빨리, 쉽게 이해시킬 수 있으며 기억도 오래 간다.

가르치는 기술

학급경영

생활지도

교육실습 유의사항

부록

- **다양한 멀티미디어를 활용하라** : 이미지, 소리, 동영상, 애니메이션을 적절히 활용하면 집중력과 이해력이 높아진다. 따라서 멀티미디어 자료들은 평상시에 폴더를 만들어 수집해 두어야 한다. 이때 저작권에 위배되지 않도록 주의한다. 또 지나치게 복잡하고 화려한 PPT는 오히려 학습자를 피곤하게 하고 집중력을 흐리므로 무분별한 사용을 자제해야 한다.
- **수업의 주인이 되어서는 안 된다** : 수업 시간 내내 파워포인트 자료를 사용하여 그 내용을 그대로 읽는 경우가 있다. 이런 경우 학습자는 수업의 구경꾼이 되기 때문에 아무리 흥미로운 자료를 제시해도 금방 싫증을 느낀다. 따라서 파워포인트 자료는 수업과정에서 꼭 필요한 시기에 적절한 방법으로 제시하는 것이 바람직하며 사용하지 않을 때는 암전 처리하거나 꺼 놓는 게 좋다. 파워포인트 자료를 제시할 때도 스크린을 보면서 수업해서는 안 되며 반드시 학습자의 반응을 보며 수업을 진행해야 한다. 또 학습자와 상호작용할 수 있는 장치를 곳곳에 배치하여 학습자의 참여도를 높여야 한다.
- **핸드아웃을 제공하라** : 파워포인트 수업은 자칫 진행 속도가 너무 빨라져 나중에 남는 것이 별로 없고 시험공부를 하려고 해도 필기한 것이 없어 공부하기가 힘들다고 한다. 따라서 학습자들이 충분히 자료를 보고 필기할 수 있는 시간을 제공하는 것이 좋다. 또는 파워포인트 자료를 미리 인쇄한 핸드아웃을 제공함으로써 나중에 복습할 수 있도록 해야 한다.
- **비상사태에 대비하여 예비 자료를 준비하라** : 수업 전에 매체 상태를 충분히 점검하여 최적의 상태로 자료를 제공할 수 있어야 한다. 그러나 수업 상황에서 전원 문제나 기계적 결함과 같은 뜻밖의 일은 얼마든지 벌어질 수 있다. 따라서 비상사태에 대체할 수 있는 예비 자료를 준비해 두는 것이 좋다.

자주 범하는 실수

__스크린만 보고 읽는다.

실수 교정은 이렇게

✔이런 경우 학생들은 점점 구경꾼이 되다가 심한 경우 교수자 혼자 수업을 하게 된다. 매체는 단지 강의의 보조 도구일 뿐이다. 따라서 강의의 효율성을 높이기 위해 적절한 시간에 집중적으로 제시하였다가 다시 교수자의 강의에 몰입하도록 하는 것이 좋다. 교수자는 항상 학습자의 반응을 주시하며 수업을 진행해야 한다.

5_학습지는 어떻게 활용하면 좋을까?

많은 교수자들은 교과서를 재구성한 학습지와 읽기 자료를 제작하여 수업을 한다. 학습지는 학습 내용을 구조화하여 제시함으로써 학생들의 이해를 돕고, 판서 및 필기 시간을 줄일 수 있다. 또 교과서에 없는 보충 자료들을 제시함으로써 교수-학습활동을 다양화할 수 있으며, 성취도 평가 기회를 제공하기도 한다. 학습지를 활용할 때는 다음에 유의해야 한다.

- 실생활 사례를 활용하여 흥미를 유발한다.
- 학생 참여를 유도할 수 있는 다양한 장치를 마련한다. 단순한 빈 칸 채우기 학습지는 학습 효과가 크지 않다. 생각 쓰기, 짝 토의, 모둠 토의, 댓글 달기, 이미지로 변환하기 등 다양한 활동과 결합하여 사용하도록 한다.
- 레이아웃에 신경 써야 한다. 글자 모양과 크기 변화, 클립아트나 이미지 삽입, 도형이나 기호 삽입으로 학습내용이 일목요연하게 드러나도록 구성해야 한다.
- 매시간 낱장으로 나누어 주는 것보다 간단한 책자 형식으로 제공하는 것이 좋다.
- 학습지의 보관 및 활용 정도를 정기적으로 검사하고 반드시 적절한 피드백을 제공해야 한다.
- 학습지 내용을 발표하도록 하여 학습자 전체가 서로의 생각을 공유할 수 있도록 한다.

6_교실 현장에서 인터넷을 활용하는 수업방법은?

인터넷은 시간과 공간에 구애받지 않고 다양하고 풍부한 정보를 범교과적, 범학년적으로 활용할 수 있으며, 학습자의 특성에 맞는 개별학습이 가능하므로 무한한 교육적 잠재력을 가진다. 인터넷 활용 수업으로는 인터넷을 정규 수업 이외의 교실 밖에서 일어나는 추가적, 보충적 상호작용 수단으로 사용하는 방법과 수업의 주요 도구로서 인터넷을 활용하는 방법, 전적으로 온라인 환경에서 학습이 일어나는 원격 교육, 가상 교실과 같은 형태 등이 있다. 좀 더 구체적으로 살펴보면 다음과 같다.

- **탐구형** : 학습자 스스로 다양한 경험을 통해서 인터넷이 제공하는 풍부한 정보 자원을 탐구하고 분석할 수 있는 효과적인 탐구학습의 장을 제공해 준다(자원기반 학습, 사례 연구, 발견학습 등).
- **토론학습형** : 실시간 토론에 비해 토론에 앞서 다른 사람의 의견을 검토하고 토론함으로써 생각할 수 있는 시간적 여유를 제공하여 깊이 있는 토론을 가능하게 하고, 비판적이고 논리적인 능력을 기르며, 학습과제에 대한 이해를 기르고자 하는 것이다. 내성적인 학생도 자신의 의견을 적극적으로 제시하여 학생들의 고른 참여의 기회를 제공해 준다.
- **문제중심형** : 실전 문제를 중심으로 학습자들이 모든 가능한 해결책을 탐색하고 가장 효과적이고 효율적으로 문제를 해결할 수 있는 방법을 모색해 가는 유형으로 전통적인 문제중심형 수업의 한계를 보완하는 우수한 도구가 된다.
- **협동학습형** : 인터넷이 가지고 있는 다양한 의사소통 기술을 활용하여 학습자 간의 정보와 지식을 공유하고, 집단 의사결정 과정을 통하여 학습을 해 나가는 과정이다. 문화적 교류 또는 사회적 교류를 중심으로 타 문화권 학생들과 우정을 강화할 목적으로 유용하게 활용된다.

교생들이 자주 접하는 문제 상황

__인터넷을 활용해야만 좋은 수업이라는 강박 관념 때문에 불필요한 곳에서도 자주 사용하여 수업의 중심을 잃어버리는 경우가 있다.

__수업 내용과 관련 없는 내용을 10분, 20분씩 영화 상영하듯 틀어 주는 등 ICT 활용 시간이 너무 길다.

잘못된 이유

__인터넷 활용은 효과적인 수업을 위한 하나의 방법일 뿐이지 그것이 목적이 될 수는 없다.

__긴 시간 동안의 인터넷 활용이 학생들의 흥미를 끌 수 있을지 몰라도 다른 학습에 필요한 시간을 소모하고, 잔영 효과로 인하여 다음 수업 진행에 부정적인 영향을 주기 때문이다.

이럴 때 이렇게 하세요

✔ 매체의 특성이 학습내용을 이해하는 데 도움이 되도록 설계하며, 교육에 매체나 기술을 도입할 때 항상 교수–학습목표가 우선되어야 한다.

✔ 학생들이 화면 내용을 요약하거나 옮겨 적을 필요가 있을 때에는 적절한 시간을 주어야 하며, 화면으로 제시된 내용 가운데 설명할 부분이나 강조할 부분은 반드시 짚고 넘어가야 한다. 또한 자료를 완전하게 만들어 제시하기보다는 미완성 공간을 두어 이를 학생에게 발문하거나 과제로 제시하는 방법도 생각해볼 수 있다.

Q 인터넷을 교육적으로 활용할 경우 그 한계점은 무엇인가요?

A 인터넷의 교육적 활용 시의 한계점은 다음과 같다.

- 학급 또는 학생에 따라 정보 접근의 기회가 균등하게 이루어지지 않는다.
- 누구나 인터넷에 올라오는 정보들 중에서 동영상이나 큰 그래픽 정보들을 받을 때면 오랜 시간이 걸린다. 정보의 로딩 속도가 느리게 되면 학습자들의 주의가 산만해지게 되며, 오랜 시간이 걸려 받은 정보가 쓸모없는 정보일 경우 시간적, 심리적 피해를 받게 된다.
- 외국과의 정보 교류를 위해서는 언어적 소통이 문제가 된다.
- 인터넷이 정보의 창고이기는 하지만, 가치 없는 정보들이 많이 올라오기 때문에 정보의 가치를 평가할 수 없는 단계에서는 잘못된 정보를 받아들일 수도 있다.
- 하이퍼텍스트에서 나타날 수 있는 '인지적 과부하'나 '방향감 상실' 등의 문제가 있을 수 있다.

가르치는 기술

학급경영

생활지도

교육실습 유의사항

부록

7_인터넷 방송 활용 수업에서 교사의 역할은?

멀티미디어 기능적 특성을 인터넷망을 통해 디지털 형식으로 방송해 주는 인터넷 방송은 방송계에서 라디오, TV, 케이블TV에 이은 '제4의 방송 매체'이다. 교육 현장에서도 영화, TV, 컴퓨터에 이은 차세대 수업 매체로서 교육이 일어나는 현장에서 이용자들을 대상으로 문자, 동영상, 음성 등 멀티미디어 정보를 인터넷망을 통해 제공하는 새로운 멀티미디어형 인터넷 서비스라고 할 수 있다.

하지만 방송 활용 수업을 제대로 한다는 것은 쉬운 일이 아니다. 특히 학교 현장에서 방송 활용 수업이 보다 재미있고 효과적인 수업이 되기 위한 교사의 역할을 제시하면 다음과 같다.

- 교육의 내용 및 방법 등에 관한 고정 관념에서 탈피하여야 하며, 단조로운 교과서 중심 교육에서 벗어나 생활 현장과 밀착한 교육에 힘써야 한다.
- 다루고 싶어 하는 문제와 문제에 접근할 수 있는 방법들을 교사와 학생이 함께 탐색한다.
- 학생이 선정한 문제들을 스스로 연구해 보도록 허용하며, 문제가 어려워질 때 학생을 도와주는 역할을 한다.
- 단순한 지식의 전수자가 아니라 학습자를 위한 진단자, 학습 관리자, 상담자, 촉진자, 상호작용자, 촉매자 등이 되어야 한다.
- TV교육방송 프로그램을 수업에 활용하는 목적 및 활용 방법에 대한 방향이 정립되어야 한다.
- 수업에서의 선택 가능한 여러 가지 방송 활용 수업의 목적과 방법을 이해하여, 모든 목적에 두루 유용하거나 어떤 주어진 목표에 대해 선택 가능한 방법을 찾아야 한다.
- 어느 한쪽으로 치우치지 않은 균형 잡힌 방송 활용 수업이 되도록 신경을 써야 한다. 예를 들어 1학기에는 주제별로 방송을 활용한 발표력 위주로 하고, 2학기에는 사고력 향상 학습을 하면 좋을 것이다.

- 효율적인 방송 활용 수업이 되기 위해서는 TV교육방송 프로그램을 직접 수업에 활용하는 교사들이 모든 방송 활용 수업의 목적과 활용 방법에 익숙하도록 끊임없이 노력한다.
- 수업 매체로서의 성공 여부는 매체 자체의 우수한 기능적 속성보다는 이를 활용하는 교수-학습 전략에 달려 있다. 실제 학습 상황에서 교수 방법과 활용 전략이 매체와 얼마나 조화를 잘 이루었느냐가 관건인 것이다.

교생들이 자주 접하는 문제 상황

__인터넷 방송의 활용 면에 있어 남용은 부족함에 못지않은 문제이다.

__인터넷 방송을 활용하는 그 자체가 교육의 목적인 것처럼 인식한다.

__학습자가 인터넷 방송이 제공하는 정보와 지식의 수동적 수용자로 인식되어도 무관심하다.

잘못된 이유

__너무 많은 자료는 학습자에게 부담이 될 수 있으며, 적합성 여부에 대한 논의 없이 사용될 때 생길 수 있는 부정적 영향은 심각하다. 인터넷에서 제공되는 정보의 폭력성, 음란성, 그리고 내용의 일방성에 대한 편견과 저작권 문제 등도 해결하기가 쉽지 않다.

__인터넷 방송은 수업의 목표를 달성하기 위한 여러 방법 중 하나로 최선의 수업 매체이기 때문에 활용되어야 한다. 인터넷 방송의 수업 매체로서의 의미는 기술의 복잡성과 다양성에 비중이 주어져서는 안 된다는 것이다.

__인터넷 방송을 사용하는 학습자가 인터넷 방송이 제공하는 정보와 지식의 수동적 수용자로 인식되도록 해서는 안 된다.

이럴 때 이렇게 하세요

✔인터넷 방송을 적절히 활용하여 교육적 가치와 잠재력을 충분히 이끌어 냄으로써 교육적 효과를 극대화할 수 있도록 해야 한다.

✔인터넷 방송을 활용하는 그 자체가 교육의 목적인 것처럼 인식되어서는 안 된다.

✔인터넷 방송은 사회 미디어로서 비판과 수용, 그리고 이해와 표현을 학습자와 함께 만들어 가도록 해야 한다.

가르치는 기술

학급경영

생활지도

교육실습 유의사항

부록

Q 인터넷 방송에는 어떤 장점이 있나요?

A 수업 매체로서 인터넷 방송의 장점을 다음과 같이 제시할 수 있다.

- 학습자는 자신이 원하는 프로그램을 주문형 방송 형태로 접근할 수 있어 학습에 보다 적극적이고 능동적인 자세를 취하게 된다.
- 개인이 손쉽게 제작할 수 있어 방송의 긍정적 효과뿐만 아니라 부정적 효과에 대해서도 스스로 알 수 있는 체험학습의 기회를 갖는다.
- 다양한 콘텐츠를 접하게 되어 복잡한 정보를 종합, 활용할 수 있는 능력을 향상시킨다.
- 지식 습득과 오락을 동시에 할 수 있는 즐거움이 있는 학습(edutainment)을 할 수 있는 등 새로운 대안적 수업 형태를 경험할 수 있다.
- 학습자의 협동심과 책임감이 높아진다. 방송을 제작하고 정보를 찾아내는 과정에서 학습자들끼리 서로 격려하고 함께 수업을 만들어 나가게 되며 스스로 문제를 해결하고 결과에 책임을 느끼게 된다.
- 자기 주도적 학습능력이 신장될 수 있다. 학습목표를 세우고 자신의 학습 전략을 만들어 정보를 찾고 구성해 나가는 과정에서 적극적으로 학습에 참여하는 동기 부여가 되고 자신감을 갖게 된다.
- 편리한 시간에 학습할 수 있을 뿐만 아니라 자신의 의견을 개진할 수 있어 학습자는 스스로 자신의 사고를 구성해 볼 수 있다.
- 학습자 자신의 학습 속도나 요구에 맞게 학습할 수 있으며, 전 세계 사람들에게 자신의 작품을 소개할 수 있어 학습활동을 폭넓고 의미 있게 할 수 있다.

8_교수-학습 자료를 만들려면 어떤 프로그램을 사용해야 하나?

ICT의 발달로 웬만한 수업 자료는 교수자가 직접 만들 수 있다. 그런데 수업 자료를 직접 만들면 수업 상황에 꼭 맞는 자료를 얻을 수 있다는 장점이 있는 반면 시간과 노력이 너무 많이 든다는 단점이 있다. 따라서 대부분의 교수자는 이미 만들어진 자료를 수집하여 조금씩 가공한 후 사용한다.

- **이미지 자료** : 디지털 카메라와 포토샵 프로그램, 인터넷에서 무료로 제공하는 이미지뷰어 프로그램을 활용하면 다양한 이미지 자료를 만들 수 있다.
- **소리 자료** : 윈도우 녹음기, Cooledit 프로그램, Goldwave 프로그램, 인터넷에서 무료로 제공하는 녹음 프로그램을 활용하면 소리를 녹음하거나 편집할 수 있다. 또 보이스웨어의 VoiceTextTM을 활용하면 텍스트를 음성으로 청취하거나 소리 파일로 저장할 수도 있다.
- **동영상 자료** : 비디오 카메라와 윈도우 무비 메이커, 프리미어 프로그램을 활용하면 멋진 동영상을 만들 수 있다.
- **플래시 자료** : Adobe사의 Flash 프로그램을 활용하면 플래시 자료를 직접 제작할 수 있다.

9_교수-학습 자료를 구할 수 있는 곳은?

인터넷 공간을 뒤져보면 다양하고 좋은 자료들이 많이 있다. 평상시에 눈에 띄는 대로 자료를 수집하여 정리하는 습관을 들여야 한다. 교수-학습 자료를 쉽게 찾을 수 있는 웹사이트는 다음과 같다.

- 에듀넷 http://www.edunet4u.net
- 각 시도 교육정보원이나 교수학습센터
  대구교수학습지원센터 http://ctl.edunavi.kr
  서울교수학습지원센터 http://www.ssem.or.kr
  부산교수학습지원센터 http://westudy.busanedu.net
  인천교수학습지원센터 http://www.edu-i.org
  대전교수학습지원센터 http://www.edurang.net
- 카인즈 : 한국언론재단 구축 종합뉴스DB, TV방송, 시사잡지, 일간지 등의 기사 검색
  http://www.kinds.or.kr
- 한국방송광고공사, 광고정보센터 홈페이지 : 광고 동영상 및 이미지 검색

http://www.kobaco.co.kr, http://www.adic.co.kr

- 한국언론진흥재단 미디어교육 센터 : NIE 수업 지도안 http://www.forme.or.kr
- 각 방송국 및 신문사 홈페이지
- 포털 사이트의 이미지 검색, 이미지클릭, 아이클릭 홈페이지
- 포털 사이트의 웹툰 검색

자주 범하는 실수

__출처를 정확하게 밝히지 않는다.

실수 교정은 이렇게

✔대부분의 교사들은 기존의 교수-학습 자료를 재가공하여 사용하지만 저작권자의 허락을 맡고 사용하는 경우는 거의 없다. 그 이유는 학교 교육 목적에 활용한다는 조건이 붙는 경우에는 비교적 저작권 문제에서 자유롭기 때문이다. 그러나 저작권에 대한 올바른 인식을 심어 주는 것 또한 교사가 해야 할 일이라면 적어도 자료의 출처를 정확하게 밝히는 것이 바람직하다.

Q 매체는 많이 사용할수록 좋은가요?

A 어떤 매체든지 무조건 좋은 매체는 없다. 즉 아무리 좋은 매체라도 그 수업 상황에 적합하지 않으면 좋은 매체가 아닌 것이다. 너무 많은 매체 사용은 오히려 학생들의 주의력을 흐트러뜨리고 학습자를 구경꾼으로 만든다. 따라서 매체를 사용할 때는 학습자, 교수자의 특성, 학습목표나 내용, 수업 환경, 매체 특성 등을 꼼꼼하게 따져 보고 가장 적합한 매체를 선정해야 한다.

Q 동기유발 자료를 선정할 때 특히 주의해야 할 점이 있나요?

A 흥미나 동기유발에 집착하여 무조건 재미있는 매체를 제공하는 경우가 있다. 학습자의 나이

나 교육 수준을 고려하지 않고 너무 쉽거나 어려운 자료, 무조건 최신 유행하는 자료를 활용하는 경우가 있다. 심지어 교육적인 측면에서 문제가 있는 자료를 제시하는 경우도 있다. 예를 들어 폭력을 방지하기 위한 자료가 오히려 폭력을 학습시키는 오류를 범할 때도 있는 것이다. 따라서 학습자의 나이, 사회·문화·경제적 수준, 학력, 흥미도, 성별 등을 분석하여 가장 적합한 자료를 선정해야 한다.

Q 매체 제시 후 필기할 시간을 꼭 주어야 하나요?

A 학습자는 필기를 하면서 학습내용을 요약·정리하고 기억력을 높인다. 또 필기한 내용은 복습과 시험공부를 위해서도 꼭 필요하다. 따라서 강의를 한 후에는 반드시 필기할 시간을 따로 주어야 한다. 만약 따로 필기 시간을 주지 않으면 교수자의 강의를 들으면서 동시에 필기를 하기 때문에 수업 집중도가 많이 떨어지게 된다. 또 학습내용과 필기할 내용이 많아 시간이 오래 걸린다면 미리 인쇄한 핸드아웃 자료나 학습지를 제공하는 것이 좋다.

Q 매체를 제시한 다음 교수자가 해야 할 일은 무엇인가요?

A 많은 교수자들이 매체를 제공하면 학습자들은 자연스럽게 그것을 수용할 것이라고 생각한다. 그러나 똑같은 매체를 접하고도 학습자들은 개인적 특성에 따라 조금씩 다르게 받아들인다. 심지어 전혀 이해하지 못하거나 정반대로 해석하는 경우도 있다. 따라서 매체를 제공한 후에는 반드시 학습자들의 의견을 듣고 함께 공유하는 시간을 가져야 한다. 이때 교수자는 학습자들이 자유롭게 의견을 내도록 한 후에 적절한 피드백을 제공하여 학습자의 이해를 도와야 한다.

가르치는 기술

학급경영

생활지도

교육실습 유의사항

부록

8

효과적인 수업 정리

이것만은 꼭!

✔ 본 수업에서 의도한 학습성과를 확인한다.

✔ 배운 수업내용의 가치를 강조한다.

✔ 수업목표를 다시 한번 주지시킨다.

✔ 중요한 항목을 중심으로 학습내용을 요약하자.

✔ 개념도 그리기, 문답법, 평가 문제 만들기, 보고서 쓰기, 실생활에의 적용, 포트폴리오 제작 등을 통해 수업을 정리해 보자.

✔ 차시수업을 예고한다.

✔ 과제나 학습문제 등에 설명해 준다.

한 시간 수업의 마지막에는 학습내용을 요약·정리하고 발전시키며 다양한 상황에 적용할 수 있도록 해야 한다. 효과적으로 수업을 정리하기 위해서는 다음과 같은 활동을 꼭 해야 한다.

- 수업목표 재확인
- 요약·정리활동 : 중요한 사항을 중심으로 학습내용을 요약한다. 학습내용을 일목요연하게 조직화하고 정리한다.
- 발전·강화활동 : 학습내용을 실제 상황에 적용해 보거나 실행해 봄으로써 학습내용을 완전히 자신의 것으로 이해하고 내면화한다. 나아가 새로운 장면이나 유사 상황에 적용해 봄으로써 학습내용을 강화한다.

1_수업 정리 단계에서 활용할 수 있는 전략은?

학습내용을 요약·정리하고 발전·강화하는 데 활용할 수 있는 전략은 다음과 같다.

- 개념도 그리기
- 질문하고 답하기
- 평가 문제 만들기
- 3분 보고서 쓰기
- 실제 상황에 적용하기
- 포트폴리오 만들기

2_개념도 그리기 전략의 활용법은?

수업에서 배운 개념(사실, 원리, 법칙, 공식, 명칭 등)이나 개념들 간의 관계를 도형이나 선을 사용하여 그림을 그리도록 한다. 5분 정도의 시간이 소요되며 매 시간 공책에 개념도를 그리게 한 후 복습에 활용하도록 한다. 개념도에는 모범 답안이 없으며 학습자의 특성에 따라 다양한 형태의 개념도가 그려질 수 있다. 개념도 그리기는 학습자에게 중요 개념을 명확하게 인지시켜 주고, 새로운 개념을 기존의 개념과 연결시켜 줌으로써 학습 효과를 높여 준다.

〈실시 방법〉

① 학습한 내용에서 중요 개념을 확인한 후 공책에 쓴다.

② 개념들 간의 관계를 확인한다.

③ 개념들 간에 연결선을 긋고 그 관계를 설명하는 말을 쓴다.

④ 이미 알고 있던 개념들을 우선적으로 연결시키고 점차 새로운 개념들을 찾아 추가한다.

⑤ 추가적인 설명과 예시, 중요한 조건들을 추가한다.

〈응용하기〉

예습과 복습을 연결하여 개념도 그리기 : 앞으로 배울 단원의 개념도 그리기 과제 제시 → 수업하기 → 수업 정리 활동으로 예습한 개념도에 내용을 추가하거나 수정하기

3_질문하고 답하기 전략의 활용법은?

모둠별로 질문과 응답을 통해 중요 학습내용을 요약·정리할 수 있다. 5분 정도의 시간이 소요되며 수업 내용 중 반드시 알아야 될 내용으로 문제를 만들어야 한다.

〈실시 방법〉

① 모둠원 4명이 각각 질문 2개씩을 만든다.

② 1개의 메모지에 1개의 문제를 쓰고 접은 후 모은다.

③ 모둠원이 차례대로 돌아가며 문제지 1장씩을 뽑아 질문에 답을 한다.

④ 가장 잘된 문제를 뽑아 그 문제를 칠판에 적는다.

⑤ 교사는 칠판에 적힌 문제를 중심으로 피드백을 한다.

〈응용하기〉

모둠원이 함께 질문 4~5개씩을 만든 후, 그것을 모아 모둠별 대항 퀴즈를 진행할 수도 있다.

4_평가 문제 만들기 전략의 활용법은?

모둠별로 시험 문제 만들기를 해 봄으로써 중요 학습내용을 요약·정리할 수 있다. 5분 정도의 시간이 소요되며 수업 내용 중 반드시 알아야 될 내용으로 문제를 만들어야 한다.

〈실시 방법〉

① 모둠원 4명이 함께 중요 개념을 확인한다.

② 시험 문제 형태를 결정한다.(단답형, 선택형, 진위형, 서술형 등)

③ 시험 문제를 낸다.

④ 모범답안과 해설지를 만든다.

⑤ 다른 모둠과 문제를 바꾸어 풀어 본다.

⑥ 만든 문제는 모아 단원을 끝나는 시점에 총괄평가 문제로 활용한다.

5_3분 보고서 쓰기 전략의 활용법은?

학습자로 하여금 학습과제를 수행하는 과정을 3분 동안 기록하도록 한다. 이 자기분석 보고서는 과제를 수행하는 각 단계에서 스스로 어떤 생각을 했고, 문제를 해결하기 위해 어떤 노력을 했으며, 그 과정에서 새롭게 알게 된 것과 느낀 것 등을 기록하는 것이다.

6_실제 상황에 적용하기 전략의 활용법은?

학습자로 하여금 학습한 내용을 실제 상황에 적용하는 학습과제를 수행하도록 한다. 실제 상황에 적용한 문제 풀기, 1:1 문답하기, 간단한 역할극, 웹사이트에 글 올리기, 실천 계획하기 등의 활동을 활용할 수 있다. 이 과정에서 학습자는 학습내용을 완전히 자신의 것으로 이해하고 내면화한다. 나아가 새로운 장면이나 유사 상황에 적용해 봄으로써 학습 내용을 강화할 수 있다.

7_포트폴리오 만들기 전략의 활용법은?

학습자들이 학습을 해 나가는 동안 몰랐던 부분을 해결하여 가는 과정을 누적하여 정리하는 것을 말한다. 학습자들은 모두 이해의 영역과 속도가 다르므로 자신의 특성에 맞게 스스로 학습과정을 점검해 볼 수 있게끔 도와주는 활동이 바로 포트폴리오 만들기이다.

포트폴리오의 구성은 수업에 따라 다양하지만 보통 다음과 같은 요소를 포함한다.

- 교과서 본문 중 이해가 잘 되지 않거나 중요하다고 생각되는 부분
- 학습 중 추가되는 내용
- 문제 풀이 과정 중 오답 노트 정리 내용
- 어휘 사전이나 백과사전에서 검색한 지식
- 독서 내용

자주 범하는 실수

__정리할 시간을 따로 주지도 않고 수업이 끝날 때까지 학습내용을 판서한다.

__교수자가 수업의 핵심을 짚어 주는 것으로 정리한다.

__학습자에게 정리과정을 모두 맡긴다.

__집중도 떨어지는 수업의 마지막이니 무조건 간단하게 정리한다.

실수 교정은 이렇게

✔ 수업은 시작과 끝이 확실해야 학습내용에 대한 기억의 효과가 높아진다. 수업을 마치기 10분 전을 즈음해 내용을 정리하는 시간을 반드시 주어야 한다.

✔ 학습내용이 왜 중요한지, 실생활에 어떻게 적용될 수 있는지에 대한 의미부여가 되어야 기억 효과가 높아진다. 또 학습자 스스로 학습내용을 정리하고 연습할 기회를 주어야 학습 효과가 커진다.

✔ 학습자가 학습내용을 요약·정리하더라도 교수자의 피드백은 반드시 필요하다. 학습자에게서 질문을 받기도 하고, 핵심 내용에 대해 질문을 하기도 하고, 학습자의 정리 내용을 심화·보충하거나 실제 상황에 적용한 예를 통해 학습내용을 강화해야 한다.

✔ 일반적으로 학습내용에 대한 기억의 효과가 가장 높은 시간은 수업 시작 10분과 마지막 10분이다. 따라서 학습을 완성시키기 위해서는 수업이 끝나기 10분 전에 학습내용의 요점을 정리하고, 강화하는 과정이 꼭 필요하다.

9

재미있는 수업

이것만은 꼭!

- ✔ 학생을 존중하고 학생이 스스로 참여할 수 있는 수업을 하자.
- ✔ 학생들의 좌석 위치를 활용하여 이름을 외우거나 학생들의 사진을 입수하여 사진첩을 만들어 외워 보도록 하자.
- ✔ 엉거주춤 시작하지 말고, 참신한 발문과 색다른 자료를 통해 처음부터 사로잡자.
- ✔ 학생의 눈높이에 맞게 쉬운 것부터 어려운 것으로, 기본적인 것에서 복잡한 것으로 단계를 밟아 가면서 가르쳐 보자.
- ✔ 학습내용이 어려울수록 자세하다고 생각될 정도의 쉬운 예를 많이 들자.
- ✔ 스트레칭(Stretching)을 이용하여 학생들의 졸음을 깨워 주자.
- ✔ 웃음을 만들기 위해 미리 유머를 준비해 보자(실수담, 기이한 이야기 등).
- ✔ 흥미 있는 문제 상황을 제시하여 학생들의 탐구심을 유발하자.
- ✔ 격려와 칭찬은 학생들의 마음을 사로잡는 마약과도 같은 것! 조그만 것도 격려하고 칭찬해 보자.

수업 시간의 졸음은 수업 자체에 흥미가 없거나 수업 내용을 이해하지 못할 때, 외부로부터의 자극이 적을 때, 교사의 목소리가 작거나 변화가 적을 때, 그리고 학생들이 수면 부족일 때 등의 원인이 있다. 아무튼 교사가 아무리 수업을 많이 준비하고 쉽게 가르치더라도 상당수의 학생들이 졸고 있다면 그것은 실패한 수업이다.

1_재미있는 수업의 조건은?

- 평소에 학생들과 인간적인 관계를 맺어라.
- 긍정적인 사고와 적극적인 태도로 모든 일에 성실하라.
- 알기 쉽게 가르쳐라.
- 분위기를 가끔 변화시켜라.
- 유머를 적극 활용하여 학생들을 많이 웃게 하라.
- 흥미 있는 문제 상황과 새로운 문제 해결 과정을 제시하라.
- 학생을 존중하고 학생이 스스로 참여할 수 있는 수업을 하라.

2_재미있는 수업을 위한 학생들과의 관계는?

교사들은 학생의 이름을 불러 주고, 복도에서 지나칠 때 인사를 잘 받아 주고, 공부 못하는 학생들에게 어깨를 두드려 주고, 체육대회 때 같이 응원하는 등의 적극적인 자세가 필요하다. 혹 질문하러 오는 학생에게 자세히 설명하고, 나갈 때 격려의 말 한마디라도 해 주면 그 학생은 선생님의 팬이 된다.

- 학생을 가르치기 전에 학생들에게 정말로 귀를 기울여야 한다. 학생들이 지닌 다양한 경험을 듣기 위해 귀를 기울이고 이해하려 노력해야 한다.
- 채점을 할 때나 부족한 점을 피드백할 때, 단지 객관적인 입장에서 실수만을 지적하는 것이 아니라 개개인의 특성을 이해하고 그것에 맞게 대우를 해 주어 학생을 매우 잘 아는 사람으로 인정받을 수 있어야 한다.
- 학생이 어떤 단계에 있는지 알아야 한다. 사실 대부분의 교사는 청중이 누군지

모를 때가 많다. 생각할 능력이 없는 학생인 것처럼 취급한다면 기분이 많이 상할 것이다.

- 학생은 지식과 과제물만 던져 주는 선생님은 싫어하고, 학생을 이해하고 존중해 주는 선생님을 좋아한다.
- 가능하면 학생이 진정으로 배우고 싶어 하는 어떤 구체적인 것을 가르치도록 노력해야 한다.
- 학생들에게 있어 중요한 것은 정보만을 전달하는 것이 아닌 스스로 찾을 수 있는 기회를 제공하는 것이다. 발견하는 것은 항상 중요하고, 이 과정에서 학생들은 스스로 자신이 찾고자 하는 것을 알게 된다.
- 교사들이 오로지 자신이 생각하는 방향만이 옳다고 생각한다면 문제는 더 심각해진다.
- 교사가 시험지나 과제물에 아무런 코멘트가 없이 돌려주거나 혹은 아예 돌려주지 않을 경우 학생들은 그 선생님을 싫어한다.
- 학생들에게 관심을 가지고 진심으로 도와주려는 선생님들은 학생에게 자신이 더 중요하고 특별한 사람이라는 느낌을 갖게 해 준다.
- 학생들의 좌석 위치를 활용하여 이름을 외우거나 학생들의 사진을 입수하여 사진첩을 만들어 외워 보도록 한다. 또는 학생들의 이름표를 만들어 주고 책상 위에 올려두도록 하여 수업 중에 학생들의 이름을 불러 준다.
- 모둠별 또는 필요에 따른 조별 구성으로 면담을 하거나 시간 약속이 어려울 경우에는 온라인 채팅방을 이용한 면담을 실시해 보는 것도 학생들과의 친밀감을 높이기 위한 좋은 방법이 될 수 있다.
- 수업 전후, 휴식 시간을 활용하여 학생들과 잠시 담소를 나눔으로써 보다 학생들과 친밀해질 수 있다.
- 학생들의 개별적 경험을 이야기하도록 유도하고 이야기한 것에 관심을 표현해 주어 학생들이 편안히 느낄 수 있는 수업 분위기를 조성하며, 이들의 경험과 수업 내용을 관련지어 보다 의미 있게 학습내용을 이해할 수 있도록 한다.

3_재미있는 수업을 위한 긍정적인 사고와 적극적인 태도는?

- **준비해서 가르쳐라.** 한 시간의 수업을 위해 얼마나 많은 시간을 투자하는가에 따라 수업의 완성도가 달라진다. 수업 들어가기 전에 진도 파악과 학습목표 점검을 하고, 확산적 발문을 준비하고, 사진 자료나 신문 기사 등의 보조자료를 챙기고, 노트북에 플래시 자료나 짧은 동영상을 담으며 재미있는 이야기 한 토막이라도 준비하는 수업은 분명 졸리지 않는 수업이다.
- **처음부터 사로잡아라.** 수업을 엉거주춤 시작하지 말고, 참신한 발문과 색다른 시청각 자료, 현실적인 관심사로부터 수업목표를 이끌어 낸다. 수업의 처음에 일단은 조는 사람을 깨우고, 문을 열어 환기시키고, 책상 열을 맞추고, 교과서 준비를 확인하는 작업도 학생들에게 새로운 수업이 시작되었다는 느낌을 갖게 하여 졸음을 쫓아내게 한다.
- **긍정적인 사고로 수업에 임하라.** 피곤하지만 그래도 나를 필요로 하는 아이들이 있다는 생각, 무엇이든 아이들에게 하나라도 더 가르쳐야 되겠다는 생각을 가지면, 교실로 가는 선생님의 발걸음은 가볍고, 그 선생님의 눈빛에서 학생들은 다른 느낌을 받는다.
- **힘 있고 자신 있게 말하라.** 뒷자리에 앉은 학생도 충분히 알아들을 수 있는 목소리, 자신 있는 표정, 변화 있는 음성, 환한 웃음, 때로 주의를 집중시키기 위한 쉼, 전체 학생들을 골고루 쳐다보는 시선, 이런 것들이 학생들을 집중시키고, 교사에 대한 신뢰를 갖게 한다. 말을 할 때 말의 내용에 걸맞은 표정이나, 약간의 익살스럽고 과장된 제스처도 수업에 생동감을 불어넣는다. 특히 말하는 중간의 적절한 쉼은 학생들의 주목을 집중시킨다.
- **교단만을 고집하지 마라.** 교단에서 수업하다가 때로 학생들 사이에 가서 이야기하고, 과제를 부여하고, 이곳저곳 다니면서 학생들의 활동을 점검하고, 어깨를 두드려 주고, 때로 가벼운 농담도 해 보는 것이 학생들에 대한 장악력을 높이고, 학생들이 졸지 않게 한다. 물론 너무 자주 교단을 떠나는 것은 좋지 않다.

4_알기 쉽게 가르치는 방법은?

학생들이 쉽게 이해할 수 있도록 가르치는 수업 기술이 중요하다. 쉬운 수업은 학생의 눈높이에 맞는 수업이다. 쉬운 예를 들어 설명하고, 학생 수준에 맞게 교재도 재구성하고, 말과 행동까지도 학생 수준에 맞추어 보는 수업은 공감대가 형성된 수업이다.

- 학생의 수준을 파악한다.
- 학생의 눈높이에 맞게 쉬운 것부터 어려운 것으로, 기본적인 것에서 복잡한 것으로 단계를 밟아 가면서 가르친다.
- 학습내용이 어려울수록 자세하다고 생각될 정도로 쉬운 예를 많이 든다.
- 색분필, 여러 번 말하기, 큰 소리로 말하기, 판서하며 말하기, 말과 내용의 강약이 있고 변화가 있는 수업으로 학생들의 집중력을 강화시킨다.
- 추상적인 용어나 개념을 이해시키기 위해서는 주변 사람을 대입하거나, 일상생활을 예로 들거나, 내용을 단순화하여 설명하여 학생들의 이해도를 높인다.

5_분위기를 변화시키는 방법은?

하루에 적게는 6시간부터 많게는 8시간 넘게 수업을 받는 학생들에게 있어 가만히 앉아서 듣기만 하라고 강요하는 것은 재미가 없으며, 일종의 고문이다. 요즘의 청소년들은 이른바 쿼터리즘(Quarterism)적 사고 방식이나 '리셋(reset) 증후군' 때문에 쉽게 싫증을 느끼고 집중력이 부족하다. 졸고 있는 학생을 나무라기에 앞서 졸음을 원천적으로 막을 수 있는 수업 운영 방식이 필요하다.

- **스트레칭(Stretching)을 사용하라.** 스트레칭은 계속되는 수업에서 학생들의 긴장과 피로를 풀어 주는 효과가 있어 수업 중의 졸음을 쫓아내며, 지루함을 없애 준다. 어깨 두드리기, 어깨 돌리기, 손등 두드리기, 손뼉 치기, 머리 지압하기, 몸통이나 등 두드려 주기, 목 돌리기, 손목과 팔목 돌리기, 눈 돌리기, 양손을 위로 올려 기지개 펴기, 상대방 어깨 주물러 주기, 일어섰다 앉기, 등 뒤로 젖히기, 머리의 혈

눌러주기, 손바닥으로 몸 두드리기, 손 어깨 위로 흔들기 등 다양한 방법들이 있다. 수업 중간 중간에 1~2분 동안의 스트레칭이 수업 분위기를 새롭게 하고 선생님과 학생 간의 친밀감을 더해 주기 때문에 수업 시간의 스트레칭을 규칙처럼 운영하는 것도 바람직하다.

- **스팟(Spot)을 사용하라.** 스팟은 방송 등에서 프로그램과 프로그램 사이에 삽입되는 짧은 뉴스나 광고를 가리킨다. 수업에서도 지루하다 싶을 때 중간에 짧은 스팟을 사용하면 수업 분위기가 밝아지면서 학생들의 적극적인 수업 참여를 유도할 수 있다. 스팟의 예로는 선생님의 '3분 이야기', 짧은 개그나 퀴즈 맞히기, 삼행시, 학생이나 교사의 개인기(성대모사, 표정연기, 마술), 신기한 토막 상식, 동영상이나 플래시 시청, 인터넷의 유머사이트 내용을 인용하거나 패러디, 교사 자신의 실수담이나 인간적인 경험담 들려주기 등이 있다. 이들은 짧은 시간 동안 학생들의 관심을 고조시키고, 분위기를 반전시켜 졸음을 몰아내게 한다. 특히 삼행시 짓기를 선생님이나 학생들의 이름을 가지고 했을 경우 누구나 할 수 있고, 많은 웃음이 나올 수 있다. 그러나 이러한 분위기의 반전이 지나치게 자극적이거나 긴 시간이 소요된다면 오히려 수업의 긴장도나 집중력을 떨어뜨릴 수 있다.

6_유머를 활용하는 방법은?

웃음을 만든다는 것이 쉽지 않지만 방법은 의외로 많다. 기대했던 것과는 전혀 다른 결말이 났을 때, 자신도 그런 일이 있을 때, 기발한 표정이나 말을 할 때, 약간은 어처구니가 없을 때 웃음이 나온다. 그러므로 교사는 이 웃음을 만들 수 있어야 하고, 준비할 수 있어야 한다. 웃음을 만들기 위해서는 1~2분 동안의 짧은 이야기나 학생과 교사의 개인기, 돌발적인 질문, 다양한 수업 자료 등을 이용할 수 있다. 또 수업 중 교사의 발문에 대해 부적절하게 반응을 한 학생이 친구들 앞에서 무안함을 느끼지 않고 학습활동을 하도록 유머를 사용하면 효과적이다. 교실 유머를 만들 수 있는 몇 가지 방법을 제시하면 다음과 같다.

- 선생님, 학교생활, TV 드라마나 연예인, 학생들과 관련하여 예를 들면 모두의 관

심사이기 때문에 많은 웃음이 나온다.

- "너는 어떻게 생각하니?" "너라면 어떻게 하겠니?" "○○ 선생님 같으면 어떻게 하셨을까?" 등의 재미있는 발문으로 학생들의 다양하면서도 예상치 않은 대답을 유도하여 한바탕 폭소가 나올 수 있다.
- 교사 자신의 실수담을 말한다. '선생님에게도 저런 면이…' 하며 선생님도 웃고, 학생도 웃는다. 때로 남의 실수담을 내 것처럼 패러디할 수도 있다.
- 인터넷의 유머 사이트 내용을 가끔씩 인용하거나 적절히 패러디하여 사용한다. 신문이나 잡지에 나오는 유머를 스크랩하는 습관도 장기적인 면에서 권장할 만하다.
- 교과 내용과 관련하여 그 이면에 감춰진 이야기, 인물들의 일화, 외국의 기이한 풍물, 상식과 관련된 웃음 등은 어느 수업 시간이든 가능하다. 수업 내용과 관련된 기이한 이야기는 책이나 신문 등을 읽으며 그때그때 메모해 두면 반드시 언젠가 쓸 때가 있다.
- 말뿐이 아닌 다양한 제스처와 표정 등을 사용하여 이야기한다. 때로 남의 목소리나 제스처 흉내, 약간의 과도한 몸동작 등은 학생의 주의를 집중시키고, 웃음을 유발한다.
- 평소에 개방적인 생활 태도를 유지한다. 수업 시간 학생들을 칭찬하고, 밝은 표정으로 수업하는 것은 학생을 웃기기 위한 기본이다. 활발한 표정, 힘찬 목소리, 인간적인 행동 등이 학생과의 공감대를 형성하여 별스럽지 않은 말에도 학생들은 웃게 된다.

7_재미있는 수업을 위한 새로운 상황 제시 방법은?

- 흥미 있는 문제 상황을 제시하라. 흥미 있는 문제 상황 제시는 탐구심 유발하기와 관련이 있다. 탐구심 유발하기는 오감을 활용한 관찰, 상상 등을 요구하는 수업 대화이다. 학습 지도를 할 때 가장 중요한 것은 학생들로 하여금 자발적으로 과제를 수행하도록 도와주는 일이다. 이러한 자발적 과제 수행 활동은 개인의 내

면적 요구와 흥미에 의해서 발생한다. 교사는 무엇보다도 먼저 학생들의 과제 수행 의욕과 흥미를 유발시키는 수업 대화를 적절하게 구사할 수 있어야 한다. 탐구심 유발하게 하기는 학습자의 학습의욕을 조장하고, 일시적 학습 동기를 지속적인 학습 동기로 전환시키고자 하는 목적을 가진 수업 대화를 말한다.

- 새로운 과제에 도전하게 하라. 학생은 학습과정 중에 학습목표를 성취하기 위하여 여러 가지 활동을 한다. 교사는 필요할 경우 이러한 활동에 개입을 할 수 있다. 학생이 하나의 활동을 마쳤을 때 보다 발전적 방향에서 다음 학습활동을 하도록 교사가 유도하고 안내하는 수업 대화가 도전하게 하기이다. 그러면 대다수의 학생이 새로운 과제에 호기심을 보이면서 문제 해결의 과정에 적극 참여한다.

8_학생을 존중하고 학생이 스스로 참여할 수 있는 수업의 방법은?

- **조그만 것도 격려하고 칭찬하라.** 격려와 칭찬은 학생들의 마음을 사로잡는 마약과도 같은 것! 칭찬은 학생의 가슴속에 칭찬하는 사람을 심어 줄 수 있어 자아존중감을 키울 수 있다. 조금 잘했어도 잘했다고 칭찬할 줄 아는 그런 선생님의 수업 시간은 학생에게 있어 더없이 재미있고 행복한 시간이다.
- **동기유발이 확실한 수업을 하라.** 재미있는 수업이란 학습목표를 접하게 되는 출발점에서 학생들이 갖게 되는 호기심이자 내적 동기를 이끌어 내는 것이며, 학생들이 기대와 흥미를 갖고 수업을 기다리게 하는 흥미로운 수업이다. 동기유발이 확실하면 일단 분위기를 띄우고, 수업 내용에 관심을 갖게 하며, 할 수 있겠다는 자신감을 갖도록 한다. 그리고 수업 도중에는 학생들이 직접 해결하고 도전할 수 있는 과제를 주어 학습에 대한 흥미를 계속 이끌어 낼 수 있어야 한다.
- **소통이 활발한 수업을 하라.** 주입식 수업은 학생들이 수동적으로 참여하므로 재미없어 한다. 그래서 수업은 자발적으로 참여할 수 있도록 흥미를 유발하고 재미있는 수업이 되도록 한다. 재미있는 수업이 되기 위해 교사는 차시 수업의 목표 달성을 위해 어떤 방법과 자료를 사용하고, 학급 집단 구성은 어떻게 할 것인지 등에 관한 수업 전략을 수립해야 한다. 재미있는 수업에 대한 해답은 학생들과 함

께 구할 수 있다. 학습의 주체는 학생이며, 수업은 교사와 학생의 상호작용으로 만들어진다. 즉, 좋은 교수-학습방법을 학습문제 발견에서 전략 수립까지 학생과 함께 찾아보는 것이다.

- **자기 주도적인 학습능력을 길러 주라.** 학습은 주입을 통한 것보다 생각할 수 있는 여유와 동기를 주는 것이 더 효과적이다. 이처럼 학생들이 문제를 스스로 발견하고 해결하기 위해 스스로의 계획과 평가의 과정을 생각하게 하는 수업이 학생들에게 재미를 줄 수 있다. 이러한 자기 주도적 학습은 학생 혼자만의 노력으로 길러지는 것이 아니라 교사의 치밀한 계획 아래 의도된 경험을 통해 체득된다. 학생들 스스로 사고할 수 있도록 도와주는 비지시적인 교사의 말과 행동이야말로 자기 주도적 학습의 필수조건이다. 교사 스스로 묻고 스스로 답하는 것보다는 여유를 가지고 학생을 활동시키는 것이야말로 자기 주도적 학습력을 길러주는 훌륭한 교수법이다.

교생들이 자주 접하는 문제 상황

__수업이 흥미 있게 시작해서 재미있게 전개되었으나, 지나고 나면 학습내용이 허공으로 사라져 버린다.

__자신이 발표를 하겠다고 자신 있게 일어선 학생 중에 간혹 발표를 하지 못하는 학생이 있다. 이때 대부분의 교사는 앉아서 다시 생각하라고 말을 하고 다시 시키는 경우가 거의 없다.

이럴 땐 이렇게 하세요

✔아무리 재미있는 수업이라도 지나고 나서 내용을 잊어버린다면 아무 의미가 없다. 수업의 출발이 동기유발이고 과정이 재미있는 상호작용이라면, 마지막은 수업의 의미를 찾는 것이라 할 수 있다. 학습목표가 최종 도착점 행동이라면 수업한 후에는 학습한 내용이 학생의 삶에 영향을 주는 산지식으로 전이되어 오래 기억되어야 할 것이다.

✔친절한 교사는 "네 앉으세요, 깜빡 잊어버렸죠?"와 같이 유머 화법을 구사하여 학생이 무안하지 않도록 배려를 한다. 그러나 부족한 답변을 하는 도중이나 한 것에 대해서 무시하거나 나무라지 않고, 격려를 하면서 정답을 말할 수 있도록 이끌어 주는 선생님의 수업이 학생이 기다리는 진정한 의미의 수업이다.

Q 학생들이 수업에 재미를 느끼지 못할 때 어떻게 해야 할까요?

A '왜', '어떻게'라는 발문, 사진 제시, 책 읽히기, 판서, 소집단 토의, ICT 자료 활용, 퀴즈, 농담, 스트레칭 등 학생들을 부단히 자극할 수 있도록 수업에 변화를 주면 학생들은 결코 졸 수 없다. 그러나 너무 잦은 변화는 오히려 학생들의 집중력을 떨어뜨리고 분위기를 산만하게 만든다. 수업 전에 미리 간단한 과정안을 메모하여 활용하는 습관도 좋다. 한 시간의 수업 설계도를 짜 보고, 그것이 적절한지 검토해 보아야 한다.

교사에 따라서는 수업과정에 있어 일정한 패턴을 유지하는 경우가 있는데, 교사마다 이러한 패턴을 연구하고 수업 시간에 적용하면 시간마다 새로운 것을 적용하는 부담에서 벗어날 수 있다. 그러한 패턴에 시간마다 약간의 변화를 주어 운영하는 방법도 바람직한 것으로 생각된다.

Q 학생들은 어떤 수업을 싫어할까요?

A 학생들이 싫어하는 수업 몇 가지를 소개하면 다음과 같다.

- 목소리가 지나치게 작아 잘 들리지 않거나 말의 높낮이가 없는 수업
  ⇒ 뒤쪽에 앉아 있는 학생들에게도 목소리가 다 잘 들리는지 확인해야 한다.
- 칠판 글씨가 작아 잘 보이지 않는 수업
  ⇒ 뒤쪽에 앉아 있는 학생들에게도 글씨와 그림이 분명하게 잘 보이도록 판서한다.
- 학생들과의 상호작용 없이 선생님 혼자 하는 수업
  ⇒ 학생에게 시선을 주고 있는지, 학생에게 질문을 하는지 체크해 본다.
- 선생님께서 많은 설명을 하는데 무슨 말인지 정리가 안 되는 수업
  ⇒ 전개 방향 제시를 잘하고 있는지, 핵심을 간결하게 설명해 주고 있는지를 확인한다. 그리고 먼저 주제를 소개하고 설명을 한 후 무엇에 관해 말하였다는 내용으로 요약한다.
- 선생님이 앉거나 교탁에만 붙어 하는 수업
- 수업의 잘못을 학생에게 떠넘기는 무책임한 수업

Q 학생이 원하는 수업은 어떤 수업인가요?

A 학생들은 진정으로 이러한 수업을 원한다.

- 지난 시간에 배운 내용을 복습하면서 오늘 수업 내용과 어떻게 연결되는지를 보여 주면 수업 내용이 더 잘 이해된다.
- 이 수업의 목적이 무엇인지, 이 수업을 통해 무엇을 얻게 되는지를 상세하게 설명하는 것은 도움이 많이 된다.
- 수업 내용 도중에 이해하기 어려운 내용을 실생활에 관련되고 알기 쉬운 예를 들어 설명해 주는 선생님의 수업은 학생들이 열심히 참여하게 된다.
- 알아들을 수 있게 단계적으로 하나하나 설명을 해 주는 수업을 들을 때, 학생들이 지금 내가 어느 부분을 배우고 있고 어떻게 수업을 들어야 하는지 명확하게 알 수 있게 된다.
- 자기가 알고 싶은 것을 배우고 쌍방향적으로 소통할 수 있는 수업을 원한다.
- 교수 매체를 사용하면서 기기 준비에 수업 시간 대부분을 써 버리는 경우가 있는데 미리 준비해 놓는 성의가 필요하다.
- 수업 시간에 선생님이 너무 늦게 들어오면 학생들의 집중력이나 참여율이 떨어지므로 모범적인 모습을 보여 주어야 한다.
- 학생과 선생님이 함께 만들어 나가는 수업을 학생들은 진정으로 원하므로 학생들이 교수-학습 계획안 작성에도 참여할 수 있도록 한다.

Q 수업 시간에 딴짓을 하는 이유는 무엇인가요?

A 학생들이 수업 시간에 딴짓을 하는 이유는 여러 가지가 있을 수 있다. 몇 가지를 열거하면 다음과 같다.

- 수업이 지루하거나, 안 듣고도 집에서 책을 보는 것과 다를 바 없는 경우 딴짓을 한다. 학생을 수업에 참여하게 하고, 질문이나 토론식 수업을 할 경우에는 수업에 집중할 수 밖에 없다.

• 딴짓을 하는 이유에는 물론 여러 가지 이유가 있겠지만, 그 수업이 지루하거나 별로 얻는 게 없는 것 같은 경우, 학생들이 이해하는 수준보다 너무 빨리 가거나 너무 어렵게 가르치는 경우, 반대로 다들 아는 내용을 중언부언하거나 너무 느리게 수업을 하는 경우 딴짓을 하게 된다.
• 수업 내용 중에서 시험 문제가 많이 출제된다면 지각하는 학생들도 적어질 것이고 딴짓을 막는 데 도움이 될 것이다.
• 매 수업 시간마다 딴짓을 하는 학생들은 묵인하기보다는, 한 번 조용히 불러서 얘기하면 효과가 있을 것이다.

10

효과적인 평가

이것만은 꼭!

- 학생들이 서로를 평가할 수 있는 기회를 주자.
- 수준별 평가지를 준비하여 그에 따른 피드백을 제공하자.
- 상투적인 피드백이 아닌 다양한 평가 구절을 사용해 보자.
- 수업 이해나 만족도를 설문지나 문답을 이용해 알아보자.
- "틀렸습니다."라고 단정 짓기보다는 "정답에 가깝습니다." "그것도 가능하지만, 더 좋은 답이 있습니다." 등의 건설적인 피드백을 제공하자.

평가는 가르친 내용을 정리하고, 학습이 어느 정도로 학생들에게 이루어졌는지를 확인해 준다. 매 수업 평가를 하는 것이 좋다. 효과적인 평가를 하기 위해서는 다음을 고려해야 한다.

1_학생 상호 평가 활용

학급 구성원을 평가자로 적극 활용하자. 학생들이 서로를 평가하게 하는 것은 교실 인력을 활용하는 것이 된다. 평가를 하는 학생은 전체 학급이 될 수도 있고, 소그룹 활동에서는 한두 명이 될 수도 있다. 소그룹 활동의 경우 학생 상호 간의 평가는 학생들의 불안감을 줄일 수 있는 이점이 있다.

2_수준별 형성 평가 준비

수업 중 이루어지는 형성평가의 항목은 과거에는 전체 학생을 일괄적으로 중급 수준으로 간주하여 만들었다. 그러나 현재는 학생 수준별로 나누어 평가 항목을 만든다. 상하, 혹은 상중하 수준에 따른 평가 문항을 준비하고 이에 따라 피드백을 주어야 한다.

3_적절한 피드백 제공

학습자는 피드백을 통해 개선되고 성장한다는 것이 연구 결과로 알려져 있다. 또한 피드백은 시간이 허락하는 한 즉각 이루어지는 것이 좋다. 수업 시간 중이나 수업을 마친 후, 혹은 당일, 아니면 며칠 이내에 해 주는 것이 효과적이다.

일반적인 짧은 피드백으로써 상투적인 언급을 계속 사용하는 것을 지양하기 바란다. 예컨대 잘했을 경우, "Good." "Excellent."를 남발하기 쉬운데, 다양한 평가 구절을 사용하는 것이 좋다. 예를 들면 "Lovely." "Super." "Wow." "Beautiful." "Amazing." "Pretty good." "Wonderful." 등 다양한 코멘트를 준비하여 가미하는 것이 좋다. 이 하나하나의 단어는 개별 학생의 기억에 오래 남아 긍정적인 자아형성에 도움이 될 수 있다.

4_집단 질문과 개별 질문 활용

질문 유형에는 두 가지 방향이 있다. 집단 질문 후 개별 질문으로 이해 상태를 확인하는 방법, 반대로 개별적으로 몇 명에게 질문한 후 전체적으로 확인 해 보는 방법이다. 어느 쪽이든 어느 정도 반복되는 질문은 학생들의 파지를 높이고, 교사로서는 학생 이해를 점검할 수 있는 방법이 된다.

5_수업 내용 이해 정도와 수업 만족도 확인

평가는 학습자의 수업 이해 정도를 확인하는 목적 이외에도 학습자의 수업에 대한 만족도를 알려 주는 기능이 있다. 학생들이 수업에 만족하였는지 전체적으로 물어 볼 수도 있고, 간단한 설문지를 돌려 답하게 할 수도 있다. 수업 후 몇몇 학생들에게 개별적으로 물어 보는 것도 좋다.

6_평가 결과의 처리

형성평가 후에 학생 반응에 적절한 강화를 주는 것이 좋다. 만족과 개선을 상징하는 스티커를 만들어 주거나, 구두로 적절한 코멘트 주기, 전체 앞에서 칭찬하기 등이 있다. 적절한 강화는 발전에 이르게 한다.

주의할 것은 형성평가에서 불만족스러운 반응을 보인 학생의 경우 부정적인 코멘트를 지양하고 건설적인 코멘트를 주어야 한다는 점이다. 예컨대, 틀린 수행의 경우 잘한 점도 곁들어 말해 주고, 어떤 점이 수정되면 좋은지를 말해 준다. 또한 "틀렸습니다(That's wrong)."라고 단정 지어서 말하기보다는 "정답에 가깝습니다(You're getting close)." "그것도 가능하지만, 더 좋은 답이 있습니다." 등의 건설적인 피드백을 주는 것이 좋다.

7_시험 불안 대응하기

약간의 시험 불안은 수행에 도움이 되나 과도한 불안은 시험수행에 방해가 된다는 것은 이미 잘 알려져 있다. 시험에 대한 경험이 학생들에게 긍정적인 것이 되도록 과도한 불안을 초래하는 코멘트를 주지 않는 것이 좋다. 예컨대 "열심히 준비하고 최선을 다하면 됩니다."라고 하고, 모종의 '벌칙'을 가하겠다는 엄포 또는 위협조의 말은 지양해야 한다. 크고 작은 형성평가에 대해 학생들의 정서적인 요인을 어떻게 다룰지에 대한 배려를 미리 준비해야 한다.

제2부

학급 경영

11

학급경영과 담임

이것만은 꼭!

- ✔ 학생들의 잠재능력을 최대한 신장시킬 수 있는 방향으로 학급을 운영하자.
- ✔ 학급 운영에 높은 도덕성을 가지고 헌신적인 자세로 임하자.
- ✔ 학생들에게 애정과 관심을 가지고 언제나 공정하게 대하자.
- ✔ 학교 교육목표와 학년 교육목표를 근거로 급훈을 선정해 보자.
- ✔ 좌석은 교사가 임의로 정하기보다는 학생들과 협의하여 정하도록 하자.
- ✔ 체육대회를 할 때는 담임이 주도하기보다는 학급의 체육부장이 중심이 되어 구성원의 협력을 이끌어 낼 수 있도록 지원하자.
- ✔ 학급문집을 만들기 위해 연간 글쓰기 계획을 세워 보자.
- ✔ 기본적인 학교 행사는 물론이고 학급 행사 때도 학생들에게 소감문을 쓰도록 지도하여 학급문집을 만들어 보자.

학급이란 일정한 교육목표를 달성하기 위한 학습 집단인 동시에 생활 집단이며, 학교 교육조직의 기초단위라 할 수 있다.

학급경영(Classroom Management)이란 학교 교육활동의 기본단위인 학급을 대상으로 교육목표 달성을 위한 계획·조직·실행·지도·평가 등을 시행하는 교육활동이면서, 동시에 교수·학습활동과 생활지도가 효율적으로 이루어질 수 있도록 도와주는 교육지원활동이다.

1_학급경영의 의의와 원리

1) 학급경영의 의의

- 학급은 실제로 교육이 이루어지는 실천의 장이다. 교육의 목적을 구체적으로 실현해 가는 장소가 바로 학급인 것이다.
- 학급은 학생들이 날마다의 생활을 통해 사회의 가치와 규범을 내면화하는 사회화의 장소이다. 학생들은 학급 안에서 상호 간의 교류나 친교를 통해 경험과 성장을 한다. 학급 내의 경험은 학생들의 하루의 삶 그 자체이자 그들의 삶의 질을 결정한다.
- 교사의 학급경영 방식은 학생의 인격 형성과 잠재적 능력 계발에 지대한 영향을 미친다. 교사가 어떠한 경영관을 갖고 있느냐에 따라 학급의 모습이 달라진다.

2) 학급경영의 일반적 원리

- 교육적 원리 : 학생들의 잠재능력을 최대한 신장시킬 수 있는 방향으로 운영하여야 한다.
- 학생이해의 원리 : 학생들의 개별 지적·심리적·신체적 발달과 특징, 사회성, 학습 준비도 등을 고려하여야 한다.
- 민주성의 원리 : 학생들의 인격과 학습권을 최대한 존중하여야 한다.
- 효율성의 원리 : 일정한 재원을 투입하여 이를 운영해야 하므로 재정의 효율성을 고려하여야 한다.
- 타당성의 원리 : 학교와 학급이 정한 목적에 적합하도록 해야 하고 가능한 목표에 도달할 수 있는 방향으로 활동하여야 한다.

2_학급 담임교사의 역할과 자세

1) 학급운영의 책임자

- 학급 담임교사의 노력 없이는 학교 교육목표의 달성은 물론 학급경영의 성공을 기대하기 어렵다.
- 학생을 이해하고 인간적으로 따뜻한 모습을 보여 줌은 물론 교사 자신이 명랑하게 학생을 대할 수 있도록 노력해야 한다.

2) 꿈을 심어 주는 희망의 전도사

- 학급 담임은 학생들의 미래에 대한 희망과 진로에 대해 관심을 갖고 진지하게 상담하고 그들의 미래에 도움을 주고 안내해 주는 빛과 같은 역할을 해야 한다.
- 교사는 말과 행동을 통해 학생들의 미래를 밝게 열어 줄 수 있음을 명심해야 한다.

3) 학습력 신장의 조력자

- 학급을 중심으로 한 교수-학습활동이 효과적으로 이루어질 수 있도록 학생들을 지원하고 봉사하는 역할을 수행해야 한다.
- 학습지도 역시 미래 자신의 꿈 실현과 연계하여 상담 지도하면 효과적이다.

4) 생활지도의 전문가

- 학급 내 분실사고, 무단결석 및 가출, 금품갈취 및 폭행사고, 집단 따돌림, 흡연 및 약물 오남용 등이 일어날 수 있기 때문에 학급경영에서 가장 어려운 부분이다.
- 합리적이고 민주적인 학생들의 역할 분담, 학급 환경 구성 및 공공기물 아껴 쓰기 지도, 적절한 여가선용 지도, 개인 및 공동체 구성원으로서 지켜야 할 기본 생활 습관 지도, 안전사고 예방지도 등에 책임의식과 사명감을 가지고 임해야 한다.
- 생활지도는 사후처리보다는 사전 예방이 최선이다. 이를 위해 학생들의 행동을 세심히 관찰하고 지도의 일관성과 지속성, 공평성을 유지해야 한다.

5) 학교활동 전반에 대한 안내자

- 학생들이 학교생활에 잘 적응하고 준비할 수 있도록 학교 경영 계획서, 월중 행사, 주간 예정표 등을 면밀히 검토하여 학교 행사 및 교육과정 운영 전반에 걸친 친절한 안내자 역할을 수행해야 한다.
- 학교에서 행하는 체험학습 절차 및 방법, 봉사활동과 관련한 규정, 내신 성적 처리 기준 등을 잘 알고 안내해 주어야 한다.

6) 다양한 형태의 상담자

- 학기 초 가정환경 조사서, 개인 소개서 등을 통하여 학생들의 가정환경, 개인적인 애로사항, 취미, 성격, 진로 희망, 종교 등을 파악하여 상담 자료를 마련하는 것이 필요하다.
- 상담활동으로 알게 된 학생 신상 관련 내용은 비밀을 지켜야 하며, 학생과 담임교사의 신뢰 형성이 되고 있는지 수시로 확인한다.
- 특히 부적응 학생 및 요선도 학생들은 더욱 따뜻하게 대해 주며, 가정과 연계한 학부모와의 상담, 전화 상담을 수시로 하는 것이 필요하다.

7) 학급 공동체 문화의 창조자

- 함께 공존할 수 있는 문화를 창조하기 위해서는 학급 추억거리를 만드는 것이 바람직하다.
- 학급회를 통하여 학급 문집, 학급 신문, 학급 CD 제작, 급훈, 구호, 반가 만들기 등을 시행하여 학급에 대한 소속감과 공동체의식을 갖도록 한다.

8) 학생들의 도덕적 모델

- 교육은 교사와 학생 간의 신뢰로부터 출발한다. 평소의 올바른 언행을 통하여 교사 자신이 한 인간으로서 인격적인 모범을 보이는 것이 중요하다.
- 일관성 있는 생활태도, 바른말 고운말 쓰기, 미소 짓기, 우측통행 등을 실천하여

담임교사가 생활의 모델이 될 계기를 마련하는 것이 좋다.

9) 학부모의 신뢰감 구축

- 학부모는 학생들의 제반 활동의 협력자이며 안내자이다.
- 교사는 학부모를 신뢰하고 학생지도에 가장 좋은 협조자임을 잊지 않는 자세를 견지해야 한다.
- 특히 요선도 학생의 부모를 대할 때는 그들의 어려움을 공감하고 위로하는 말을 많이 하도록 한다.

Q 바람직한 담임 교사의 자세는 어떤 것일까요?

A
- 학생들을 이해하고 대화하는 자세
- 학생들에게 애정과 관심을 가지고 언제나 공정하게 대할 것
- 높은 도덕성을 가지고 헌신적인 자세로 임할 것
- 상식적인 판단력으로 책임을 다하는 자세
- 정결하고 깔끔한 외모 유지
- 동 학년 담임과 우호적 관계를 잘 유지할 것

Q 비행 학생의 특징은 어떠한가요?

A 1) 개인적 요인

- 낮은 자존감
- 충동조절능력과 미래조망능력의 부족
- 감정인식 및 표현능력의 부족
- 자기중심적 인지 왜곡
- 문제 해결능력의 부족

- 부적절한 대인관계

2) 가족 관련 요인

- 자애로운 양육의 부족
- 적절한 훈육의 부족
- 자녀의 발달에 따른 관계 조정의 실패

3) 학교 관련 요인

- 학교에 대한 낮은 애착
- 학교생활의 낮은 성공도
- 학교에서의 낙인

4) 또래 관련 요인

- 친구를 통한 비행의 모방학습
- 비행행동의 상호 강화

(김계현 외, 「학교생활에 부적응한 비행청소년의 일반적인 특징」, 2000)

3_학급 조직 및 교실 관리

1) 급훈 선정

- 학교 교육목표와 학년 교육목표를 근거로 학급 단위에서 선정한다.
- 학급의 교육과정 운영이나 학생 실태를 고려하여 선정한다.

2) 자리 배치 및 짝 정하기

- 자리 배치 : 번호순 기본형, 모둠원별, ㄷ자형
- 짝 정하기 : 번호순, 제비뽑기, 학교 오는 순서대로 앉기, 남녀 고려하여 짝 정하기, 원하는 사람과 짝하기
- 유의사항 : 교사가 임의대로 정하기보다는 학생들과 협의하여 정하는 것이 좋다. 모둠원별로 자리 앉기를 할 경우에는 자칫 학습 분위기를 해칠 우려도 있다.

3) 학급 임원 선출

- 정부반장 선거 : 투명하고 공정한 선거가 이루어질 수 있도록 한다. 먼저 선거관리위원회가 꾸려져야하고, 입후보과정이 공개적으로 이루어져야 하며, 후보들의 공개 연설과 토론회 과정을 거쳐 비밀투표로 선출한다.
- 유의사항 : 간혹 리더십이 부족한 학생이 뽑힐 수도 있으나 그 선택에 대한 책임을 반 전체 학생들이 느끼는 것도 교육이기 때문에 효율성과 편리성만을 강조해서는 안 된다.

4) 학급부서 조직

- 필수적인 학급 부서 : 서기, 총무, 회계, 출석계, 학습부, 체육부, 교육정보부, 미화부
- 추가적인 부서 : 편집부, 봉사부, 생활부 등

5) 청소 당번 및 급식 당번 조직

6) 교실 환경 정리

- 교사가 먼저 교실 공간을 어떻게 할지에 대한 큰 그림을 그린다.
- 편리성, 효율성, 조화성, 경제성, 친환경성, 협동성, 현실성 등을 고려하여 정리한다.

Q 준비된 만남이 필요한 이유는?

A 아무런 준비나 기대감 없이 만난 학생에게는 강한 애착이나 관심이 생기지 않는다. 그저 그런 만남에 불과하다. 첫 만남, 첫 이야기를 준비하여 뭔가 의미를 줄 수 있도록 하자.

4_학급 행사 치르기

1) 체육대회

- 학교 전체 행사인 체육대회를 통해 학급의 소속감이나 단결심을 느낄 수 있도록

담임이 유도하는 것이 좋다.

- 담임이 주도하기보다는 학급의 체육부장이 중심이 되어 구성원의 협력을 이끌어 낼 수 있도록 지원한다.
- 학급 선수가 예선에서 탈락한 경우 딱히 응원할 대상이 없는 경우도 있어 분위기가 흐트러지기 쉽기 때문에 일부 학교에서는 학반별 대항이 아니라 학년 전체를 청백팀, 또는 4개 팀으로 구성하여 운영하는 경우도 있다.

2) 체험학습

- 봄 소풍이나 가을 소풍은 특별한 경험이 될 수 있도록 함께 준비하여 치르면 좋다. 학년 전체가 같은 장소를 가는 경우도 있지만, 요즘은 학급별로 장소를 정해 가는 경우도 많다. 그 경우 교사가 일방적으로 정하기보다는 몇 가지 장소를 두고 학급회의를 통해 결정하도록 한다.
- 박물관이나 과학관, 기념관을 견학하는 경우에는 학생들과 함께 미리 사전답사를 하여 학습지나 활동지를 만들어서 하면 좋다. 특히 활동을 잘한 학생들에게 주는 상품을 정할 때 학생들의 창의적인 생각을 적극 받아들일 필요가 있다.

3) 학교 축제

- 교사와 학생들이 진심으로 마음을 열고 한 자리에 모여 의견을 모아 행사를 추진하는 것이 좋다.
- 학생들 중심으로 추진하되, 교사는 교육적 경험과 효과 등을 고려하여 조언하는 수준에 머무는 것이 좋다.
- 결과가 안 좋으면 안 좋은 대로 학생들이 자신을 돌이켜볼 수 있고, 결과가 좋으면 좋은 대로 그 결과에 대해 생각하는 시간을 가질 수 있다.

4) 학급 문집 만들기

- 일 년 동안의 학교생활을 정리하는 일이다. 교사는 자신이 얼마나 열심히 교육

활동을 하였는지 돌이켜볼 수 있고, 학생은 추억을 담을 수 있는 좋은 계기가 된다.

- 연간 글쓰기 계획이 필요하다. 기본적인 학교 행사는 물론이고 학급 행사 때에도 학생들에게 소감문을 쓰도록 지도한다.
- 학교 행사나 학급활동과 관련된 기록 사진을 찍어 보관해 둔다.
- 학급문집위원을 자체적으로 선발하여 문집 만드는 일을 주관토록 한다.

5_교무업무 시스템 중 담임업무

1) 학기 초

- 학생의 기본신상, 주소, 가족사항, 학적사항, 학년반이력 등 입력 및 내용 검증
- 학생 사진 일괄 입력 관리
- 계발활동 부서 배정

2) 학기 중

- 일별 출결 및 월별 출결 관리
- 전출학생 자료 정리(출결, 특별활동이수, 창재이수 등)
- 특별활동 누가 기록(자치·적응·행사활동, 봉사활동, 체험활동)
- 이전 연도 생활기록부 수정 시 기안 상신

3) 학년 말

- 성적통지표 관리
- 행동 특성 및 종합의견 등록 관리
- 학생생활기록부 자료 출력(졸업 후 5년간 보관)

Q 학급담임교사의 하루는?

A

구분	주요 업무
조회 전	등교지도, 아침 독서 지도, 아침 청소 지도
조회	학생 건강 관찰, 당일 결보강 사항 알리기, 전달사항 알리기, 당번활동 확인시키기
일과 중	외출, 결과, 조퇴 학생 지도, 안전 지도, 학생 사고 조치, 생활 지도, 제반 전달사항 확인
중식 및 석식 시간	식사 지도, 생활지도
청소 시간	청소 지도
일과 후	자율학습 지도

12

조회와 종례

이것만은 꼭!

- ✔학급 분위기를 사전에 미리 파악하고 들어가자.
- ✔학급 회장과 사전에 대처가 필요한 경우가 있는지 확인해 두자.
- ✔항상 민주적으로 의사결정이 이루어지고 있음을 주지시키자.
- ✔가정과 유기적 연락망을 항상 점검하자.
- ✔특정 요일을 칭찬 조회 날로 정해 다른 사람의 착한 일을 널리 알려 격려해 보자.
- ✔담임 담당 교생은 종례 사항을 종례 1시간 전에 담임교사에게 문의하여 종례 내용을 잘 숙지한 뒤 학생들에게 전달하자.

1_학급 조회

- 아침 자율학습 시간 후 1교시 전 실시한다.
- 요령 : 간단하고도 명료하게 전달사항이나 교내 소식을 전달한다. 출결 상황을 파악한다. 좋은 학습 분위기를 조성한다.
- 매주 특정 요일은 칭찬 조회 날로 정하여 다른 사람의 착한 일을 널리 알려 격려하는 것도 한 방법이다.
- 아침 공부 지도 교생이 담임 교사와의 협의 하에 지도를 받아 실시할 수 있다.

2_학급 종례

- 시간 : 일과가 끝난 후 실시한다. 대개 7교시 직후이다.
- 요령 : 종례 실시 1시간 전쯤 전달사항을 정리해 둔다. 내일의 일정을 안내한다. 각종 준비물이나 과제물을 제시한다.
- 담임 담당 교생은 종례 사항을 종례 1시간 전에 담임교사에게 문의하여 잘 숙지한 뒤 학생들에게 전달한다. 이때 담임교생 전원이 참석한다.

3_출결 상황 관리

1) 수업 일수

- 수업 일수는 초중등교육법시행령 제45조의 규정에 의하여 학교장이 정한 학년별 학생이 연간 총 출석해야 할 일수를 말한다.

2) 결석

- 학칙에 의거하여 출석해야 할 날짜에 출석하지 않았을 때에는 결석으로 처리한다.
- 다만 결석하였으나 출석으로 인정하는 여러 가지 예외 조항이 있다.

3) 지각·조퇴·결과

- 지각은 학교장이 정한 등교시각까지 출석하지 않은 경우를 말한다.

- 조퇴는 학교장이 정한 하교시각 이전에 하교한 경우를 말한다.
- 결과는 수업 시간에 불참하거나 교육활동을 고의적으로 방해한 경우를 말한다.

Q 좋은 교사의 특징에는 어떤 것이 있나요?

A
- 먼저 다정하게 인사하고 말하기
- 이름 외워 불러 주기
- 한 가지씩 칭찬하며 대화하기
- 비속어 쓰지 않기
- 사랑과 관심 어린 태도로 대하기
- 학생 차별하지 않기
- 먼저 실천하기
- 단정한 복장과 외모

13

교실환경 정리 및 기자재 관리

이것만은 꼭!

- ✔ 교실환경은 학습 분위기와 성격형성의 중요한 요인임을 자각하자.
- ✔ 교실이 안정된 분위기 속에서 생활하는 장의 기능을 할 수 있도록 구성하자.
- ✔ 학생의 학습활동과 학급별 특색을 최대한 살려 교실 뒤편을 장식하자.
- ✔ 학습내용과 관련된 결과물을 게시하여 변화 있고 살아 있는 학습 환경으로 활용해 보자.
- ✔ 교실에서 개인별로 화분을 기르며 생명의 중요성을 느끼도록 해 보자.

가르치는 기술

학급경영

생활지도

교육실습 유의사항

부록

1_교실환경 정리

1) 목적

학교 교육과정의 목표를 달성하기 위하여 유목적적인 학습 환경을 정비함으로써 학생들의 바람직한 성격 형성과 학습의 효율을 극대화시킬 수 있는 장을 구성하는 데에 있다.

2) 기본 방침

- 교육과정 및 학교 교육목표 구현의 종합적인 장이 되도록 한다.
- 중점 시책 관련영역, 창의성 교육, 탐구학습장 등을 마련한다.
- 변화 있고 시사성이 있으며 간결하고 단아하게 구성한다.
- 관찰, 재배 코너를 설치하여 푸른 교실 가꾸기에 힘쓴다.
- 안정된 분위기 속에서 생활하는 장으로서의 기능을 할 수 있도록 구성한다.

3) 환경 구성의 구체적 내용

(1) 교실 앞면 : 간결하고 단아하게 구성하여 안정감을 주도록 한다.

창문 쪽	가운데	출입문 쪽
TV, 통합교탁:학생의 시야를 고려하여 교수 필수품 외의 물건은 모두 정리함	칠판:학습에 관련된 자료 부착	• 게시판:안전생활, 예절교육, 인성교육, 생활수칙, 학급약속 등 • 출입문:단정하고 깔끔하게 함

(2) 교실 뒷면

게시판 학생의 학습활동과 학급별 특색을 최대한 살리도록 하며 학습내용과 관련된 결과물을 게시하여 변화 있고 살아 있는 학습 환경으로 활용한다.

출입문 쪽	가운데	창문 쪽
프로젝트 진행과정 및 활동 모습 안내, 자료 게시	프로젝트 학습 결과물 게시	학급의 특색을 살려 적절히 구성함(독서 관련, 칭찬코너, 나의 꿈, 좋은 시 등)

개인 사물함 • 위쪽 - 학습 결과물을 게시·보관하며 학습 자료 제작에 쓰일 물건 등을 비치하여 학생들이 활용할 수 있게 한다.

• 안쪽 - 학습에 필요한 준비물을 보관하고 항상 정리 정돈한다.

(3) 교실 측면

- 창문 쪽 : 학습에 연관된 식물 재배를 권장하며 화분을 가꾸어 탐구할 수 있게 한다. 푸른 교실로 가꾸어 학생의 정서를 순화하고, 관찰관점을 제시하여 유목적적인 학습의 장으로 활용한다.
- 학급문고 : 학년별 수준에 맞는 도서를 확보하고 작은 도서실을 운영하여 창의성 있는 독서 지도가 이루어지도록 한다. 프로젝트 학습에 관련된 책들을 모으는 코너를 운영하여 학생들에게 유용하게 이용할 수 있도록 한다.
- 학습 결과물을 누적하여 모을 수 있는 개인 파일을 비치한다.

(4) 복도 환경

- 학급 안내판 : 학급의 특색이 드러나도록 글, 그림, 사진 등으로 제시한다. 내용 형식과 액자는 통일한다.
- 감상 작품 : 학년 수준에 맞게 교체하며 항상 청결을 유지한다.
- 신발장 : 신발 바르게 넣기를 연중 지도하며 항상 청결을 유지한다.
- 청소 용구함 : 청결 유지에 힘쓰며, 정리 정돈한다.
- 복도 교실 쪽 벽면 수납장 : 학급 사정에 알맞게 다용도로 활용한다.

(5) 화장실 환경 : 편안하고 쾌적하게 환경을 조성한다.

- 벽면 : 작은 액자나 명언을 게시한다.
- 세면대 위 : 작은 녹색식물이나 화분을 비치한다.
- 청소 관리 : 화장실 담당 학반에서 청소용구 및 비품을 관리한다.

가르치는 기술
학급경영
생활지도
교육실습 유의사항
부록

4) 교실환경과 관련된 교육 및 연구 : 실천 중심의 환경교육

(1) 목적

실천 중심의 환경 교육을 통한 환경보전 실천의지를 고취하여 미래사회를 준비하는 녹색생활 태도를 지닌 문화시민을 기른다.

(2) 방침

- 개인별 1인 1화분을 기르며 관찰한다.
- 덩굴식물, 줄기식물 등을 재배하여 교실 창쪽에 녹색환경을 조성하도록 한다.
- 프로젝트 주제에 맞는 식물을 교실에 비치하여 기른다.
- 생명 및 환경에 대한 의식을 고취하여 생명의 중요성을 느끼도록 한다.
- 각 교과 및 재량 특별활동과 연계하여 다양한 형태의 환경교육을 실시한다.

(3) 기대되는 효과

- 실천 중심의 환경 교육을 통한 환경보전 실천의지를 고취하여 미래사회를 준비하는 녹색생활 태도를 지닌 문화시민을 기른다.
- 생명의 소중함을 배우며 식물 사랑의 마음을 고양한다.
- 자연보호를 통하여 후손들에게 좋은 환경을 계승할 수 있도록 한다.

2_기자재 관리

1) 목적

학교 교육과정의 목표를 달성하기 위하여 유목적적인 학습 환경으로 정비함으로써 학생들의 바람직한 성격 형성과 학습의 효율을 극대화시킬 수 있는 장을 구성하는 데 있다.

2) 기본 방침

- 교육과정상 필요한 기자재를 적재적소에 배치한다.
- 중요 관리 사항은 대장을 만들어 보관한다.
- 기자재를 안전하게 무고장으로 관리한다.

3) 기자재의 구체적 내용

- 교실 기자재 : 교실 기자재는 자주 사용하는 것이므로 고장 유무를 반드시 매일 확인한다.
- 시청각 기자재 : 출납 대장에 반드시 기록을 하고 사용 후 교사가 반드시 제자리에 넣도록 한다.
- 과학 기자재 : 부득이하게 교실에서 할 경우 반드시 과학 보조교사의 도움을 받아 안전 유무와 주의 사항을 잘 숙지한 후 교실에서 실험을 실시할 수 있도록 한다.

14

청소 지도

이것만은 꼭!

✔ 청소 지도를 위생과 건강유지의 차원에서 교육의 장이 되게 한다.

✔ 안전사고에 조심한다.

✔ 역할분담을 통해 민주적 태도와 협력의 태도를 기를 수 있게 한다.

✔ 청소를 처벌의 수단으로 삼아서는 안 된다!

✔ 청소를 빼먹은 사람은 학급의 구성원으로서 자신이 해야 할 일을 하지 않은 사람이므로 따로 지도하자.

1_목적

학교 교실과 학생들이 활동하는 공간에 대한 위생을 철저히 함으로써 학생 건강에 이바지하는 데 지도의 목적이 있다. 학생들에게 건강한 환경과 위생적인 환경을 제공하여 학생 정서 심리에 안정을 꾀하고 위생 관리에 대한 학생들의 의식을 높인다.

2_기본 방침

- 교실과 교실 내외의 환경과 위생에 대해 경각심을 고취시킨다.
- 일상생활의 위생 지도를 강화하고 건강에 대한 의식을 높인다.
- 남녀 모두에게 교실장소를 골고루 배정할 수 있도록 한다.
- 깨끗한 교실 환경을 생활화하여 안정감을 갖고 교육을 받을 수 있는 환경을 제공한다.

3_교실 및 복도의 구체적 내용

1) 교실

- 자주 사용하는 공간이므로 학생들에게 1인 1역할을 배정하거나 분단별로 학생들에게 역할 분담을 하여 실시할 수 있도록 한다.
- 청소는 수업 전과 수업 후에 하도록 권장한다.
- 청소 용구를 함부로 다루는 일이 없도록 지도한다.
- 학생들이 청소 시 담임 선생님이 임장 지도한다.
- 장난치지 않도록 청소 지도를 한다.

2) 복도

- 복도 청소의 경우 밀대를 이용하여 청소한다.
- 자신의 청소 구역을 잘 확인한 다음 맡은 곳을 깨끗하게 청소한다.
- 창문이나 위험한 청소 지역은 담임이 임장 지도한다.

3) 특별 청소 구역

- 특별 청소 구역의 경우 담당 학반의 청소 구역도를 잘 보고 맡은 청소를 열심히 한다.
- 계단 청소의 경우 장난을 치지 않도록 적극 지도한다.
- 과학실이나 특별실 청소의 경우 기구를 함부로 다루지 않도록 한다.
- 청소 시 부주의로 사고가 발생하면 담임 선생님이나 가까운 선생님에게 즉시 알린다.
- 특별 청소의 경우 담당 학생을 배정하여 책임 지도할 수 있도록 한다.

4) 주의 사항

- 청소는 지위가 낮은 사람만이 하거나 남이 해 주는 것이라고 생각해서는 안 된다.
- 청소를 처벌의 수단으로 삼아서는 안 된다.
- 청소 당번 모두가 함께 참여하도록 한다.
- 청소를 빼먹은 사람은 학급의 구성원으로서 자신이 해야 할 일을 하지 않은 사람이므로 따로 지도한다.
- 청소 확인은 주번과 교사가 함께 한다.
- 소속된 사람의 잘못된 행동에 그 모둠원들 모두가 책임을 진다.

5) 주번이 할 일

- 정해진 시간까지 등교하여 창문을 열고 교실 환기
- 주번 조회, 종례 참석하기(토요일 주번 종례는 다음 주 주번과 함께 참석한다)
- 쓰레기통 처리
- 교실 문단속 : 창문과 문이 잘 닫혀 있는지 확인하고 열쇠는 교무실에 보관, 우리 교실 밖에서 수업을 할 때에도 마찬가지이다.
- 교실 및 복도 큰 쓰레기 줍기, 아침에 서쪽 현관 쓸기
- 칠판 지우기, 칠판 및 분필 가루 처리

- 그날의 시간표를 교무실에서 확인하고 칠판에 적어 둔다.
- 분필 챙겨 두기
- 우리 교실 밖에서 수업할 때 출석부를 챙겨 교무실에 꽂아 둔다.

15

학생 급식 지도

이것만은 꼭!

✔ 밥상머리 교육의 중요성을 인식하자.

✔ 감사의 마음을 갖도록 하자.

✔ 배식당번과 급식의 순서를 미리 정해 놓아 질서지도에 도움이 되도록 하자.

✔ 학생들의 위생지도에 신경을 쓰자.

✔ 배식 시에는 더 달라는 학생, 편식을 하는 학생, 후식을 먹지 못하는 학생, 음식이 모자라서 먹지 못하는 학생이 발생하므로 잘 살펴보도록 하자.

학교 급식은 교육의 일환으로 바람직한 식생활 습관 형성 및 학생의 건강 증진과 자기 건강 관리 및 올바른 식사선택 능력을 배양한다. 담임교사는 임장 지도를 통하여 밥상머리 교육을 실시하며 식사 예절 교육, 잔반 안 남기기 교육, 음식물 쓰레기 줄이기 교육, 편식 교정 교육 등을 한다.

1_질서지도

담임교사는 급식 전에 배식당번과 급식의 순서를 정해 두면 질서 지도에 도움이 되며 급식판으로 장난을 치지 않도록 지도한다. 아래의 세 가지 방법을 참고하여 교사 재량의 다양한 방법을 활용하도록 한다.

Q 급식 순서를 정하는 방법으로 어떤 것이 있을까요?

A
- 각 번호 1번부터 10번까지 10명 정도로 끊어서 매주 각 번호 1번이 먼저 급식을 시작하고 매주 순회하는 방법(첫째 주는 1~10번이 먼저 먹되 1~10번 중에서는 먼저 준비한 학생이 먼저 배식을 받아도 됨, 둘째 주는 11~20번부터 급식하고 1~10번은 맨 마지막이 됨)
- 1번부터 끝번까지 순서대로 세우는 방법(뒷 번호 학생의 항의가 자주 발생함)
- 가장 먼저 준비한 사람부터 줄을 서서 순서대로 먹는 방법(이 방법은 무질서를 유발할 수 있는데 4교시 마침종이 울리기 전부터 급식준비를 하여 달려가거나 새치기를 하는 경우가 많이 발생함. 질서를 지키지 않는 학생은 맨 마지막에 급식을 하도록 하면 좋음)

2_위생지도

- 급식 전에 손을 씻도록 한다.
- 배식당번은 깨끗한 앞치마와 위생 모자, 위생 장갑을 착용하며 가능하면 마스크도 착용하는 것이 좋고 그렇지 않다면 말을 하지 않도록 지도한다.
- 자신의 수저가 항상 깨끗한 상태인지 확인한다.

- 물을 먹을 때는 자신의 컵을 사용하도록 하고 여러 명이 컵을 돌려가며 사용하지 않도록 주의를 준다.
- 식사를 마친 후 자신의 자리를 정리하고 잔반은 배식판의 한곳에 모아 잔반 처리하는 곳에 버리되 주변에 흘리지 않도록 주의시킨다.

3_학교 식당 급식

- 학년별, 학급별 급식 순서가 되면 식당까지 안전하게 갈 수 있도록 지도하고 급식을 하지 않고 교실에 남아 있는 학생이 있는지 확인한다.
- 식사 전 손을 씻고 식판과 수저를 준비한다.
- 배식은 급식실 종사자와 학생들이 봉사를 하며 위생모자, 위생장갑, 앞치마를 착용하고 있는지 확인한다.
- 질서 지도를 하는 교사의 안내에 따라 학생들은 순서대로 배식판을 들고 음식을 받은 후 안쪽 자리부터 앉도록 한다.
- 식사 후 자기 자리 정리와 잔반 처리를 확인한다.
- 출구로 나가도록 지도한다.

4_교실 급식

- 배식 당번이 식사를 교실로 운반한 후 배식을 시작한다.
- 배식 당번은 손을 씻은 후 앞치마와 모자를 착용하고 위생에 주의한다.
- 위생, 질서 및 안전, 배식량에 주의하여 지도한다.
- 식사 후 자기 자리 정리와 잔반 처리를 확인한다.
- 배식 당번은 배식 후 배식대 주위와 교실을 정리한다.
- 담임교사는 임장 지도를 하면서 학생들의 급식 상태를 확인한다.
- 배식 시에는 더 달라는 학생, 편식을 하는 학생, 후식을 먹지 못하는 학생, 음식이 모자라서 먹지 못하는 학생이 발생하기도 하므로 지도교사는 잘 살펴보도록 한다.

Q 교생은 어떻게 급식 지도를 해야 하나요?

A
- 도시락 업체 단체 주문의 경우 식사 후 잔반 처리에 유의한다.
- 점심시간 이전에 식사를 하거나 도시락을 갖고 교실에서 학생들과 함께 식사한다.
- 학생 급식 지도사항을 숙지 후 교실에서 임장 지도한다.
- 급식 지도 순서를 정할 때 4교시 수업이 없는 지도교생을 배정하면 편리하다.
- 교생들의 학교 후배가 방문했을 때 갖고 온 음식물에 대해서도 분리수거에 유의한다.

16

자율학습과 특별활동 지도

이것만은 꼭!

- ✔ 자기주도적 학습이 되도록 한다.
- ✔ 학교의 방침을 확인하고 내실 있는 지도를 한다.
- ✔ 정규학습의 연장선상에서 지도를 한다.
- ✔ 아침 자율학습 시간에는 독서, 명상, 예절/인성교육 시간을 마련해 보자.
- ✔ 창의적 체험활동은 학습자 중심의 교육과정으로 운영하여 학습자가 자주적으로 활동할 수 있도록 하자.
- ✔ 안전사고에 유의한다.

1_자율학습 지도

자율학습은 1교시 이전에 이루어지는 활동으로 대부분 자율적인 학습, 독서, 명상의 시간, 예절 교육, 생활 영어, 조례 등의 활동으로 이루어진다. 자율학습 시간은 그날의 과제 수행이나 예습을 통해 하루의 준비를 하며 자기 주도적인 학습이 될 수 있도록 도와주는 시간이다.

- 10분 독서, 아침 독서 시간 : 학생들의 규칙적인 책읽기 시간을 확보하고 글쓰기 시간으로 활용하며 담임교사도 함께 독서하면서 모범을 보이도록 한다.
- 명상의 시간, 예절·인성 교육 시간 : 'TV동화 행복한 세상', 좋은 명언과 시 등을 활용하여 학생들의 건전한 정서 함양 및 남을 배려할 줄 아는 습관을 길러 줌으로써 글로벌 사회에 갖추어야 할 성숙한 선진 문화시민 자질을 기른다.
- 생활 영어 : 교육방송 등을 활용하여 학생들의 영어 활용 능력을 신장시킨다.
- 출결 확인 및 학생들의 상태 파악, 전달사항과 교내외의 소식을 전달한다.

Q 교생은 자율학습 지도를 어떻게 해야 합니까?

A
- 학급 학생들과 즐겁게 눈을 맞추고 칭찬과 격려의 한마디로 즐겁고 기분 좋게 하루를 시작하는 시간이 되도록 노력한다.
- 학생들을 상담하거나 교생들과 얘기하는 등의 활동으로 학생들의 활동에 지장을 주어서는 안 된다.
- 교재 연구는 사전에 철저하게 준비하고 자율학습 지도를 하면서 자리를 비우거나 소란스럽게 해서는 안 된다.
- 교생이 자의적으로 학생을 처벌하지 말고 항상 담임교사와 의논한다.

2_창의적 체험활동

1) 목표

학생들은 창의적 체험활동에 자발적으로 참여하여 개개인의 소질과 잠재력을 계발·신장하고, 자율적인 생활 자세를 기르며, 타인에 대한 이해를 바탕으로 나눔과 배려를 실천함으로써 공동체 의식과 세계 시민으로서 갖추어야 할 자질을 함양한다.

2) 의의

- 창의성을 강조한다.
- 체험활동을 통한 학습자의 수행 능력을 강조한다.
- 배려와 나눔의 정신을 실천하는 학교 교육활동이다.
- 단위 학교의 자율성을 강조한다.
- 학습자 중심의 교육과정을 지향한다.

3) 성격

- 교과 이외의 활동으로서 교과와 상호보완적 관계에 있다.
- 교육과정은 자율활동, 동아리활동, 봉사활동, 진로활동의 4개 영역으로 구성된다.
- 학생의 자주적인 실천활동을 중시하여 학생과 교사가 공동으로 협의하거나 학생들의 힘으로 활동계획을 수립하여 실천한다.

4) 내용 체계

영역	성격	활동
자율활동	학교는 학생 중심의 자율적 활동을 추진하고, 학생은 다양한 교육활동에 능동적으로 참여한다.	• 적응활동 • 자치활동 • 행사활동 • 창의적 특색활동 등
동아리활동	학생은 자발적으로 집단활동에 참여하여 협동하는 태도를 기르고 각자의 취미와 특기를 신장한다.	• 학술 활동 • 문화 예술 활동 • 스포츠 활동 • 실습 노작 활동 • 청소년 단체 활동 등

영역	성격	활동
봉사활동	학생은 이웃과 지역 사회를 위한 나눔과 배려의 활동을 실천하고, 자연 환경을 보존한다.	• 교내 봉사활동 • 지역사회 봉사활동 • 자연환경 보호 활동 • 캠페인 활동
진로활동	학생은 자신의 흥미, 특기, 적성에 적합한 자기 계발 활동을 통하여 진로를 탐색하고 설계한다.	• 자기 이해 활동 • 진로 정보 탐색 활동 • 진로 계획 활동 • 진로 체험 활동 등

5) 영역별 목표와 내용

(1) 자율활동

목표
- 전입학과 진급 등에 따른 생활 변화에 적응하고 이를 주도하는 능력을 길러 원만하고 즐거운 학교생활을 한다.
- 학급과 학교에서 일어나는 제 문제에 대해 적극적으로 참여하여 협의하고 실천함으로써 협동심과 유대감을 기른다.
- 교내외에서 실시되는 여러 행사의 의의와 중요성을 이해하고, 행사에 자발적으로 참여하여 학교와 지역 사회의 발전을 위해 노력하는 태도를 가진다.
- 학교의 전통을 계승하고 이를 창의적으로 발전시키려는 노력을 통해 소속감과 애교심을 기른다.

활동별 내용

자율활동의 내용	
적응활동	• 입학, 진급, 전학 등에 따른 적응활동 등 • 예절, 질서 등의 기본생활 습관 형성 활동, 축하, 친목, 사제동행 등 • 학습, 건강, 성격, 교우 등의 상담활동 등
자치활동	• 1인 1역, 학급회 및 학급 부서 활동 등 • 학생회 협의 활동, 운영 위원 활동, 모의 의회, 토론회 등

자율활동의 내용	
행사활동	• 시업식, 입학식, 졸업식, 종업식, 기념식, 경축일 등 • 전시회, 발표회, 학예회, 경연 대회, 실기 대회 등 • 학생 건강 체력 평가, 체격 및 체질 검사, 체육 대회, 친선 경기 대회, 안전 생활 훈련 등 • 수련활동, 현장학습, 수학여행, 학술 조사, 문화재 답사, 국토 순례, 해외 문화 체험 등
창의적 특색활동	• 학생 특색활동, 학급 특색활동, 학년 특색활동, 학교 특색활동, 지역 특색활동 등 • 학교 전통 수립 활동, 학교 전통 계승 활동 등

(2) 동아리 활동

목표 • 흥미, 취미, 소질, 적성, 특기가 비슷한 학생들로 구성된 활동 부서에 자발적으로 참여하여, 창의성과 협동심을 기르고 원만한 인간관계를 형성한다.

- 다양한 활동에 참여하여 자신의 잠재 능력을 창의적으로 계발·신장하고, 자아실현의 기초를 닦는다.
- 여가를 선용하는 생활 습관을 형성한다.
- 지역 내 학교 간 각종 동아리 경연 대회를 통해 우의를 다지는 협력과 공정한 경쟁을 익히도록 한다.

활동별 내용

동아리활동의 내용	
학술 활동	• 외국어 회화, 과학 탐구, 사회 조사, 탐사, 다문화 탐구 등 • 컴퓨터, 인터넷, 신문 활용, 발명 등
문화 예술 활동	• 문예, 창작, 회화, 조각, 서예, 전통 예술, 현대 예술 등 • 성악, 기악, 뮤지컬, 오페라 등 • 연극, 영화, 방송, 사진 등
스포츠 활동	• 구기운동, 육상, 수영, 체조, 배드민턴, 인라인스케이트, 하이킹, 야영 등 • 민속놀이, 씨름, 태권도, 택견, 무술 등

동아리활동의 내용	
실습 노작 활동	• 요리, 수예, 재봉, 꽃꽂이 등 • 사육, 재배, 조경 등 • 설계, 목공, 로봇 제작 등
청소년 단체 활동	• 보이스카우트 연맹, 걸스카우트 연맹, 청소년 연맹, 청소년적십자, 우주소년단, 해양 소년단 등

(3) 봉사활동

목표 • 타인을 배려하는 너그러운 마음과 더불어 사는 공동체 의식을 가진다.

- 나눔과 배려의 봉사활동 실천으로 이웃과 서로 협력하는 마음을 기르고, 호혜정신을 기른다.
- 지역 사회의 일들에 관심을 가지고 참여함으로써 사회적 역할과 책임을 분담하고, 지역 사회 발전에 이바지하는 태도를 가진다.

활동별 내용

봉사활동의 내용	
교내 봉사 활동	• 학습 부진 친구, 장애인, 병약자, 다문화가정 학생 돕기 등
지역 사회 봉사활동	• 복지시설, 공공시설, 병원, 농·어촌 등에서의 일손 돕기 등 • 불우이웃 돕기, 고아원, 양로원, 병원, 군부대에서의 위문활동 등 • 재해구호, 국제협력과 난민 구호 등
자연 환경 보호 활동	• 깨끗한 환경 만들기, 자연 보호, 식목 활동, 저탄소 생활 습관화 등 • 공공 시설물, 문화재 보호 등
캠페인 활동	• 공공질서, 교통안전, 학교 주변 정화, 환경 보전, 헌혈, 각종 편견 극복 등에 대한 캠페인 활동

(4) 진로활동

목표 • 자신의 특성, 소질과 적성, 능력 등을 이해하고, 이를 바탕으로 자신의 정체성을 확립하고 자신만의 독특한 진로를 탐색한다.

• 각종 검사, 상담을 통해 진로 정보를 탐색하고 자신의 진로를 계획한다.

• 진로와 직업 선택의 중요성을 인식하고, 자신의 적성과 소질에 맞는 진로를 탐색·설계한다.

• 학업과 직업 세계를 이해하는 직업 체험 활동 기회를 통해 진로를 결정하고 준비한다.

활동별 내용

진로활동의 내용	
자기이해 활동	• 자기이해 및 심성 계발, 자기 정체성 탐구, 가치관 확립 활동, 각종 진로 검사 등
진로 정보 탐색 활동	• 학업 정보 탐색, 입시 정보 탐색, 학교 정보 탐색, 학교 방문 등 • 직업 정보 탐색, 자격 및 면허제도 탐색, 직장 방문, 직업 훈련, 취업 등
진로 계획 활동	• 학업 및 직업에 대한 진로 설계, 진로 지도 및 상담 활동 등
진로 체험 활동	• 학업 및 직업 세계의 이해, 직업 체험 활동 등

6) 운영 및 지원

- 창의적 체험활동에 배당된 시간(단위) 수는 영역별로 학생의 요구, 학교 및 지역의 특성을 고려하여 학교의 재량으로 배정한다.
- 학생의 발달 단계를 고려하여 학교 급별, 학년별로 활동 영역 및 내용을 선택하여 집중적으로 운영할 수 있다.
- 창의적 체험활동 운영의 효율성을 높이기 위해 관련 교과 및 창의적 체험활동의 하위 영역 간에 통합하여 편성·운영할 수 있다.
- 활동의 내용, 조직 단위, 장소, 시설 등 규모와 여건을 고려하여 정일제, 격주제,

전일제, 집중제 등과 같이 융통성 있게 운영할 수 있다.

- 자율활동의 국토 순례 활동, 봉사활동, 진로 체험 활동 등은 활동의 특성에 따라 방학 기간을 이용하여 집중 운영할 수 있다.

7) 평가

- 각 영역별로 평가 관점을 마련하고 참여도, 협력도, 열성도 및 그 이외의 활동 실적 등이 골고루 반영되도록 평정 척도를 작성, 활용한다.
- 학생의 자기 평가, 상호 평가, 활동 및 관찰 기록, 질문지, 작품 분석, 포트폴리오 등 다양한 방법으로 평가한다.
- 평가 결과는 평소의 활동 상황을 누가 기록한 자료를 토대로 학생의 활동 실적, 진보의 정도, 행동의 변화, 특기 사항 등을 담임 또는 담당교사가 수시로 평가한다.
- 학생이 창의적 체험활동에 참여한 정도와 성과를 지속적으로 기록하고, 학교가 제공한 창의적 체험활동 프로그램의 특성을 상세히 기록하여 상급학교 진학 자료로 활용되도록 한다.

8) 창의적 체험활동 종합지원시스템(www.edupot.go.kr) 활용

- 창의적 체험활동 종합지원시스템은 학생이 자기 주도적으로 학교 교육활동 중심의 다양한 체험활동 내용을 온라인상으로 누적 관리하는 자기생애설계 시스템이다.
- 학생들은 창의적 체험활동 교육과정인 자율활동, 동아리활동, 봉사활동, 진로활동과 방과 후 학교활동, 독서활동, 자기소개서를 기록·관리한다.

Q 교생은 창의적 체험활동 지도를 어떻게 해야 합니까?

A 1) 자율활동

- 모든 구성원들이 참여할 수 있도록 기회를 제공하고, 참여의식을 높일 수 있도록 돕는다.
- 체육대회가 있으면 적극적으로 참여하여 학생들과 친밀감을 높이도록 한다.

- 행사활동이 있을 경우 담임교사를 도와 질서와 안전 지도에 주의해야 한다.
- 어려운 상황이 발생했을 경우 항상 담임교사나 지도교사와 상의 후 처리하도록 한다.

2) 동아리활동

- 동아리에 배정된 교생은 동아리활동을 적극적으로 돕는다.
- 동아리활동이 이루어지는 교실을 미리 확인하여 준비한다.
- 학생들의 자발적 참여와 창의성 발휘, 잠재 능력의 계발을 돕는다.
- 방과 후나 휴업일에 이루어지는 동아리활동은 반드시 지도교사의 지도를 받는다.

3) 봉사활동

- 단순히 점수를 위한 형식적인 활동이 되지 않도록 관심을 가진다.
- 적극적으로 학생을 도우면서 몸소 봉사활동의 의미를 찾는다.
- 담당 학급의 교실과 특별 구역의 청소 당번 배치가 잘 되어 있는지 확인한다.
- 학교 교육과정 이외의 활동이나 교외 봉사활동은 교사의 지도를 받고 안내한다.

4) 진로 활동

- 지도교사나 담임교사와 상담 후 정해진 범위 내에서 학생을 상담한다.
- 학생 자신의 적성, 흥미, 능력, 가치관, 신체적 특성 등에 맞는 진로 계획을 세울 수 있도록 돕는다.
- 선배이자 예비 교사로서 학생을 지도 조언한다.
- 조회, 종례시간, 교과 활동 전후의 여가 시간을 활용하여 상담을 할 수 있다.

제3부

생활지도

17

생활지도와 상담이란?

이것만은 꼭!

- ✔ 상담의 기본 원리와 수칙을 숙지하자.
- ✔ 학생 중심의 상담을 계획, 실시, 평가한다.
- ✔ 상담을 할 때는 사랑을 기본으로 학생의 인권과 인격 및 학습권을 존중하고 보호해 주되 법령, 규정, 교칙에 준거하여 일관성 있게 처벌, 대응, 지도하자.
- ✔ 상담 시에는 기계적이고 필수적인 물음만을 제시하기보다는 학생의 진심을 듣고, 학생과 래포(Rapport)를 형성하는 것이 중요하다.
- ✔ 상담 후에도 다양한 방법으로 관심과 지지를 보내 주자.

1_생활지도란?

- 생활지도(guidance)란 학습자가 자기 자신과 자기의 세계를 이해할 수 있도록 돕는 과정(Shertzer & Stone, 1981)이다.
- 생활지도(guidance)는 '학생의 건전한 성장과 발달을 촉진하기 위하여 생활과정에서 나타나는 현실적 문제를 개인의 특성에 알맞게 지도하는 일'이다.
- 학생들이 학교생활을 비롯하여 일상생활에서 직면하는 다양한 문제, 구체적으로는 가정적, 교육적, 신체적, 정서적, 인성적인 문제들을 스스로 해결할 수 있도록 지도하는 봉사활동(황응연, 윤희준, 1983)이다.
- 2009년, "창의 인성" 함양이라는 개정 교육과정에 따라 생활지도의 범위는 더욱 더 다양화되어 진로지도, 인성지도, 여가(방과 후 활동)지도 등의 영역까지 확대되어 실시되고 있다.

2_상담(대화)의 의미

- 상담(counseling)은 "도움을 필요로 하는 내담자가 전문적 훈련을 쌓은 상담자와의 대면관계에서 생활과제의 해결과 사고·행동 및 감정 측면의 인간적 성장을 위해 노력하는 학습과정"(이장호, 1998)이다.
- 학생들은 생활지도를 하는 교사 혹은 상담자와의 대화와 체험을 통해 문제를 인식하고 마음을 열어 비뚤어진 자아를 바로잡고 미비했던 자아를 발달시킬 수 있다.
- 상담과 대화는 학생들의 위치에서 현실적이고 실제적인 적응을 할 수 있게 되는 과정이자 도구이다.
- 상담은 학생 자신의 이해, 잠재능력의 개발, 사고와 행동의 변화, 문제해결 능력의 신장, 의사결정능력의 함양, 인간관계의 향상, 적응능력의 향상, 긍정적 자아개념의 확립, 건전한 가치관 확립 등에 기여할 수 있다(연문희, 강진령, 2002).

3_생활지도의 필요성

- 시대적인 패러다임의 전환으로 인한 학생 생활지도의 개념과 방향성 변화

- 학생들은 예전과는 달리 고정된 생활지침이나 정해진 훈교를 교사로부터 듣기보다는 자신들의 행동을 다각적이고 열린 시각으로 바라보아 주기를 원함

- 따라서 다각적인 관점에서 생활지도를 하는 것은 물론 학생들의 정서적이고 인성적인 측면의 성장 및 발달을 돕는 협력 시스템으로 변화해야 한다.

• 실제 경험 중심적 현장 생활지도의 필요성

- 교육실습생(경북대학교 사범대학 학과 소속, 2008년도부터 2010년도까지)에게 실시한 설문조사를 분석하여 이를 근거로 집필함

- 설문조사의 내용을 분석해 보면 예비교사들이 전공 교과에 대한 수업 준비나 내용과 관련한 어려움보다는 교과를 벗어난 학교생활 지도 부문에서 가장 많은 어려움을 겪은 것으로 나타남

- 교실 안과 밖에서 일어나는 학생들의 생활 지도를 원만하게 해결하는 것을 명확하게 파악하는 것 등이 특히나 어려웠던 것으로 응답을 했음

• 모든 학생들에게 공정하고 객관적인 생활 지도와 기본 지침은 교사와 학생 간의 신뢰와 인간애를 바탕으로 가능하다는 공감대 형성

4_예비 교사의 생활지도를 넘어선 경우

정신과 상담 및 치료적 개입 요청

① 인터넷(게임)에 중독되었을 경우

② 학생의 충동(분노) 조절이 미흡한 경우

③ 학생이 우울증을 앓는 경우

④ 동성애로 고민이 있는 경우

⑤ 학생이 주의력 결핍·과잉행동장애(ADHD)가 있는 경우

⑥ 학생의 자살징후 또는 시도가 있는 경우

⑦ 약물(본드, 가스)을 흡입하는 경우

⑧ 도박이나 비행에 빠지는 경우

⑨ 유흥업소에 출입할 경우

⑩ 가출을 했을 경우

⑪ 졸업식에서 알몸퍼포먼스를 하는 경우

⑫ 도박(화투, 카드, 동전 치기 등)을 하는 경우

⑬ 음란물을 유포하는 경우

5_알아두면 유용한 12가지 guidance & counseling Tips!

① 법령, 규정, 교칙에 준거한 일관성 있는 태도를 유지한다.

② 사랑을 기본으로 학생의 인권과 인격 및 학습권을 존중하고 보호해 주되 법령, 규정, 교칙에 준거하여 일관성 있게 처벌, 대응, 지도한다.

③ 학생의 장점을 부각하도록 노력한다.

④ 모든 상황에 적절한 칭찬과 책임을 부여한다.

⑤ 시간과 장소에 구애받지 않고 그때그때의 상황에 맞는 상담 및 생활지도를 수행한다.

⑥ 상담 시에는 기계적이고 필수적인 물음만을 제시하기보다는 학생의 진심을 듣고 학생에게 신뢰감을 줄 수 있도록 노력한다.

⑦ 매사에 학생에게 시시비비를 따지거나 훈계를 하는 등 권위적인 행동은 삼가고 평가나 판단을 우선적으로 하는 것을 피한다.

⑧ 상담 과정에서 학생의 신체에 접촉해야 하거나 이성의 학생을 1:1로 상담할 때에는 오해의 소지가 없도록 주의한다.

⑨ 주의지도가 필요한 학생을 상담할 때에는 공개된 장소에서 노출되어 하기보다는 상담실을 활용하여 학생의 프라이버시가 유지될 수 있도록 한다.

⑩ 상담의 결과는 일시, 내용, 방법, 과정 등을 상세히 기록한다.

⑪ 상담 후에도 다양한 방법으로 관심과 지지를 보내 주는 것이 좋다.

⑫ 모든 생활지도는 예방과 지도를 기본 방향으로 한다.

6_교칙위반 지도

• 교칙을 위반하는 경우는 심각한 위반 사항을 제외하고는 스스로 잘못된 습관을

고쳐 나가도록 꾸준한 관심을 가지고 지도한다.

- 교칙을 위반하는 이유가 부모와 함께 살지 않거나 돌봐 줄 수 없는 상황에서 비롯된 것인지를 학생 개별적으로 지도한다.
- 학급회의를 열어 수업 시간 내에 지켜야 할 규칙들과 이러한 규칙을 어겼을 때 어떻게 할 것인가를 학생 자체적으로 정함으로써 주체의식과 준법정신을 기를 수 있도록 한다.
- 이때 교사는 학생들 서로 간에 의견충돌이 있거나, 터무니없는 규칙을 정할 경우 조력자 역할과 중재자 역할을 병행한다.
- 학급 내에서 일어나는 이러한 많은 문제들은 학생 스스로 해결할 수 있도록 해야 한다.
- 교사의 생활지도의 범위를 넘어섰을 경우에는 교장 선생님, 상담교사, 학급 담당 선생님 등과 상의하여 다각적인 지도 방법을 모색한다.

Q 수업 시간이 되어서 교실로 왔는데 학생 몇 명이 매점에서 음식을 사먹고 우물쭈물하면서 교실로 뒤늦게 뛰어 들어왔습니다. 어떻게 지도해야 할까요?

A 우선 경위를 듣고 다음 시간에는 늦지 않게 미리미리 점심을 챙겨 먹도록 권고한다. 같은 일이 여러 번 반복되는 경우는 해당 학생과 시간을 정해 상담시간을 갖도록 한다. 상담과 권고에 대한 사항은 반드시 생활지도 기록부에 기록을 해 둔다.

Q 수업 중에 껌을 씹는 학생이 있습니다. 어떻게 지도할까요?
(수업 중에 몰래 과자를 먹는 학생이 있습니다. 어떻게 해야 할까요?)

A 수업 시간에 충실하기와 수업 중에 다른 사람을 방해하지 않기는 학기 초에 기본 규율로 정해 놓고 반드시 지켜져야 하는 것으로 약속한다. 이런 규칙과 약속을 통해 학생들 스스로 질서가 필요하고 이것이 공부하는 데 필요한 최소한의 장치라는 것을 인식하게 한다.

Q 수업 중 지우개나 물건을 던지며 수업을 방해하는 경우는 어떻게 지도할까요?

A 수업 중에 일어나는 장난이나 수업을 방해하는 경우는 잠시 수업을 중단하고 자신들의 행동이 수업에 미치는 영향에 대해 생각을 해 보게 하는 것이 효과적이다. 이런 일이 지속적으로 반복되는 경우나 장난을 치는 학생이 정해져 있다면 학급회의를 열어 학생들 스스로 수업 방해 요소라는 주제를 두고 학급회의를 진행하도록 하는 것도 좋은 방법이다. 특히나 학생들 스스로 수업에 대해 논의를 진행해 보는 것은 수업에 대한 정의를 자율적으로 내릴 수 있는 좋은 기회가 될 수 있다.

Q 수업 중 만화책을 보는 경우는 어떻게 지도할까요?

A 우선 학생에게 지금 반드시 읽어야 하는 이유에 대해 묻고 그렇지 않다고 스스로 대답을 하면 수업 내용에 대한 주요동기를 일깨워줄 수 있도록 노력한다. 아니면 그 학생에게 수업 내용과 관련된 질문을 하여 수업에 적극적으로 참여하도록 유도한다. 때로는 꾸중이나 지적을 하기보다는 따뜻한 시선 한번으로 수업 분위기가 다시 좋아지는 경우도 있다.

Q 수업 중 게임을 하는 경우는 어떻게 지도할까요?

A 수업 중에 게임을 하는 경우는 모든 학생들이 공감할 수 있도록 게임기를 작은 바구니에 담아 두어 수업이 끝난 후 그것을 찾아가는 방식으로 해결한다. 물론 그에 대한 공정하고도 객관적인 규율과 이유를 반드시 제시한다.

Q 수업 중 화장을 하는 경우는 어떻게 지도할까요?

A 화장을 하고 싶다면 수업이 끝난 후 쉬는 시간에 하도록 지도한다.

Q 수업에 필요한 교과서나 준비물을 가져오지 않은 경우는 어떻게 지도할까요?

A 준비물을 가져오지 못한 이유를 알아보고 다음 시간에는 가져오게 한다. 다만 수업에 반드시 필요하다고 생각되는 경우에는 여분으로 미리 준비를 해 둔다. 준비물을 지속적으로 가져오지 못하는 학생과는 시간을 정해 생활지도와 관련된 상담을 하도록 한다. 경우에 따라서는 가정환경과 관련된 문제일 수도 있으니 신중하게 대처한다.

Q 수업 시작과 동시에 화장실에 가는 경우는 어떻게 지도할까요?

A 화장실은 쉬는 시간에 미리미리 갔다 오도록 지도하고 습관적으로 수업이 시작되면 가는 학생에게는 그에 대한 특별한 사유를 적어 내도록 한다. 단순히 시간부족으로 가지 못한 학생의 경우는 선생님의 허락을 받아서 가도록 한다. 이런 경우는 교사가 학생들의 실제 상황과 마음의 상태를 신속하게 파악하는 것이 무엇보다도 중요하다.

Q 수업 중 다른 과목 공부를 하는 경우(과학 시간에 수학 숙제를 하는 경우)는 어떻게 지도할까요?

A 해당 과목에 충실하도록 지도를 하고 숙제하는 시간의 배분이나 시간활용에 대해 함께 논의하는 기간을 갖도록 한다.

Q 최근 체벌이 금지되면서 '수업 중에 춤추기'라는 동영상이 온라인상에 떠돌고 있습니다. 수업 중에 춤추는 학생을 어떻게 지도해야 할까요?

A 춤추는 학생을 앞으로 나오게 하여 장기를 자랑할 수 있는 시간을 준다. 가능하면 수업의 집중도가 떨어질 무렵 수업의 활력소로 활용하는 기지를 발휘한다.

7_지도가 필요한 학생의 행동 사례

Q 소위 '문제 학생'이라고 불리는 학생들에게는 어떤 생활지도를 해야 하나요? (학급의 '짱' 학생이 선생님에게 대듭니다. 어떻게 지도할까요?)

A 이 유형의 아이들이 문제행동을 일으키는 데는 "나 좀 봐 주세요. 나한테 관심 좀 가져 주세요."라고 하는 요구가 깔려 있다. 그러므로 이들이 이러한 행동을 하는 원인을 먼저 파악해야 한다. 가정환경이 어렵거나 가정에서 많은 관심과 사랑을 받지 못한 경우가 많다. 문제 학생이라고 불리는 아이들은 어릴 때부터 부모나 교사에게 겪은 거절의 경험이 상처가 되어 "이 선생님도 이러다 말겠지."라는 생각이 뿌리내리고 있을 것이다. 그러므로 교사는 포기하지 않고 끊임없이 관심을 주어야 한다. "선생님이 다 똑같지 뭐."라는 생각에 대해 "많은 사람들은 너를 포기했지만 나는 너를 포기하지 않겠다."라는 인식을 심어 준다면 굳어 있던 마음의 문을 두드릴 수 있을 것이다.

Q 학생과 친하게 지내다 보니 그 경계가 분명하지 않아 학생들이 선을 넘는 경우가 종종 있었는데, 이런 경우 어떻게 대처해야 하나요?

A 교사와 학생 간의 관계에 있어서는 시작이 중요하다. 처음부터 학생과 친하게 지내는 것도 벽을 허물 수 있는 좋은 방법이기는 하지만 편안한 사람이면서 동시에 원칙을 가진 사람이라는 것을 인식하게 할 필요가 있다. 모든 학생들에게 골고루 관심을 주는 원칙을 지킬 수 있어야 하며 공정함과 교사의 기본에 충실하는 것은 반드시 필요하다.

Q 생활지도에서는 교사에 대한 신뢰감이 가장 우선적인데 이러한 신뢰를 어떻게 얻을 수 있나요?

A 학생 중심의 생활지도, 따뜻한 마음을 가지고 학생들의 이야기 들어 주기, 학생 한 사람 한 사람의 의견을 존중하고 편안한 분위기 조성해 주기, 학생들의 개인적인 문제 존중해 주기

가르치는 기술

학급경영

생활지도

교육실습 유의사항

부록

등 기본적인 상담의 원리를 지키게 되면 어느 순간 학생들은 생활지도하는 교사에게 신뢰감을 갖게 된다. 신뢰는 나 스스로 실천함으로써 생기는 것이기 때문이다.

Q 학생들이 교무실에 수시로 들락거리며 언니, 오빠 대하듯 무분별하게 말하는 것에 대해서 지적하고 혼을 냈더니 학생이 섭섭해합니다. 어떻게 해야 하나요?

A 교무실 출입이 잦은 아이들을 보면 대개 선생님과 친하거나 친해지고 싶어 찾아오는 경우가 많다. 일단 그 학생에게 교무실 출입을 자제할 것과 교사와 약속된 시간에만 찾아올 것을 부탁한다. 교사의 상황을 지시와 명령으로 전달하기보다는 학생에게 진심 어린 마음을 담아 부탁한다. 왜냐하면 대부분의 학생들은 일더미가 쌓인 교사들의 상황을 잘 모르고 행동하는 경우가 많기 때문이다. 예를 들어 "10분 쉬는 시간에 선생님은 다음 시간 준비도 해야 하고 목도 풀어야 해서 잠깐의 휴식이 필요해. 네가 이렇게 계속 찾아오면 선생님이 조금 힘들구나."라고 직접적으로 말해 주는 것도 필요하다는 것이다.

Q 청소시간이 끝나고 청소검사를 하는데 청소구역에 담당 학생들이 없습니다. 어떻게 해야 할까요?

A 청소는 늘 학생들 담당이라는 인상을 불식시키기 위해 교사가 함께 솔선수범하여 청소를 실시한다. 청소도 함께 하면 즐거운 일이라는 것을 경험하게 하며 결국 깨끗한 공간도 우리 모두를 위해 존재한다는 것을 몸소 알게 해 준다. 공동생활의 즐거움은 서로 협조할 때 가능하다는 것을 알게 해 준다. 경우에 따라서 땀을 흘린 대가로 시원한 아이스크림을 함께 먹는 즐거움을 공유하는 것도 공동체 의식을 강화하는 데 효과적이다.

Q 체육복에 슬리퍼 차림으로 등하교를 합니다. (용의 복장 규정을 위반하는 경우)

A 다른 사람들에게 비치는 자신의 이미지를 떠올려 보게 한다. 배려의 마음을 느끼도록 유도한다.

Q 학교 화장실에서 담배 피는 학생이 있습니다. 어떻게 해야 할까요? (음주 및 흡연을 하는 경우)

A 청소년의 흡연은 멋있어 보이려고 하는 경우가 대부분이다. 흡연의 폐해를 보여 주는 영화의 장면을 보여 주거나 금연 다큐를 함께 관람한 후 흡연 및 금연에 관한 학급 토의를 실시한다.

Q 화를 내지 않으면 만만하게 보는 학생들이 있고 화를 내면 섭섭해하는 학생들이 있어서 그 학생들마다 서로 다른 태도를 취한다면, 학생들에게 일관성 있는 태도를 보여 주지 못하는 것이 되어 학생 생활지도에 대한 중간선을 찾기가 쉽지 않습니다. 어떻게 해야 하나요?

A 학생들에게 학기 초에 정한 수업 규율과 원칙에 대해 환기를 하게 하고 그에 대한 반성을 하게 한다. 교사는 원칙을 정할 때와 같은 일관성 있는 행동을 유지해야 하며 그러한 원칙은 학생들이 지킬 때 아름답다는 것을 인지하게 해준다. 또는 학생들이 잘못된 행동을 하였다 하더라도 감정적으로 화를 내기보다는 잘못을 스스로 깨달을 수 있도록 합리적으로 설명해 준다. 학생들은 자신의 입장밖에 생각하지 못하는 발달 단계에 있기 때문에 교사 자신의 입장을 이해해 줄 것을 부탁하는 형식의 대화법이 나을 듯하다.

원칙에 근거하여 단호하고 일관적인 태도를 보이되 항상 학생들의 마음을 이해해 주는 따뜻한 교사가 되어야 한다. 교사의 권위만을 내세우는 태도는 옳지 않다. 학생들이 선을 넘는 경우에는 단호하게 선을 긋는 것이 중요한데 이때 학생들은 자신이 친하다고 생각했던 선생님에 대해 약간의 불편감과 섭섭함, 배신감을 느낄 수 있다. 이럴 경우에는 사후 작업이 중요하다. 먼저 웃으면서 말을 건네거나 문자 메시지를 보내 "오늘 일로 네가 더 발전하는 계기가 되었으면 좋겠다." 등의 위로의 말로 학생들의 마음을 풀어 준다.

18

상담지도

이것만은 꼭!

✔ 상담지도는 적발이나 통제보다는 성장과 발달을 촉진시켜 주는 수단이라는 인식을 갖는다.

✔ 상담의 기본정신과 원리, 규칙을 정확하게 숙지한다.

✔ 교실에서 도난사건이 발생한 경우, 물건을 훔친 학생이 드러나지 않도록 주의하는 방법으로 물건을 돌려줄 수 있도록 한다.

✔ 학생이 친구와의 갈등이 있는 경우에는 개인면담이나 다른 친구들을 통해 갈등의 원인을 파악하고, 중간에서 중재 역할을 해준다.

✔ 주의가 산만한 학생은 행동 그 자체를 지적하기보다는 행동의 원인을 스스로 찾도록 도와주어 개선을 유도한다.

1_상담의 기본 방향

- 상담지도는 가능하면 개별적으로 정해진 시간과 공간에서 실시한다.
- 상담지도는 학생 중심의 열린 대화나 소통의 장이 되어야 한다.
- 상담의 내용은 반드시 상세히 기록으로 남기되 학생의 개인적인 문제가 다른 사람들에게 공개되지 않도록 유의한다.
- 상담지도는 학생 개개인의 성장 발달에 도움이 되어야 한다.
- 상담지도는 삶의 멘토로서의 학생지도임을 인식해야 한다.

2_학생 개인 상담지도가 필요한 경우

- 학생이 가족 구성원과 갈등이 있는 경우
- 청소년기의 신체적·심리적 변화로 고민이 있는 경우
- 이성교제로 고민이 있는 경우
- 학생의 직업 및 진로에 대한 고민이 있을 경우
- 학생이 공부에 대한 회의가 있는 경우
- 학생의 자신감이나 사회성이 부족한 경우

3_인성 및 행동발달지도

Q 담당하는 반의 교실에서 물건(현금)이 분실되었습니다. 물증은 없는 상태에서 어떻게 해야 할까요?

A 훔쳐 간 학생 또한 그것은 분명히 잘못된 행동임을 인지하고는 있으면서도 개인적 이유로 도벽이 있거나, 순간적인 실수로 저질렀을 수 있다. 그 학생을 도둑으로 낙인찍어 공개적으로 모욕을 주는 행위는 학생을 더 엇나가게 할 수 있기에 매우 위험하다. 이때는 훔친 학생이 드러나지 않도록 주의하여 물건을 돌려줄 수 있도록 한다. 예를 들어 훔친 학생이 스스로 선생님에게 익명으로 메일이나 문자를 보내게 하는 방법들이 있다.

가르치는 기술

학급경영

생활지도

교육실습 유의사항

부록

Q 꾸중을 들은 학생이 선생님 험담을 할 때 어떻게 대처할까요?

△ 아이들의 속상한 심정은 이해해 주되 동조해서는 안 된다. 꾸중을 받아 속상한 심정에만 공감해 주고 선생님의 험담을 하는 것은 잘못되었음을 지적해야 한다.

Q 학생들을 편애하지 않는 방법이 있나요?

△ 교사도 인간인지라 좋아하는 아이와 다가가기 힘든 아이, 얄미운 아이 등으로 구분이 생길 수밖에 없다. 하지만 미운 사람은 단점밖에 안 보이듯, 이런 구분 자체가 교사 자신의 선입견이고 고정관념이기 때문에 스스로 이것을 깨기 위해 끊임없이 노력해야 한다.

인정 없어 보일 수 있지만 학급에서 자체적으로 규칙을 많이 만들어 그에 따라 일관되게 행동하는 것이 필요하다.

4_인권 및 학생들 간 갈등 지도

- 학교생활 지도 내용 중 학생의 인권이나 학생들 간의 폭력문제는 어떤 유형의 것인지를 신속히 파악하는 것이 우선적이다.
- 교사의 생활지도 범위를 벗어났다고 간주될 경우는 상담교사, 학교장, 학부모에게 알려 신속하게 대처하도록 한다.

Q 두 학생이 항상 심하게 서로 갈등하고 대립합니다. 심한 경우 폭력적인 행동이 수반되고 있습니다. 어떻게 지도하고 중재해야 할까요?

△ 우선 두 학생의 가정 환경이나 특성을 파악하는 것이 중요하다. 아울러 갈등의 계기가 된 사건이나 전학년도에 같은 반이었는지 여부, 어떻게 서로 연관되어 있는지 여부 등을 상담이나 기타 자료를 통해 조사한다. 대부분의 경우 가해자와 피해자의 형태를 띠고 있다. 피해자 학생의 경우 그저 당하고 살아서는 안 된다는 것을 대화, 상담, 편지 등으로 일깨워 주는 것이 중요

하며, 가해자의 경우 상담과 대화, 필요하다면 정신과 상담도 병행할 수 있다. 사회복지시설에서는 저렴한 비용으로 상담을 제공한다. 가해자에게는 과격한 행동이나 습관 여부에 따라 처벌을 받을 수 있고, 인간적으로 동료 친구를 괴롭히는 것이 잘못된 행동임을 일깨워 주는 것이 중요하다. 관계 회복을 위해 노력하는 것도 중요하지만 피해를 받고 있는 약자 학생이 스스로 설 수 있게 도와주는 것이 더 중요하다.

Q 부적응 학생이 전학을 왔습니다. 학교에서 왕따가 예상됩니다. 학생들과의 예상되는 갈등을 어떻게 지도해야 하나요?

A 전학 온 학생의 문제는 한 번에 헤쳐나갈 수 없다. 우선, 해당 아이와 친해져야 도움을 줄 수 있고, 그 학생의 문제 상황이나 어떻게 교우 관계를 맺어 왔는지를 파악하는 것이 중요하다. 어떤 형식이든 대화의 시간을 확보하고 관심을 가지는 것이 중요하다. 작은 노력들이 지속되면 신뢰가 쌓이고 그 신뢰가 바탕이 되어 '생활지도'가 가능해진다. 전학 온 학생을 한 번에 지도하려는 욕심은 버리고 지속적인 관심과 대화를 통해 학생과 친해지며 이해를 하는 것이 좋은 출발점이다.

Q 학생들의 폭력이 집단으로 이루어지거나 부상자가 발생될 경우 어떻게 대처하나요?

A 싸움을 중지시키도록 우선 조치해야 하지만, 집단 폭력이나 부상자의 발생 등의 상황으로까지 발전할 경우 학교장에게 보고하고 경찰에 신고하여 관련 학생들을 처벌할 수 있도록 한다. 특히, 부상자가 발생한 경우 구급차를 신속하게 요청하며 해당 학생의 학부모에게도 연락한다.

19

수업 관련 지도

이것만은 꼭!

✔ 수업 중에 내용을 잘못 전달하는 실수를 하지 않도록 사전에 많은 준비를 하고, 혹시나 잘못 전달했을 경우에는 사과하고 다음 시간에 정확한 정보를 알려줄 것을 약속한다.

✔ 교사의 지시나 통제를 무시하는 학생은 따로 상담을 하여 반항의 원인을 파악한다.

✔ 문제 상황이 발생한 경우 해당 학생이 무안하지 않게, 대신 자신의 잘못은 깨달을 수 있도록 순발력 있게 대처한다.

✔ 안전사고가 일어날 경우 대처할 방법에 대해 미리 숙지하도록 한다.

1_기본 방향

- 수업 관련 지도는 인내와 관심이 필요하다. 교육실습생의 경우 학생들이 만만하게 보고 말을 듣지 않은 경우가 많기 때문에 필요에 따라 엄하게 대하는 것이 필요하다.
- 선생님의 외형적인 모습(예 : 여선생님, 어리게 보임, 체구가 작음 등)이나 성격에 따라 수업 관련 지도가 어려울 수 있다. 화를 내거나 단체로 벌을 주는 것보다는 수업 시간 중에 진솔한 이야기나 에피소드도 들려주고 학생들과 동질감을 나타내거나 고민에 대해 이야기하는 등의 방법으로 소통을 시작하면 학생들을 다루기가 쉬워진다.
- 다양한 방법으로 수업 관련 지도가 개선되거나 나아지지 않을 경우에는 친한 동료 교사에게 협조를 구하거나 일관된 행동과 마음을 유지하여 학생들을 대하는 것이 중요하다.
- 수업 관련 지도의 원활하게 하기 위해 가벼운 보상(예: 사탕, 자유시간)을 할 수 있다. 때로는 다른 방법보다 더 효과적일 수 있으며 보상을 할 경우 꼭 마음을 담고 선생님의 진심이 전달되도록 노력하는 것이 중요하다.
- 수업 지도와 관련하여 교사의 행동이나 지도 방법에 대한 학생들의 의견이나 느낌을 조사하여 반영시키는 것도 고려한다.

2_수업 태도 지도

Q 지속적으로 장난이 너무 심하고 말을 잘 듣지 않는 학생이 있습니다. 어떻게 지도할까요?

A 장난이 너무 심하고 지도가 잘 되지 않을 경우에는 교사가 절대 포기하지 않는다는 투지를 보여 주는 것이 중요하다. 학부모와의 면담이나 가정 방문도 중요하며, 아이의 성격에 따라 자존심을 세워 주면서 장난기를 다스릴 수도 있다. 특정한 일이나 임무를 부여하면서 장난기가 장점이 될 수 있다는 경험을 해 보게 하는 것도 중요하다. 문제아들의 특성 중에 하나는 교사가 곧 포기할 것이라고 생각하는 것이다. 교사가 절대 그 학생을 포기하지 않겠다는 것을 알게 하는 것, 그리고 지속적으로 노력하는 것이 문제아 학생을 바로잡을 수 있을 것이다.

Q 연예인에 대한 집착이 너무 심해서 평상시 수업 태도나 자세가 엉망입니다. 어떻게 지도할까요?

A 학생들 중에 특정 연예인을 좋아하고 음악을 따라 부르고 맹목적으로 좋아하는 경우가 많다. 예를 들어, 연예인의 콘서트 때문에 자주 조퇴하거나 결석하고 수업 시간에도 집중하지 못하고 방해가 되는 경우 종종 발생한다. 이런 학생의 지도는 연예인을 팬으로서 좋아하는 것을 인정하고, 성숙하고 멋진 팬의 모습에 대해 알려주고 지도하는 것이 중요하다. 가능하면 스스로 자제하거나 다양한 방법으로 응원할 수 있다는 것을 알게 한다. 혼내거나 타이르기보다는 학생이 에너지를 다른 곳에 집중할 수 있도록 도와준다. 좋아하는 만큼 표현하고, 그것을 보여 줄 줄 아는 학생이라면 다른 일을 맡길 경우 잘할 수 있는 능력이 충분하기 때문이다.

Q 일명 학내 '짱 무리(일정 학생들의 집단화 현상)'의 권력남용, 학생들의 권력구도에서 비롯되는 상하관계의 문제는 어떻게 대처하나요?

A 학기 초 형성되는 학생들 간의 권력구도를 빨리 파악해야 한다. 학생들 간에 힘의 구도가 위계화되지 않도록 하기 위해 교사는 학생들에게 열린 마음으로 친근함을 부여할 수 있어야 한다. 그리고 그러한 학생들에게 학급의 주요 업무들을 부여하여 각각 학생들이 가진 역할을 하도록 유도한다. 학급 내 질서유지를 위한 역할을 그 학생들을 중심으로 해결하게 만듦으로써 힘을 남용하는 것이 아니라 전체 학급의 학생들의 입장에 서게 한다면 민주적이고 협동적으로 기세를 바꾸어갈 수 있다. 그렇게 되면 은연중에 학생들은 서로를 이해하게 되고 신뢰감을 갖게 된다.

Q 학생이 친구와 갈등이 있는 경우는 어떻게 하나요?

A 개인 면담이나 학급 대표들을 통해 우선 상황을 파악한다. 아니면 각자 면담을 통해 왜 갈등을 겪고 있는지 각자의 입장을 들어주고 중간에서 중재역할을 해 준다. 다른 아이들에게도 이들이 화해를 할 수 있도록 분위기를 조성해 달라고 부탁한다. 그리고 당사자들을 불러 서로

속상했던 점을 이야기하고 들어줄 자리를 마련해 준다. 이때 교사는 감정이 서로 격해지지 않도록 중재자 역할을 잘 수행해야 한다.

Q 학생들이 서로 몸싸움을 하거나 다툴 때는 어떻게 대처하나요?

A 일단은 싸움을 중지시킨다. 그러고 나서 왜 서로 감정이 격해졌는지, 무엇에 속상함을 느꼈는지 각자의 이야기를 들어주고 서로 이야기할 시간을 준다. 오히려 남학생들은 싸우고 나면 금방 화해를 하지만 여학생의 경우 한번 싸우면 학년이 끝날 때까지 앙금을 품고 편 가르기를 하는 경우가 많다. 교사는 이를 염두에 두고 서로 서운한 점은 풀고 지낼 수 있도록 중간에서 노력해야 한다.

학교폭력의 상황에 처했을 때 대처요령

① 현행 학교폭력예방 및 대책에 관한 법률에서는 학교폭력 현장을 보거나 그 사실을 알게 된 자는 학교 등 관계 기관에 신고하여야 하고, 누구라도 폭력의 예비·음모 등을 알게 된 자는 이를 학교의 장 또는 자치위원회에 고발하도록 하고 있는데, 교사의 경우에는 학교장에게 보고하여야 한다는 점에 주의해야 한다.

② 보고하지 않고 교사 개인 차원에서 지도하거나 가·피해자에게 조치를 취함은 명백한 위법행위이다.

③ 학교폭력의 예방 및 대책을 위한 학교의 체제 구축, 학교폭력 예방 프로그램의 구성 및 실시, 가해 학생 및 피해 학생에 대한 조치, 가·피해 학생측 간의 분쟁조정 등의 심의를 위해 학교폭력대책자치위원회를 구성·운영해야 한다.

④ 학교폭력은 관련법률(학교폭력예방및대책에관한법률)에 의거해 위원회에서 심의한 절차를 거쳐 학교장, 경찰, 학부모와 함께 해결해야 한다.

주의가 산만한 학생 지도

① 주의가 산만한 학생은 행동 그 자체를 지적하기보다는 행동의 원인을 스스로 찾도록 도와주어 개선을 유도한다.

② 수업 시작부터 끝날 때까지 서서 수업을 받도록 하는 방법, 교실 밖으로 내보내는 방법,

인격을 모독하는 발언, 체벌, 공포심 조장, 교육시간 중 계속되는 훈계 등의 방법은 지양되어야 한다.

③ 교육 중에 주의 산만한 행동이 시정되지 않고 계속될 경우, 쉬는 시간이나 별도의 시간에 해당 학생과의 면담 등을 통해 그 원인을 파악하고 그러지 않도록 설득하는 한편 가정에 통보하여 학부모와 함께 해결책을 모색한다.

④ 학생 및 학부모와의 상담내용, 전문가의 치료를 받을 경우 병명을 포함하여 치료과정을 기록해 둔다.

Q 수업 중에 잘못 설명한 것을 모르고 지나치고 나서 수업이 끝난 뒤 학생이 '그것도 모르냐'는 투로 비아냥거리며 지적을 합니다(학생이 교사를 무시할 때). 이런 상황에서 어떻게 지도해야 할까요?

A 우선 실수를 하지 않도록 교사는 사전에 많은 준비를 해야 한다. 실수를 했을 때에는 학생들에게 실수한 부분을 인정하고 다음 시간에 더 자세하고 정확한 정보를 알려줄 것을 약속한다. 실수를 한 부분은 다음 시간에 반드시 교정하고 바로잡는 일을 잊지 않는다.

Q 교사의 지시나 통제를 무시하는 경우에는 어떻게 해야 할까요?

A 개별적인 상담이나 생활지도를 한다. 학생들과의 면담을 통해 학생의 마음과 상황을 들어보고 무엇이 저항의 요인이 되는지 파악한다. 현재 학생이 처한 상황이 어떠한지 가정환경, 학교생활, 교우관계 등을 통해 살펴보고 학생의 마음을 이해하려는 자세를 가진다. 경우에 따라서는 가정의 문제, 학교생활에 대한 동기의 상실, 친우관계로 인한 문제들을 겪으면서 나타날 수 있는 현상일 수도 있으므로 지도나 훈육보다는 이해와 관용의 자세로 학생의 내심을 경청하는 일이 무엇보다도 중요하다.

상담이 끝난 후에도 지속적인 관심과 애정으로 학생들을 관찰하고 지도하되 수업 태도와 학교생활에 변화가 있는지 파악한다.

Q 수업 시간에 목소리가 작다고 발표를 꺼립니다. 어떻게 지도할까요?

A 목소리가 작은 것은 학생들이 다른 학생들보다 자신들이 못하다는 심리적인 위축감에서 비롯된 경우가 많다. 이런 경우 학생들 개개인의 가장 두드러진 부분을 드러내 칭찬해 주고 각자 타고난 재능이 있다는 것을 자주 말해주며 용기를 북돋아 준다.

특히나 발성에 문제가 있는 학생의 경우에는 실제 상담시간을 통해 발성법이나 발표 스킬을 익히게 해 주는 것도 효과가 있다. 표현의 문제나 내면의 (목)소리를 소재로 다룬 영화, 〈킹스 스피치〉나 〈블랙〉을 보고 학급 전체가 영화평을 하게 하거나 각자 소감문을 적어 보게 하는 것도 좋은 방법이다.

Q 수업 시간에 너무 소란스럽게 떠드는 학생이 있습니다. 어떻게 해야 할까요?

A 학생들이 심하게 떠들거나 장난을 칠 때는 아무리 큰소리로 말을 해도 소용이 없다. 그때는 오히려 조용할 때까지 바라보기만 하는 것이 큰 힘을 발휘한다. 수업을 해야 하는 선생님을 도와줄 수 있느냐고 질문을 하면 학생들은 즉시 행동으로 보여 준다. 때로는 지적이나 꾸중이 시간소요를 더하게 되는 경우가 많다. 여유를 가지고 기다려 주는 선생님의 모습은 늘 꾸중과 지적으로 일관한 선생님의 모습보다 훨씬 더 학생들에게 성숙하게 비친다.

Q 학생이 과제를 해 오지 않았습니다. 어떻게 지도할까요?

A 과제를 왜 못해왔는지 이유를 물어본 후 정해진 수업의 과제에 불성실하게 대할 경우에는 반드시 학생들에게 응당한 지적을 하고 넘어간다. 모든 학생들에게 동일한 원칙을 적용하되 그 규율을 어겼을 때는 반드시 과제를 다시 제출하게 한다거나 일정한 기간 내에 자율적으로 마무리하도록 한다. 모두에게 일관성 있는 규율을 제시하되 모두가 공정하다고 느낄 수 있도록 대처한다. 관대하고 친절한 선생님이지만 정해진 원칙이나 규율을 어겼을 때는 단호한 선생님이라는 인상을 끝까지 줄 수 있어야 한다.

수업 시간에 일부 학생들이 자고 있습니다. 어떻게 해야 할까요?

△ 피곤한 상황을 이해해 주고 조금 움직여 보라고 권하되 수업 분위기를 방해하지 않도록 용기를 북돋아 준다. 몸이 아프거나 특별한 상황에 처한 경우도 있으니 경중을 파악하여 피곤함이 심각할 정도일 경우에는 다음 수업을 위해 상담실이나 양호실에 가서 쉬었다고 올 것을 권한다.

수업 시간에 심한 욕을 하는 학생이 있습니다. 어떻게 해야 할까요?

△ 우선 중요한 것은 여유롭게 바라보는 자세를 보이는 것이다. 감정적으로 대처해서는 아무런 효과를 거둘 수 없다. 왜냐하면 대부분의 경우 학생들이 욕을 하는 경우는 매우 우발적이고 충동적인 실수에서 비롯된다는 것을 염두에 두어야 하기 때문이다. 시간이 지나 감정을 가라앉히게 되면 학생 스스로 반성하고 상황을 다시 원점으로 되돌려놓는 경우가 대부분이다. 다만 욕을 상습적으로 하는 학생들의 경우는 상담교사와 직접적인 상담을 통해 가정환경이나 친구관계 등에 관심을 가지고 개별지도를 하는 것이 바람직하다.

3_실험실(야외학습) 상황

실험 수업 시 실험도구로 위험한 장난을 치는 경우는 어떻게 하나요?

△ 과학실 사고사례를 영상을 통해 보여 준다. 영상에 제시된 사례에 대해 토론 시간을 갖고, 문제의 심각성을 인지하도록 한다.

실험 수업을 할 때 협동학습 하지 않고 다른 학생에 의존하는 경우는 어떻게 해야 할까요?

△ 조별활동에서 무임승차는 존재할 수밖에 없다. 여건상 1인 1기자재는 불가능하다. 교사의 역량으로 실험하지 않고 노는 학생들을 지적하여 시키거나 조별 구성원들의 역할을 부여하여 각자의 역할을 수행할 수 있도록 지도한다.

Q 야외 수업 때 여학생들이 피부가 탄다며 스탠드 그늘에 앉아 꼼짝도 하지 않습니다. 어떻게 지도해야 할까요?

A 사전에 야외 수업임을 공지하여 야외 수업을 할 때 선로션을 바르고 올 수 있도록 해 준다. 불가피한 경우에는 강당을 이용한 체육 수업을 한다. 시설이 여의치 않은 학교는 최대한 그늘을 찾아 수업하고, 교사의 재량으로 교실에서 이론 수업을 실시한다.

Q 화학 약품을 쏟았을 때는 어떻게 해야 할까요?

A
- 즉시 주변의 동료나 선생님에게 알린다.
- 오염된 옷을 즉시 벗고 피부는 비누와 물로 씻는다.
- 화재의 위험이 없고 쏟은 물질이 휘발성이나 독성이 없다면 청소한다.
- 산성 물질을 쏟은 경우에는 Na_3PO_4(수용액 염기성)나 모래를 뿌린 후, $NaHCO_3$ 가루(산성 중화)로 처리하여 중화한다.
- 염기성 물질을 쏟은 경우 $NaHSO_4$(수용액 산성)나 모래를 뿌린 후, $NaHCO_3$ 가루(염기성 중화)로 처리하여 중화한다.
- 휘발성, 가연성, 인화성이 있는 물질을 쏟은 경우 불꽃 및 스파크를 일으킬 수 있는 장치를 모두 끈다.
- 수은을 쏟은 경우 진공청소기를 이용하면 안 된다.
- 몸의 많은 부위에 자극성 시약을 쏟은 경우 샤워하고 빨리 옷을 벗는다.
- 좁은 범위의 피부에 시약이 닿은 경우에는 즉시 찬물로 씻어내고 비누로 잘 씻는다.

Q 깨진 유리 기구는 어떻게 처리할까요?

A
- 유리 기구가 깨지면, 학생들은 선생님께 혼나지 않기 위해 빨리 손으로 주워서 버리려는 경향이 있다. 이처럼 학생들이 깨진 유리 조각을 서둘러 처리하려는 과정에서 손을 베

는 사고가 일어나기 쉽다. 이를 예방하기 위해서는 유리 기구가 깨지더라도 고의성이 없다면 야단을 치지 않아야 한다. 또한 유리 기구가 깨진 상황이 발생하면, 즉시 선생님께 보고하도록 평소에 주지시켜야 한다. 교사는 학생들이 손으로 유리 조각을 만지지 못하게 하고, 빗자루와 쓰레받기로 치운다.

- 책상 위에서 유리가 깨진 경우는 미세한 유리 가루를 진공청소기로 빨아들이는 것이 가장 좋다. 진공청소기가 없는 경우, 키친타월을 물에 살짝 적셔 책상 위를 닦아 내면 된다. 깨진 유리 기구는 따로 모아 두었다가 한꺼번에 버린다. 깨진 유리 기구를 버릴 때는 미화원에게 미리 알려, 쓰레기 처리 과정에서 또 다른 사고가 일어나지 않도록 주의한다.

Q 깨진 유리로 인한 사고가 생겼을 때 어떻게 응급 처치해야 하나요?

A
- 유리 파편이 손에 박혔다면 다음과 같이 응급 처치한다. 작은 파편인 경우, 핀셋으로 뽑아내고 지압을 한다. 상처 난 곳에 미세한 유리 조각이 많이 박혀 있으면, 옥시돌(3% 과산화수소 수용액) 거품으로 조각을 뜨게 한 후 물로 씻어 낸다. 큰 조각이 박혔을 때는 무리하게 빼지 말고 병원으로 간다.
- 시험관이 깨지고 화상을 입은 경우, 차가운 물로 씻어 열기를 식힌 후 화상 연고를 바르고 붕대로 덮는다. 화상이 심한 경우에는 연고를 함부로 바르지 말고 상처를 깨끗한 헝겊으로 덮은 뒤, 즉시 의사의 진료를 받아야 한다.

Q 불이 났을 때 어떻게 행동해야 하나요?

A 불이 나면 누구든지 당황하고 공포감에 쌓이게 되며 때로는 흥분하여 평상시보다 판단력이 떨어져 우왕좌왕하다가 연기에 질식되거나, 높은 데서 뛰어내려 인명 피해가 발생하기도 한다. 혼자 불을 끄려고 노력하다 불이 확대되어 피난하지 못하는 경우도 있다. 따라서 화재 시 행동 요령을 익혀 항상 대비하여야 한다.

화재 시 행동 요령

- 불이 났다는 것을 주변에 신속하게 알린다.(경보기, 육성 등으로 주위 사람에게 알려 긴급 피난하게 하여야 한다.)
- 전화로 119에 신고하여 신속히 소방차가 출동하게 한다.(예: 정확하고 침착하게 "00구 00동 00중학교 실험실에서 불이 났습니다."라고 말하고 신고자의 전화번호를 알려준다. 가능하면 무엇이 타고 있는지와 사람이 있는지를 알려주면 더욱 좋다.)

화재 신고 후 조치

- 전기 스위치를 내린다(끈다). – 분전반이나 차단기 등
- 소화기나 물을 이용하여 불을 끄기 위해 노력한다.
  - 전기 화재에는 물을 사용하면 안 된다. (감전 위험이 있다.)
  - 기름 종류의 화재에 물을 사용하면 불을 키울 수 있다.
- 화재의 규모가 큰 경우, 불을 끄기 위해 노력하는 것보다 재빨리 대피하여 119에 신고하는 것이 좋다.

안전사고가 일어났을 때 행정적, 재정적으로 어떻게 처리할까요?

A
- 과학 수업 중 안전사고가 일어난 경우에는 우선 보건 교사의 응급처치를 받은 후, 학부모에게 연락하고 교장, 교감 및 부장 선생님 등에게 보고를 하고 병원에 가서 치료를 받는다.
- 병원 치료비는 학생이나 교사가 먼저 지불한 후 학교안전공제회에 비용을 청구한다. 필요 서류는 상해의 정도에 따라 다르나 사고경위서, 진단서 및 계산서, 보상금 지급 청구서 등으로 학교장 이름으로 청구한다.
- 안전공제회에서 보상금 지급결정이 내려진 후 학생에게 송금이 되거나, 학교에 전달된 후 합의각서를 받고 지급되기도 한다. 또한 각 시도에 따라 청구 및 지급 기간이 조금씩 다르다. 분쟁이 일어났을 경우에는 학교안전공제회 내 학교교육분쟁조정위원회의 도움을 받기도 한다.

20

미디어 사용 지도

이것만은 꼭!

- ✔ 수업 시간에 문자를 보내는 학생들을 통제하기 위해 미리 학급 내 규칙을 정하자.
- ✔ 수업 중 핸드폰을 사용하는 학생에게는 먼저 주의를 준다.
- ✔ 행동이 계속될 경우에는 미리 정해 놓은 규칙에 따라 압수하도록 한다.

- 수업 중에 휴대전화나 스마트폰을 사용하거나 또는 다른 미디어(아이패드, 게임기, 만화책, 전자 사전 등)를 활용하는 것은 수업 전반에 영향을 미치게 되므로 학생들과 허용범위를 정한다.
- 모든 규율과 원칙은 학생 모두에게 일괄적으로 해당되는 것으로 통제하기보다는 스스로 학급의 질서를 지킨다는 차원에서 실시하도록 한다.
- 미디어 사용은 학생 모두에게 어디까지 허용하고 어디부터 통제할 것인가에 대해 규칙을 정하여 실시하되 학교에서 이미 실시하고 있는 전체 규율에 맞게 설정하도록 한다.
- 미디어 사용과 관련한 규율들은 자칫 사소하게 간주되는 경향이 있지만 이런 규칙과 약속 체계를 정함으로써 학생들 스스로가 질서는 필요한 것이고 이것이 공동 생활을 하는 데 반드시 필요한 질서체계라는 것을 인식하게 된다.

미디어 사용 지도

Q 수업 중 문자를 보내는 학생이 있습니다. 어떻게 해야 할까요?

A 수업 중에 지켜야 하는 전체 규율과 원칙을 들어 그것을 스스로 따르도록 유도한다. 타율적으로 지키기보다는 자율적인 판단으로 행동할 수 있도록 객관적인 장치를 언급한다. 지키지 않는 경우는 학급회의를 통한 전체 학급규율의 수호를 위해 학생 각자가 무엇부터 실천해야 하는지를 마인드맵이나 생각 매트릭스로 만들어 정리하게 한다.

Q 수업 시간에 학생들이 자료를 찾는다는 목적으로 스마트폰으로 인터넷을 사용합니다. 어떻게 해야 할까요?

A 수업 시간에 활용할 수 있는 허용범위를 타진해 보고 학생들 스스로 판단할 수 있도록 남겨 둔다. 다만 수업에 도움이 되는 경우는 정해진 원칙을 학생들과 함께 바꾸어 나가는 것도 논의해 볼 수 있다. 이런 경우도 또한 모든 학생들이 동참할 수 있는 범위 내에서만 허용하는 것이 수업의 일관성을 유지할 수 있다고 본다.

21

언어 정서지도

이것만은 꼭!

✔ 언어에 온화한 감정을 실어 보자.

✔ 언어사용이 인격의 반영임을 인지한다.

✔ 학생이 욕을 사용하는 경우 일단 그 상황은 넘어가고 따로 면담을 갖도록 한다.

✔ 감정조절을 하지 못해 우발적으로 뱉은 말임을 인정하고 타이른다.

✔ 학생들과 감정 싸움을 하지 않도록 한다.

- 언어 정서지도는 학생생활 지도 중 단기간에 교정할 수 있는 것이라기보다는 일정 기간 동안 관찰과 면밀한 지도하에 기대할 수 있는 사항이라는 것을 먼저 인식한다.
- 매주 시간을 정해 정서적으로 좋은 효과를 줄 수 있는 영화 장면이나 책의 일부를 낭독해 주거나 그룹으로 읽게 한다.
- 언어 정서에 탁월한 학생에게는 언어 정서 스티커를 주거나 칭찬 릴레이를 해 준다.
- 학생들의 행동과 말씨를 단순하게 버릇없고 교양 없음으로 생각하고 무조건 생활지도 차원에서 주지시키려는 성급함은 지양해야 한다.
- 특별히 언어 정서지도가 필요한 학생들에게는 상담교사와 함께 문학치료나 표현예술치료 같은 치유기술을 받아 볼 것을 권한다.

Q 교사에게 욕설을 하는 경우에는 어떻게 대처해야 하나요?

A 다른 학생들 앞에서 야단을 치거나 감정적으로 대처하기보다는 가능하면 개인적으로 상담을 실시한다. 상담을 하기까지 생각의 시간을 주어 스스로 반성하도록 유도한다. 순간적으로 감정조절을 하지 못해 우발적으로 나온 행동임을 이해해 주고 대화를 시도한다면 학생 스스로도 열린 자세를 보일 것이다.

Q 학생들이 표현미숙으로 인해 감정을 앞세워 자신을 표현할 때는 어떻게 해야 하나요?

A 학생들은 대게 우발적으로 감정적인 표현을 할 때가 많다. 교사도 사람인지라 화가 날 만도 하지만 이때 학생과 감정 싸움을 하기보다는 일단 여유를 가지고 그 상황을 너그럽게 넘어가도록 한다. 예를 들어 학생이 감정이 격해져 교사 앞에서 욕을 한 경우, 스스로는 잘못되었음을 알아차리더라도 그 순간에는 자신을 바라보는 다른 학생들의 시선을 의식해 쉽게 태도를 굽히지 않는다. 스스로 자신의 잘못을 깨닫게 하기 위해 여유 있는 자세를 보이는 것이 효과적이다.

Q 내성적인 학생들의 마음을 열 수 있는 방법이 있나요?

A 내성적 성격의 학생이 교사와의 유대를 원하는지 원하지 않는지를 먼저 파악해야 한다. 전자의 경우, 다른 활발한 성격의 학생들처럼 교사나 또래와 원활한 관계를 맺고 싶은 마음은 있지만 그렇지 못하고 있는 경우이므로 교사가 먼저 다가가야 한다. 교사가 사소한 일에도 칭찬과 관심을 보여 준다면 자신도 관심받고 있다는 것을 느끼고 마음의 문을 열 수 있을 것이다. 밝은 표정으로 인사해 주기, 이름 기억해 주기, 문자 메시지로 격려해 주기 등이다. 반면에 후자의 경우라면, 다른 사람의 관심을 받는 것을 부담스러워하거나 유대관계를 맺는 것을 꺼리는 성격의 학생들일 것이다. 이럴 때에는 이 학생들이 그어 놓은 선을 지켜 주는 것이 중요하다. 모두가 활발하게 지내야 한다는 고정관념을 버리고 학생 각각의 유형을 존중해야 한다. 하지만 그 학생이 없는 듯이 무시하는 듯한 느낌은 들지 않도록 주의한다.

Q 민감하고 예민한 여학생들에게 어떻게 다가가고 지도해야 하나요?

A 여학생과 남학생들의 특성에 대해 이해하는 것이 우선이다. 선배 교사에게 조언을 구해 특성을 알아보는 방법도 좋다. 대체적으로 여학생의 경우에는 민감하고 예민하기 때문에, 교사의 작은 언행에도 크게 반응한다. 그래서 소위 '삐치는' 경우가 흔히 일어난다. 민감하고 예민한 여학생들에게는 사소한 언행에도 신경을 쓰고, 만약 여학생이 교사의 언행에 삐쳤을 경우 쪽지나 문자 메시지로 진심을 전달하는 등 사후작업이 중요하다.

Q 활발하지 못한 성격의 학생들과는 어떻게 대화를 나누어야 하나요?

A 처음부터 많은 대화를 기대해서는 안 된다. 말이 없는 성격일 수도 있고, 부끄러워서 말을 못하는 경우일 수도 있고, 자신의 이야기를 하는 데 익숙지 못할 수도 있다. 처음에는 교사가 그 학생의 관심사를 알아내고 공유하면서 친해지려 노력하고, 차차 그 학생이 자신의 의견을 말하고, 속이야기까지 털어놓을 수 있도록 장기적으로 보고 다가가는 것이 좋다. 대화 시에는

상담을 한다는 형식적인 느낌을 주지 말고, 일상적으로 대화하는 듯한 느낌을 주어야 한다. 교사가 먼저 사소한 고민을 털어놓으며 조언을 구하는 것도 좋은 방법이다.

Q 정서적으로 안정되지 않은 학생들을 대할 때는 어떻게 해야 하나요?

A 정서적으로 불안한 원인을 찾는 데 주력한다. (주변 친구, 가정환경, 고민거리들을 통해서) 원인을 알고나면 그것을 해결하는 데 도움을 준다.

Q 학생의 잘못된 행동에 감정적으로 화를 낸 적이 있는데, 화를 통제할 수 있는 방법이 있나요?

A 인내심을 키우기 위해서는 우선 자신이 화를 낸 상황을 잠시 벗어나 있도록 해 주는 것이 필요하다. 혹은 스포츠나 음악으로 분위기 전환을 유도하는 것도 좋은 방법이다. 학생들은 지속적인 변화의 과정에 있다고 보고 그러한 행동 뒤에 반드시 자기 반성이나 객관적으로 자신을 바라보는 정리시간을 갖게 하는 것이 필요하다. 물론 발달과정의 학생들을 따뜻한 시선을 바라봐 주고 기다려 주는 여유를 보여 주는 것도 필요하다.

22

다문화 정서지도

이것만은 꼭!

- ✔ 학생의 입장에서 어려움이 무엇인지, 항상 얼굴 표정을 살핀다.
- ✔ 항상 대화가 가능하다는 것을 알려준다.
- ✔ 학생으로 하여금 경험담이나 어려움을 자꾸 말해 보라고 한다.
- ✔ 어려움을 호소하는 것이 창피한 것이 아니라고 타일러 준다.
- ✔ 언어사용의 어려움을 우선 확인한다. 언어사용의 어려움으로 교과공부의 문제가 있는지 확인한다.
- ✔ 교과공부의 문제가 정서상의 문제를 유발한다는 점을 유의한다.
- ✔ 학부모와 자주 상담하고, 여건이 되면 가정 방문도 검토해 본다.

- 다문화 정서지도는 인식전환의 영역으로 단기간에 획기적인 효과를 볼 수 있는 것이 아니다.
- 학급에 나와 다르다고 느끼는 학생이 있는 경우 영화 〈방가 방가〉를 관람하여 학급 토론의 주제로 다루어 보면 효과적이다.
- 해외 생활 경험이나 소외되어 본 적이 있는 학생들의 경험담을 들어보는 시간을 갖는 것도 효과적이다.
- 학생들 스스로가 소외된 느낌이 어떤 것인지를 발표하게 해 나와 다른 학생들에 대한 이해와 관용이 필요하다는 것을 공감하게 한다.

Q 담당한 반의 장애 아동이 왕따를 당하고 있는 경우 어떻게 해야 하나요? (특수학생에게는 어떻게 대해야 하는지요? / 왕따시키는 현장을 봤을 때 어떻게 할까요?)

A 학생들에게 모두의 도움이 필요할 수밖에 없는 특수아들의 상황을 이해하고 서로 도와줄 것을 부탁한다. 학급 내 구성원들끼리 함께 돕는 분위기가 되도록 한다. 특히 아래와 같은 사례를 접할 경우에는 전문 상담교사에게 협조를 구하여 지도를 한다.

알아두면 유용한 최근 정보들

_체벌금지법 관련기사(서울 초중고 체벌 금지 규정)

"서울시내 초·중·고등학교 대부분이 체벌금지 조항을 담은 새로운 학교 규칙을 시행한다. 아무리 가벼운 체벌이라도 법적으로 금하게 된다. 곽노현 서울시교육감은 '오장풍' 교사 사건 등으로 체벌에 대한 비난여론이 형성되자, 체벌 금지 방침을 내린 바 있다. 그렇기 때문에 앞으로 어떤 교육적 목적이 함포되어 있다고 하더라도 어떤 형태의 체벌도 허용되지 않는다. 위반시 교사는 각 학교 지침에 따라 처벌을 받으며, 더 높은 수위의 집단 체벌이나 지속적인 체벌이 이루어질 경우 교육청이 직접 징계를 하게 된다.

체벌을 대신하는 방안으로 서울시교육청은 구체적인 몇 가지 지침들을 발표했다. 체벌 없는 훈계가 소용이 없을 경우, '성찰교실'이라는 별도의 문제 학생 해결반을 만들어 상담 전문가와 협력하여 교육하는 것이 하나의 예이다. 벌로 봉사활동을 하도록 시키는 것도 가능하다.
이번 체벌금지의 교육적 효용성에 대한 논란은 계속되고 있다. 서울시 교육청이 제시한 새로운 방안들을 지지하는 의견이 있는가 하면, 예산 문제상 현실적으로 시행되기 어렵다는 의견도 많다."
(http://bangeg.blog, 2010년 11월 1일자 글에서 발췌)

이럴 땐 이렇게 해 보세요 – 학생 생활지도 매뉴얼

유형	이렇게 지도해 보세요	그래도 안 될 때는
학교 내 배회	• 이른 등교 시 자습하도록 지도 • 등하교 시간을 정해 주고 지키도록 지도	• 일찍 등교해 배회하는 데 대한 사유서 쓰기 • 아침학습 계획표 쓰기
지각	• 재미있는 학급별 아침 프로그램 만들어 동기 부여 • 지각 원인 파악해 예방지도	• 일정 횟수 이상 지각 시 벌점 • 집단 상담, 학부모 상담
용의복장 규정 위반	• 용의복장 규정 충분히 안내 • 학생이 동의하는 날짜까지 시간을 주고 스스로 바꾸도록 함	• 벌점 부여, 캠페인 및 봉사활동 참여 • 성찰교실 참여, 학부모 전화 상담
교문 외 학교 출입	• 담 넘기 예방 경고판 설치 • 배움터 지킴이와 학교 주변 순회	• 벌점 부여, 성찰교실 참여, 캠페인 및 봉사활동 참여 등
음주 및 흡연	• 음주 및 흡연의 위험성을 알리고 예방 교육 • 음주 및 흡연 측정기 활용	• 벌점 부여, 캠페인 및 봉사활동 참여, 성찰교실 참여, 흡연 및 음주의 폐해에 대해 발표하기
교사에 대한 불손한 언행	• 현장에서 즉시 지도는 삼가고 별도 장소에서 상담 • 학생 공개 사과로 교권 회복	• 벌점 부여, 분노 조절 프로그램 운영, 전문 상담기관 연계

유형	이렇게 지도해 보세요	그래도 안 될 때는
학습태도 불량 행동	• 필요한 물건은 가방에 넣도록 함 • 내가 선생님이라면 뭐라고 하고 싶은지 써 보기 • 뒤로 나가 서있도록 하고 교과 내용 질문에 답하면 돌아오도록 함	• 벌점 부여, 성찰교실 참여 • 자아발견 프로그램, 바른 학습태도 기르는 방법 찾기, 명문대 진학생 소감문 찾아 읽기
수업 지도 방해 행동	• 떠드는 원인 파악하고 심하면 자리 이동하도록 하기 • 수업 방해하지 않겠다는 반성문 받기	• 벌점 부여, 성찰교실 참여 • 자기 주도 학습하도록 지도
학교 및 타인 물품 파손	• 1년 단위로 책걸상 실명제 운용 • 원상회복 안 될 경우 변상 조치, 반성문 작성하기	• 벌점 부여, 성찰교실 참여 • 집단상담 참여, 상대방 입장에서 생각해 보기
실내에서 위험한 장난	• 안전교육, 사전 예방조치 • 모든 교육활동에 교사가 임장 지도하도록 함	• 벌점 부여, 성찰교실 참여 • 놀이의 위험성 및 생명존중 관련 교육, 장난이 큰 사고로 이어진 사례 교육
수업 시간 무단이탈	• 문제 원인이 무엇인지 파악 • 학습 욕구 및 동기 부여	• 벌점 부여, 성찰교실 참여 • 시간의 소중함 지도, 자기 주도 학습 지도

(* 2011년도 서울시교육청 주요 유형별 학생 생활지도 매뉴얼)

제4부

교육실습 유의사항

가르치는 기술

학급경영

생활지도

교육실습 유의사항

부록

23

각종 협의회

이것만은 꼭!

✔ 시간표 배정 시에 수업 시간은 모든 교생이 똑같이 돌아가도록 하며, 하루에 한 교생에게 수업이 두 개 있을 경우 가능하다면 시간표상에서 연속으로 있지 않도록 한다.

✔ 지도교사의 수업을 참관할 때에는 수업에 있어서 좋은 면을 보고 배우도록 한다.

✔ 동료교생의 수업의 경우 자신의 수업이 없다면 모든 수업을 참관하도록 한다.

✔ 동료교생의 수업에서 배울 점과 고쳐야 할 점을 잘 보고 수업 참관록에 기록한다.

✔ 협의한 내용을 실습일지에 기록하여 다음 수업에서 변화된 모습을 보일 수 있도록 하며, 협의록을 남겨 두는 것이 좋다.

✔ 연구 수업은 교육실습 기간 동안 익힌 내용을 정리하고 평가받는 과정이므로, 연구 수업을 준비해 나갈 때 모든 교생이 협의하고 협력하여 자신의 일처럼 함께하도록 한다.

1_수업실습 및 협의회

1) 수업 시간 배정

- 지도교사와 의논하여 참관수업은 언제까지 할 것이며, 실제 수업은 언제부터 시작할지 결정한다.
- 의논이 끝나고 지도교사의 조언에 따라 지도교사의 시간표에 있는 수업을 어느 교생이 할 것인지 정하여 배정 표를 만들어서 지도교사께 드린다.
- 수업 배정표가 확정되고 나면 자신의 소속 학과에 수업 배정표를 보내어 학과 교수님께서 수업 일정을 알 수 있도록 한다.

2) 수업실습

- 수업 전에 수업 지도안을 지도교사에게 제출해야 한다. 이때 수업 지도안은 수업 2일 전까지 제출하는 것이 좋으며, 지도안에는 본시 수업 지도안과 판서계획, 학습지, PPT, 형성평가 등 수업에 사용하는 모든 자료가 포함되도록 한다.
- 수업 지도안을 지도교사가 검토한 후 수정할 점을 조언해 주면 수정하도록 한다.
- 수업에 가기 전에 지도교사와 참관 교생들이 볼 수 있도록 수정된 지도안을 뽑아서 수업하는 교실 뒤편에 두어 지도교사와 참관 교생이 볼 수 있도록 한다.
- 수업 시간이 되기 5분 전에 교실에 가서 컴퓨터와 학습 환경을 점검하고, 칠판에 수업목표와 단원의 제목을 적도록 한다.
- 수업 시간이 되면 수업을 시작하도록 한다.

3) 수업실습 후 협의회

- 수업이 끝난 후 지도교사에게 협의회 시간과 장소를 여쭈어 보도록 한다.
- 학과 교수님께서 오셨다면 수업이 마친 후에 다른 수업이 없다면 바로 교수님과 협의회를 가지는 것이 좋다. 가능하다면 지도교사와 교수님이 함께 협의회를 가지도록 한다.
- 협의회가 시작되면 먼저 수업 교생의 반성을 하고 참관 교생이 수업에 대해 질의

와 조언을 하는 시간을 가지도록 한다. 그리고 지도교사의 조언을 듣도록 한다.

- 협의회 내용을 실습일지에 기록한다.

Q 수업을 배정할 때, 교생이 같은 반을 여러 번 들어가는 것과 다른 반을 들어가는 것 중 어느 것이 좋은가요?

A 다른 반을 들어갈 경우 여러 반을 경험해 볼 수 있는 장점도 있지만 같은 반을 같은 선생님이 가르쳐야 지난 시간의 결손을 보충해 줄 수도 있고, 학생들과 유대감이 형성되어 원활한 수업 진행을 해 나갈 수 있을 것으로 생각된다.

Q 시간표 배정 시에 유의할 점은 무엇인가요?

A 시간표 배정 시에 수업 시간은 모든 교생에게 똑같이 돌아가도록 하며, 하루에 한 교생에게 수업이 두 개 있을 경우 가능하다면 시간표상에서 연속으로 있지 않도록 한다.

Q 수업 지도안의 내용에 대해서 지도교사의 의견과 자신의 생각이 다를 때는 어떻게 하는 것이 좋을까요?

A 지도교사의 의견을 따르는 것이 좋으나 그냥 넘어가지 말고 배우는 사람의 자세로 자신의 의견을 지도교사에게 문의해 보는 것이 좋다. 정중히 자신의 생각을 잘 전달하고 문제점이나 그렇게 하면 안 되는 이유에 대해 설명을 듣도록 하는 것이 좋다.

Q 수업에서 잘못 가르친 내용이 있다면 어떻게 해야 하나요?

A 다음 수업 시간에 들어가서 지난 시간의 내용을 수정해 주면 된다. 수정해 줄 내용이 있다는 것을 잊어버리지만 않으면 된다.

2_수업 참관 및 협의회

1) 지도교사 수업 참관

- 지도교사의 수업 시간표를 확인 후 사전에 양해를 얻는다.
- 수업 내용에 대해서 미리 교과 연구를 한 후에 참관하도록 한다.
- 참관 시에 수업에 방해를 주어서는 안 되며 뒤에 가만히 앉아서 참관하도록 한다.
- 수업에 있어서 좋은 면을 보고 배우며 수업 참관록을 기록한다.

2) 동료교생의 수업 참관

- 동료교생의 수업의 경우 자신의 수업이 없다면 모든 수업을 참관하도록 한다.
- 수업 내용에 대해서 자신이 수업하는 것처럼 교재연구를 하고 수업을 참관한다.
- 수업 5분 전에 입실하며 수업자의 수업 준비를 도와준다.
- 참관 시에 수업에 방해를 주어서는 안 되며 뒤에 가만히 앉아서 참관하도록 한다.
- 수업에서 배울 점과 고쳐야 할 점을 잘 보고 수업 참관록에 기록한다.

3) 수업 참관 후 동 교과 협의회

- 지도교사의 수업 참관 후에는 별도의 협의회를 가지지 않는다.
- 하루의 모든 수업 참관과 실습이 끝난 후 적당한 시간을 정하여 동 교과 협의회를 가지도록 한다.
- 수업에서 좋은 점을 찾아서 배우려는 태도로 임하도록 한다.
- 수업실습에서 학습내용의 전개과정이나 개념을 잘못 지도한 경우가 있다면 다음 차시 수업에서 학생들에서 수정해 줄 수 있도록 해야 한다.
- 협의한 내용을 실습일지에 기록하여 다음 수업에서 변화된 모습을 보일 수 있도록 하며, 협의록을 남겨 두는 것이 좋다.

Q 지도교사의 수업에서 안 좋은 면이 있다면 어떻게 해야 하나요?

A 교생은 지도교사에게 배우러 간 것이므로 좋은 점을 보고 배우도록 하고, 좋지 않은 면이 있다면 자신은 그렇게 하지 않을 것을 배우면 된다. 그러나 좋지 않은 면이 자기 자신의 기준일 수 있기 때문에 지도교사에게 그 부분에 대해서 정중히 질문해 보는 것이 좋다.

Q 동료교생의 수업에서 고쳐야 할 점이 보인다면 어떻게 하면 좋은가요?

A 수업 참관록에 잘 기록해 두었다가 협의회를 할 때 고쳐야 할 점을 말해 주는 것이 좋다. 그러나 너무 직설적으로 말할 경우 서로 관계가 안 좋아질 수 있기 때문에 최대한 정중히 순화하여 말하는 것이 좋다. 자신의 고쳐야 할 점을 누가 말해 준다면 잘 듣고 다음 수업부터 변화될 수 있도록 노력한다.

Q 수업에서 개념을 잘못 지도한 내용이 있다면 어떻게 하나요?

A 다음 차시 수업에서 학생들에게 수정지도를 해 주면 된다.

3_연구 수업 및 협의회

1) 연구 수업

- 연구 수업은 전체대표 수업과 과목대표 수업으로 나뉜다. 전체대표 수업은 사범대학 관계 교수와 관계 교사 및 교육실습생까지 모두 참관하고, 과목대표 수업은 해당학과 교수와 지도교사, 교생이 참관한다.(사대부고와 부중을 제외한 대부분의 학교는 전체대표 수업만 실시하는 경우가 많다.)
- 연구 수업 교생은 수업실습이 진행된 후에 지도교사와 교생들이 의논하여 결정하고 학년, 반, 일시, 장소도 결정하도록 한다. 연구수업 일정이 확정되는 즉시 실습학교와 소속 학과에 연락하여 학과 교수가 참석할 수 있도록 한다.

- 연구 수업은 교육실습 기간 동안 익힌 내용을 정리하고 평가받는 과정이므로 연수 수업을 준비해 나갈 때에 모든 교생이 협의하고 협력하여 자신의 일처럼 함께 하도록 한다.
- 연구 수업의 지도안은 대단원 지도안을 포함한 정식 지도안을 작성해야 하며, 연구 수업 실시 2일 전까지 작성하여 결재를 받은 후 실습학교에 제출한다. 연구 수업 시에는 참관자에게 모두에게 줄 수 있도록 연구 수업 지도안과 수업 참관록을 준비해 놓도록 한다.
- 연구 수업 시에는 비디오 촬영과 사진 촬영을 하여 협의회에 사용하도록 하며, 수업한 교생이 소유하여 활용할 수 있도록 한다.

2) 연구 수업 협의회

- 협의회 시간과 장소를 미리 정해 놓고 수업이 끝난 후 참관자 모두를 협의회 장소로 안내하도록 한다.
- 연구 수업 협의회의 경우 협의회 순서와 절차를 지키며 사회자를 세워서 진행하도록 한다. 그리고 간단한 다과를 준비해 놓는 것이 좋다.
- 협의회 진행 시에 촬영한 비디오를 보면서 하는 것도 좋다.
- 협의회 순서는 개회사, 학과 교수님 및 지도교사 소개, 수업자 반성, 참관자의 질의응답, 협의 및 문제해결(수업안, 학습 환경, 수업 내용, 학습매체 등), 교육실습생의 참관 소감 발표, 지도조언(지도교사 및 지도교수), 총평(교장, 교감, 학과교수)으로 하도록 한다.
- 협의회를 진행할 시 내용을 기록해서 협의록을 실습학교에 제출하도록 한다.

Q 연구 수업은 왜 하나요?

A 연구 수업은 교육실습 기간 동안에 배운 내용을 정리하고 평가하는 차원에서 실시하는 것이다.

가르치는 기술 / 학급경영 / 생활지도 / 교육실습 유의사항 / 부록

Q 연구 수업은 어떤 수업방식이 좋을까요?

A 연구 수업은 교육방법에 대해서 구체적으로 지도를 받기 위한 수업이므로, 기존의 익숙한 수업보다는 문제해결을 중심으로 하는 실험적인 수업이 되는 것이 좋다.

Q 연구 수업 전에 학생들과 미리 수업을 해 보는 것이 좋을까요?

A 연구 수업 전에 학생들과 미리 수업을 해 볼 경우 돌발 상황이 없이 평안하게 수업이 흘러갈 수 있겠지만, 대신 수업을 보는 사람들에게 미리 짠 연극을 보는 것 같은 느낌을 줄 수 있으므로 간단한 사항 몇 가지만 이야기해 두고 연습 없이 하는 것이 좋다.

4_교육실습 후 점검

교육실습을 끝낸 후 다음 해에 교생을 가게 될 후배들을 위해 다음과 같은 점검 사항들을 보고 의견을 제시해 준다면 많은 도움이 될 것이다.

1) 교육실습의 준비

- 교육실습 기간은 1학기가 좋은가, 아니면 2학기가 좋은가?
- 몇 월에 하는 것이 더 바람직한가? (5월은 중간고사 및 행사가 너무 많기 때문)
- 실습학교 배정 시 실습생의 희망과 전공, 거주 지역은 고려되었는가?
- 실습생을 위한 실습 준비물은 잘 준비되었는가? (명찰, 실습일지, 실습안내책자 등)
- 실습일지의 체제와 내용, 매수, 크기, 글자체 등은 적당한가?
- 교육실습에 앞선 대학의 사전지도는 만족스러운가?

2) 교육실습의 진행

- 교육실습 도중 돌발 상황 발생 시 대처가 잘 이루어졌는가?
- 실습기간 동안 지도교수의 순회지도는 적절하게 이루어졌는가?

- 실습이 진행되는 동안 대학교와 실습학교에서 교육실습을 위해 지원해 주기를 원하는 것은?

3) 교육실습 후

- 성적처리는 객관적이고 공정하게 되었는가, 또 성적결과에 대해서 만족하는가?
- 실습학교는 만족스러운가?
- 실습학교의 지도교사의 지도는 만족스러운가?

(　　　　)과 교생 대표 연구 수업 협의록(예시)

○○○○학교

교생 성명 :　　　　지도교사 :　　　　㊞

1. 수 업 일 시 :　년　월　일　요일　교시

2. 협의회 장소 :

3. 참 석 인 원 : 총　　　명

(1) 교　생 :　　　명　(2) 재 학 생 :　　　명　(3) 교　사 :　　　명

(4) 대학교수 :　　　명　(5) 기　타 :　　　명

4. 협의내용

(1) 수업 교생 반성 -

(2) 질의 응답 -

(3) 협의 및 문제 해결(수업안 입안면, 학습 환경면, 수업 내용면, 학습 매체면)

(4) 참관 소감 발표(대표교생) -

(5) 지도조언 -

24

수업 참관록과 교육실습일지

이것만은 꼭!

- 수업 참관록에는 수업을 참관하면서 느낀 것을 자유롭게 기술하되 객관적 사실에 근거하여 수업을 비평하는 자세를 가지는 것이 바람직하다.
- 수업 참관록을 너무 지나치게 칭찬 일변도로 기술하거나, 반대로 감정적으로 아주 나쁘게 평가하는 것은 좋지 않다.
- 수업에 대한 비평할 때는 먼저 좋은 점부터 언급한 후, 좋지 못한 점에 대해서 기술하는 것이 좋다. 또한 전체적인 것을 먼저 언급한 후, 구체적인 사례를 제시하는 것이 바람직하다.
- 교육실습일지를 작성하면서 자신이 매일 수행하는 교육실습을 끊임없이 반성, 평가함으로써, 계속되는 다음 실습활동의 향상에 도움이 되도록 하여야 한다.
- 담임의 임무를 맡은 교육실습생은 학급담임 지도교사와 출·퇴근 및 기타 행동을 함께 함을 원칙으로 한다.

1_수업 참관 및 참관록 작성

1) 수업 참관이란?

- 수업 참관은 사전에 지도교사의 승인을 받아 실시하며 진지한 태도로 임해야 한다.
- 수업 참관은 크게 지도교사 수업 참관, 동 교과 교육실습생 수업 참관, 일반교사의 수업 참관으로 나눌 수 있다.
- 수업 참관의 일반적인 순서로는 먼저 지도교사 수업 참관이 이루어지고, 이후 동 교과 교육실습생 수업 참관을 하며, 마지막으로 일반 교사의 수업을 참관하게 된다.
- 동 교과 지도교사의 지도를 받는 교육실습생들은 의무적으로 상호 간 수업을 참관한다. 그리고 동 교과나 동일계 학과의 시범 수업, 연구 수업, 공개 수업은 의무적으로 참관하게 된다.
- 수업 참관 후에는 실습일지에 참관내용을 기록한다.

2) 수업 참관 어떻게 할까?

(1) 지도교사의 수업 참관 시에는 이렇게 해 보자!

- 사전 양해를 얻는다.
- 지도 내용에 대한 교과 연구를 충분히 한다.
- 교수 기술을 이론적으로 알고 있어야 한다.
- 수업 시작 5분 전에 참관 교실에 입실하여야 한다.
- 교사·학생 간의 상호 인사 때는 일어서야 한다.
- 참관 시에는 교실 내를 배회해서는 안 된다.
- 지도교사의 언어나 태도를 면밀히 관찰한다.
- 지도교사의 면을 보도록 노력한다.
- 참관 과정에서 수업 참관록을 세밀히 기록한다.

(2) 교과 교육실습생 수업 참관 시에는 이렇게 해 보자!

- 수업자의 입장에서 5분 전에 참관 교실에 입실한다.
- 수업자의 수업 준비를 도와준다.

- 상호 인사를 한다.
- 교실 내를 배회하거나 잡담을 하지 않는다.
- 수업 참관록을 충실히 기록한다.

3) 수업 참관록이란?

- 수업 참관록이란 교육실습생이 지도교사나 교과 교육실습생의 수업을 참관하고 느낀 것을 기술하는 일정한 형식의 기록지를 말한다.
- 수업 참관록은 크게 개요부분과 내용부분으로 구분된다.
- 개요부분에는 주로 참관한 일시, 학년반, 지도교과 및 단원, 지도교사, 지도교생(수업자), 참관교사 등을 기입하게 되어 있다.
- 수업 참관록 작성에 있어 실제로 중요한 부분은 내용부분으로 이는 교수활동, 학습활동, 평가활동, 학습 자료, 특기사항, 총평 등 크게 6가지 영역으로 구분할 수 있다.
- 이들 각 영역별로 참관에 필요한 내용을 보다 세부적으로 기술하고 있으며, 이를 바탕으로 우수한 점 및 개선할 점을 적을 수 있는 빈 칸이 제시되어 있다.

4) 수업 참관록, 어떻게 작성할까?

- 교육실습생은 수업을 참관하면서 이들 6가지 영역별 세부 참관 내용을 참고하며 우수한 점과 개선할 점을 자유롭게 기록하면 된다.
- 수업을 참관하면서 느낀 것을 자유롭게 기술하되 객관적 사실에 근거하여 수업을 비평하는 자세를 가지는 것이 바람직하다.

Q 수업 참관록을 작성하는 이유는 무엇입니까?

A 수업 참관록은 수업자의 수업에 대한 비평을 위한 자료가 되는 동시에 수업자의 수업에 대한 반성을 위한 동료 피드백의 자료로 활용된다는 점에서 중요하다.

Q 수업 참관록을 작성할 때 유의해야 할 점은 무엇입니까?

A 너무 지나치게 칭찬 일변도로 기술하거나, 반대로 감정적으로 아주 나쁘게 평가하는 사례들이 있다. 이러한 방법은 지양되어야 한다.

Q 수업 비평을 할 때 유의해야 할 점은 무엇입니까?

A 수업에 대해 비평할 때는 먼저 좋은 점부터 언급한 후, 좋지 못한 점에 대해서 기술하는 것이 좋다. 또한 전체적인 것을 먼저 언급한 후, 구체적인 사례를 제시하는 것도 하나의 센스일 것이다.

수업실습 참관 협의록(예시)

○○○○학교

<table>
<tr><td rowspan="3">수업자</td><td>교명</td><td colspan="2"></td><td>일시</td><td colspan="2"></td></tr>
<tr><td>교과</td><td></td><td>학년</td><td></td><td>단원</td><td></td></tr>
<tr><td>성명</td><td></td><td colspan="2">협의장소</td><td colspan="2"></td></tr>
<tr><td>협의요항</td><td>발표자</td><td colspan="4">발표내용</td><td>비고</td></tr>
<tr><td></td><td></td><td colspan="4"></td><td></td></tr>
</table>

수업 참관록

○○ 고등학교

일시	(　)월 (　)일 (　)교시	학년반	(　)학년 (　)반
지도교과 및 단원	학년	지도교사	
지도교육실습생 (수업자)		참관교사	㉦

영역	참 관 내 용	우수한 점 및 개선할 점
교수 활동	·본시의 지도목표는 적절히 제시되었는가? ·도입, 전개, 정리, 평가 단계를 관련성 있게 진행하고, 각 단계별 시간배분은 적절한가? ·교과와 학습내용의 특성에 알맞은 교수·학습과정을 적용하였는가? ·학습 효과를 높이기 위해 개별학습, 소집단 학습, 일제학습이 유기적으로 연결되었는가? ·발문은 적절하며 발문에 대한 피드백은 교육적으로 이루어졌는가? ·판서가 구조화되어 학생의 이해를 돕고 있는가? ·학생들의 의사를 존중하고 수용하는 허용적인 분위기가 조성되어 있는가?	
학습 활동	·학습준비(자료, 용구 등)가 잘 되어 있는가? ·학습목표를 잘 파악하고 있는가? ·학습활동을 잘 이해하고 있으며, 학급 전체 학생이 능동적으로 참여하고 있는가?	
평가 활동	·진단평가, 수행평가, 형성평가 등 평가를 적절한 시기에 실시하며 방법은 효과적인가? ·학습목표를 성취한 학생과 성취하지 못한 학생에 대한 보충 심화 조치는 적절했는가? ·평가결과는 환류되고 있는가?	
학습 자료	·학습 지도에 유용한 다양한 자료를 학습 상황에 따라 적시에 제시하여 효율적으로 활용하였는가? ·교사가 창의적으로 제작한 교재로서 학생들의 학습에 대한 동기유발을 일으키고 있는가?	
특기 사항	·학습 분위기는 자연스럽고 활기찬가? ·학습 환경(청소, 정돈, 환기, 채광, 온도, 교구배치 등)은 교육 효과를 높이도록 조성되었는가? ·교수용어, 용의, 음성, 거동, 유머 등이 적절한가?	
총평		

수업 참관록

수업자	교명	(중)고등학교			일시	년 월 일(요일) 차시
	교과		학년반		단원	
	성명				주제	
지도교사					참관자	

단계	착안점	참관소감
계획	·학습 환경 조성 ·학습 지도 계획(시간, 지도 내용) ·교수·학습안(체제, 교재연구) ·출발점 행동	
지도	·학습목표 및 학습과제의 제시 ·내용에 따른 수업 형태 ·개인차를 고려한 수준별 학습활동 ·교수 용어의 정확성, 유창성 ·효율적 학습 자료 활용 ·발문 기교 ·학습 의욕 및 참여도 ·학습 정착(전이 및 강화) ·질의응답, 요약, 정리, 환류	
발전	·형성평가(계획, 실시 방법, 요소) ·심화, 보충, 정착 활동(수준별) ·평가 결과의 처리 및 활용	
종합소감 및 개선점		

2_교육실습일지 작성

1) 교육실습일지란?

- 교육실습일지란 교육실습의 과정과 절차에 따르는 참관, 지도, 협의 및 소감, 반성 등 일련의 교육실습 활동을 기록하도록 만들어진 일지를 말한다.
- 교육실습 학생은 실습 중에 실습한 내용과 상황을 교육실습일지에 매일 기록하고 그 반성과 감상을 서술해야 한다.
- 교육실습 학생은 자신이 매일 수행하는 교육실습을 끊임없이 반성, 평가함으로써 계속되는 다음 실습활동의 향상에 도움이 되도록 하여야 한다.

2) 교육실습일지 어떻게 작성할까?

- 교육실습생은 실습 중에 지정된 교육실습일지를 사용하여 매일 교시별로 다음 요령에 의하여 정확하고 상세하게 기록한다.
  - 특별 강화 내용, 전달 사항 및 훈화 내용(조·종례 지도(전달, 훈화))
  - 학습지도 및 참관 내용(학습 지도의 실제 및 반성)
  - 연구 관찰 기록
  - 학생 생활지도 및 학급경영
  - 지도교사 조언(지도 사항)
  - 반성 및 소감
- 일과 중 교과활동(수업실습, 참관실습)이나 생활지도 및 특별활동, 기타 학생들의 생활의 전반적인 내용을 기록하되, 관찰실습의 소감이나 수업실습 내용은 특별히 상세히 기록하여 자신의 역량을 높이고 자기반성의 자료로 활용한다.
- 실습일지는 매일 출근 때 지도교사에게 제출하여 검토와 날인을 받고, 퇴근 때 받아 가며, 지시에 따라 교육실습생 지도계에 제출하여 1주일에 한 번씩 교장선생님까지 결재를 받는다.

Q 교육실습일지를 작성하는 이유는 무엇입니까?

A 교육실습일지에 기록한 내용은 교육실습 학생 자신의 실습에 대한 자기 평가인 동시에 교육실습을 지도하는 교사 및 학교 측의 반성, 평가의 자료가 된다. 그리고 교육실습 기간 동안에 보고 느낀 학교 교육활동과 실습활동에 대한 소감과 반성은 교직생활의 영원한 추억과 지표가 될 수 있다.

Q 교육실습일지를 작성할 때 유의해야 할 점은 무엇입니까?

A
- 교육실습일지를 쓸 때는 모든 일과를 시간의 흐름에 따르고, 맞춤법, 띄어쓰기, 용어 등에 유의하여 객관적 사실과 느낀 점을 자유롭게 기록한다.
- 선입관을 버리고 있는 그대로 일지를 작성한다.
- 막연한 눈으로 보지 않고, 그날그날 장면에 따른 관찰 사항을 미리 설정하고 관찰에 임하여 작성한다.
- 관찰된 사항은 반드시 요령 있게 기록하고, 관찰된 사항을 활용하도록 노력하여야 한다.

교육실습일지

년 월 일 요일 날씨

지도교사	부 장	교 감	교 장

오늘의 계획	• 직원회의의 내용 및 전달 사항을 기록한다. • 오늘의 학습지도 및 생활 지도 계획을 기록한다.
참관 · 협의	• 수업 참관 시 수업 담당교사의 수업 상황에 대한 참관 소감을 기록한다. • 직원회의 이외의 각종 협의 내용을 기록한다.
학습 및 생활 지도	• 실습자 자신이 실제 실시한 수업 내용을 기록한다. • 매일 학급경영, 생활 지도, 수업 참관, 수업 실시 등에 관하여 조언을 듣고 이 난에 빠짐없이 기록한다. • 학생을 관찰한 결과를 기록한다.(누가, 언제, 어디서, 무엇을, 어떻게, 왜) • 개별 상담 내용, 지도상황 및 학생전체 모임에서 일어난 상황도 요약하여 기록한다. • 참관실습이나 실무실습의 경우 그 내용을 이 난에 기록한다.

반성 및 소감		지도교사조언	
	• 하루의 실습생활에 대하여 좋았던 점과 시정해야 될 점을 기록한다. • 실습학교에 대한 비판은 가급적 쓰지 않는다.		

3) 대안적 교육실습일지 : 셀프 내러티브 탐구

- 교육실습에서 가장 중요한 것은 현장 경험에 대한 반성적 사고를 통해 실천적 지식을 구축하는 것이다.
- 인간의 경험은 형식적인 틀보다는 자유로운 이야기를 통해서 더욱 잘 드러난다.
- 교육실습 동안에 경험하게 되는 것을 이야기하고 다시 이야기하는 과정, 즉 경험된 이야기를 다시 살펴보는 과정을 통해 경험에 대한 의미를 재구성할 수 있게 된다.
- 따라서 형식적인 교육실습일지와 병행하여, 자신이 겪었던 이야기를 자유롭게 기술하는 대안적 교육실습일지도 적어 보자.
- 교육실습을 하는 동안 경험하게 되는 것들을 이야기로 써내려 가는 작업은 진정으로 자신을 반성할 수 있는 좋은 기회가 될 것이다.
- 학생들에게는 학습일지를 적도록 유도해 보자.
- 수업 후에 학생들은 학습일지를 통해 수업에서 수업에 대한 느낌, 쉬운 내용과 어려운 내용, 자신의 수업 태도에 대한 반성, 수업할 때 교생 선생님께 하고 싶은 말을 통해 수업에 대한 느낌이나 고충 및 불편한 점에 대한 목소리를 드러낸다.
- 교육실습생은 학습일지를 통해 학생들의 수업에 대한 목소리를 듣고 보다 나은 수업을 위해 반성하고 고민할 수 있게 된다.

〈교육실습일지〉

날짜: (　　)년 (　　)월 (　　)일
학년: (　　)학년 (　　)반 (　　)교시 수업. (참관 수업, 본인 수업, 학생지도, 기타)선택

(예시)

오늘 드디어 1학년 2반 수업인데, 처음이다. 3학년과는 달리 1학년은 완전 지리 수업이다. 1학년이라서 많이 걱정됐다. 수준도 모르고, 이것저것 걱정거리가 막 떠오른다. 그래도 빠듯하지만 여러 자료도 준비하고 수업에 들어갔다. 그런데 이게 웬일인가. 완전 수업 분위기가 너무 산만했다. 이전 수업 시간이 체육 시간이라 피곤하고 지치고, 그런 것도 있겠지만 이건 활발한 것을 지나쳐 너무 산만하다. 그래도 자기네들하고 처음 수업하는 선생님이 앞에서 수업하는데 집중은 안하더라도 적어도 떠들지는 말아야 할 것 아닌가. 자세도 가지각각이다. 옆으로 앉은 학생, 아예 대놓고 뒤를 돌아보고 얘기하는 학생, 자는 학생 등……. 떠들기만 하지 않았으면 좋겠다. 너무 당황스러워 애들을 어떻게 지도해야 할지 모르겠다.

(중략)

5분을 남겨두고 형성평가를 하기엔 너무 시간이 빠듯하다. 학습일지도 나눠줘야 하는데 영 시간이 부족하다. 그래서 형성평가와 보충, 심화를 급하게 끝내고 학습일지를 작성하는 도중에 종이 치는 바람에 실장에게 마저 작성해서 청소 마치고 교육실습실로 갖다달라고 했다. 이건 아닌 것 같다. 1학년 애들한테 너무 실망했다. 아이들에게 화도 났지만 당황스러움이 더 컸고 너무 어이가 없어서 헛웃음까지 나왔다. 오늘 수업은 너무나 악몽 같았기에 애들이 학습일지에 어떤 말을 적었을지는 사실 궁금하지도 않았다. 내 예상으로는 당연히 엄청 부정적인 말을 많이 적었을 거라고 생각했다. 근데 예상외로 좋은 말들이 많다.

〈나의 학습일지〉

날짜: (　)년 (　)월 (　)일. (　)교시. (　)학년 (　)반 이름:(　　　)

*수업에 대한 느낌 부분

1. 오늘의 ○○ 수업에 대한 느낌은 어땠나요?

*수업의 내용과 이해 부분

2. 오늘 수업한 부분은 어떤 내용 이었나요?제목:오늘 새롭게 배운 내용

제목:	
오늘 새롭게 배운 내용	

3. 그러면 오늘 배운 내용 중 이해가 잘 된 것과, 어려운 것은 어떤 부분이었나요?

이해가 잘된 내용	
이해가 어려웠던 내용	

*수업에 대한 평가와 반성 부분

4. 오늘 수업에 대한 나 자신과 친구들의 태도와 반성할 점을 적어 볼까요?

학급 분위기	
나의 태도	
오늘 수업에 대해 반성할 점	
선생님께 하고 싶은 말	

3_학급담임 교생의 임무

1) 학급담임 교생은 무엇을 해야 하나?

- 담임의 임무를 맡은 교육실습생은 학급담임 지도교사와 출·퇴근 및 기타 행동을 함께 함을 원칙으로 한다.
- 직원 조회에는 각반 임시 담임 및 전체 대표가 참석하여 학생에 대한 전달사항 및 교내의 소식을 주지시키고 학급 조례 및 종례를 실시한다.
- 교육실습생 대표는 다른 실습생들에게 직원회의 때의 전달사항을 전달한다.
- 각반 임시 담임의 임무
  - 학생들의 출결상황 파악
  - 자율학습 지도, 독서지도, 좋은 학습 분위기 조성, 여가 선용에 대한 지도
  - 청소 및 환경정리 지도(교실 및 특별구역 청소 지도-아침 청소, 종례 후 청소)
  - 학급 시설·비품의 관리 지도
  - 급식 지도-질서 지도, 위생 지도, 배식 지도

25

교육실습 성적 평가

이것만은 꼭!

✔ 교육실습생이 수업에 임할 때는 수업 2일 전에 수업안을 지도교사에게 제출, 지도를 받아야 한다.

✔ 교육실습생들은 근무지를 무단으로 이탈하는 행위는 일절 금하며, 예외의 경우에는 학교장의 승인이 필요하다.

✔ 교육실습생의 연구수업은 실습 마지막 주에 실시하고, 전체 대표와 과 대표의 2종으로 진행한다.

가르치는 기술 | 학급경영 | 생활지도 | 교육실습 유의사항 | 부록

1_교육실습 관련 규정

- 교육실습생 지도 규정
  - 첫 주에는 실습과 관련된 오리엔테이션을 실시하고, 필요할 경우 교사의 시범 수업을 참관함
  - 교육실습생이 수업에 임할 때는 수업 2일 전에 수업안을 지도교사에게 제출, 지도를 받아야 함
  - 교육실습생이 조퇴 또는 외출을 하고자 할 때는 지도교사의 허락을 받은 뒤 교생계의 승인을 얻어야 함
  - 교육실습생들은 근무지를 무단으로 이탈하는 행위는 일절 금하며, 예외의 경우에는 학교장의 승인이 필요함
  - 교육실습생은 교육실습일지(특별 강화, 전달, 훈화 내용, 학습지도 및 참관 내용, 학생 생활지도 및 참관 내용, 학생 생활지도 및 학급경영, 지도교사 조언, 반성 및 소감 등)를 기록하여야 함
  - 지도교사는 실습기간 중 교육실습생에게 과제물을 부과할 수 있음
  - 교육실습생의 연구 수업은 실습 마지막 주에 실시하고, 전체 대표와 과 대표의 2종으로 진행함
  - 과목별 연구 수업 협의회는 당일 연구 수업 후 개최하고, 협의록을 작성하여 지도교사의 확인을 받아 교생계에 제출하여야 함
- 교육실습생 성적 관리 규정
  - 수료자는 80점 이상을 부여하고, 절대평가를 시행함
  - 전체 대표 및 과 대표 연구 수업을 한 교생에게는 가산점을 줄 수 있음
  - 가능한 한 동점자가 나오지 않도록 성적 분포가 산출됨

성적 감점 처리 대상

_이원목적분류표 및 고사 원안 미제출 교생

_학습 자료전에 불참한 학과의 교생 전원

_대단원 수업안 미제출 교생

_결석 1일(지각 3회, 조퇴 3회)에 1점씩 감점이며, 출석일수의 1/4 이상 결석 시는 실격

_정당한 사유 없이 지도교사의 지시를 불이행한 교생은 90점 미만으로 평가

- 교육실습이 종료된 후 각 교과 지도교사는 교육실습생의 성적을 각 학교에서 규정된 방법에 따라 평정하도록 함
- 교육실습생의 성적평가는 교과 지도교사와 담임 지도교사의 평가를 합산하여 산출함
- 절대평가 방식으로 80점 미만은 실격 처리함

평가 요목(평가자)

_근무 태도 (교과 지도교사)

_자질(교과 지도교사)

_학습 지도능력(교과 지도교사)

_연구 조사활동(교과 지도교사)

_학급 운영 및 사무 처리 능력(담임 지도교사)

- 교육실습생 표창 규정
  - 전체 지도교사 협의회의 심사를 거쳐 학교장의 재가를 얻어 표창 대상자가 선발됨

표창 대상자의 자격

_교육실습 기간 중 성실히 근무하여 실습 성적이 탁월한 자

_전체 대표 또는 과 대표 연구 수업을 담당하면서 훌륭한 성과를 거양한 자

_이 외에 학교장이 필요하다고 인정하는 경우에 해당하는 자

2_유의사항

- 근무 관련 - 교원 윤리 강령 및 교육실습규정을 준수함

근무 규정 및 결근 처리 관련

_퇴근 시간은 해당 학교 교사와 동일하게 적용됨(실습 근무 상황표 날인 등)

_실습 근무 상황표는 매일 날인, 교과 지도교사의 확인을 받고, 실습이 종료된 이후에는 대학에 제출함

_결근 시 결근계를 제출하여야 하고, 무단 결근 3일 초과 시에는 교육실습 사정에서 제외됨(무단 지각, 조퇴, 결과 3회는 결근 1일로 간주)

- 일반 생활 태도 관련
  - 상시 명찰 착용 및 실내화 사용
  - 단정한 복장 및 모범적인 언행 사용 필수, 학교 내 핸드폰 사용은 가급적 자제함
  - 교내에서 흡연과 음주는 금지
  - 학생들과 사적인 만남은 금지되며, 개별적인 학생 지도는 학교의 동의가 필요함
  - 교육실습생 상호 간에 예의 준수, 서로 존칭을 사용하도록 함
  - 교육실습생은 임의로 학생에게 벌을 줄 수 없음
  - 실습학교의 기밀 및 학생의 비밀을 누설해서는 안 됨

Q 교육실습 성적 평가를 담당하는 주체는 누구인가요?

A 교과 지도교사와 담임 지도교사 모두 평가를 담당한다.

Q 교육실습 성적 평가 시 평가 요목은 어떤 것인가요?

A 학교나 실습 시기에 따라 그 평가 요목은 변경될 수 있으나 대체적으로 다음과 같은 요소들이 평가된다. 즉 교생의 근무 태도, 자질, 학습 지도능력, 연구 조사활동, 학급 운영 및 사무 처리 능력 등이다.

Q 교육실습 성적 평가 시 평가 준거는 무엇인가요?

A 교육실습 수료자에게는 80점 이상을 부여하도록 되어 있고, 준거참조평가(절대평가)를 사용한다.

Q 교육실습 성적 평가 시 출결 상황은 어떻게 반영되나요?

A 결석 1일은 지각 3회, 조퇴 3회에 해당하며, 결석 1일당 1점씩 감점이 된다. 또한 출석일수의 1/4 이상 결석 시는 실격이 된다.

Q 교육실습 동안 근무 시간은 어떻게 되나요?

A 출·퇴근 시간은 해당 학교 교사와 동일하게 적용된다. 또한 결근 시 결근계를 제출하여야 하고, 무단 결근 3일 초과 시에는 교육실습 사정에서 제외된다.

Q 교육실습 동안 복장 및 근무태도와 관련된 특별한 주의사항이 있나요?

A 단정한 복장 및 모범적인 언행을 사용하고, 가급적 학교 내에서 핸드폰 사용은 자제하도록 한다. 또한 학생들과 사적인 만남은 가급적 제한하고, 교육실습생 간에도 예의를 지키는 생활태도가 필요하다.

가르치는 기술

학급경영

생활지도

교육실습 유의사항

부록

지도학생의 평가

본인이 지도한 학생(학급)에 대한 평가입니다. 학생들의 평가는 크게 학습태도, 동기, 성취도, 학교적응 측면 등으로 구분되어 있습니다. 전혀 그렇지 않다(1점)~매우 그렇다(5점)로 평정하십시오.

영역	평가 내용	1	2	3	4	5
학습 태도	① 학생들은 예습, 복습을 충실히 한다.					
	② 학생들은 수업 시간에 늦지 않고, 수업에 열중한다.					
	③ 학생들은 수업 내용이 이해가 되지 않을 때 적극적으로 질문을 한다.					
	④ 학생들은 학교에서 부과되는 과제를 성실히 수행한다.					
동기	① 학생들은 학업에 흥미를 갖고 있다.					
	② 학생들은 공부하는 것이 자신의 장래에 도움이 될 것이라고 생각한다.					
	③ 학생들은 자기 주도적인 학습능력을 갖고 있다.					
	④ 학생들은 열심히 공부하면 성적이 오를 것이라고 믿는다.					
성취도	① 대부분의 학생들은 기초학력 이상의 성취도 수준을 갖고 있다.					
	② 내가 담당한 학급에는 기초학력 미달, 즉 수업 이외에 특별 지도가 필요한 학생들이 있다.					
학교 적응	① 학생들은 친구들과 좋은 관계를 가지고 있다.					
	② 학생들은 어려운 일이 있을 때 적극적으로 교사와의 상담을 요청한다.					
	③ 학생들은 학교 환경이나 학교 정책에 만족하고 있다.					
	④ 학교에서 부과되는 과제가 많다고 생각한다.					
	⑤ 학생들은 학교 수업 내용이 어렵다고 생각한다.					

교육실습에 대한 자기평가

교육실습이 종료된 지금 자신에 대한 평가입니다. 다음 내용에 대하여 전혀 그렇지 않다(1점)~매우 그렇다(5점)로 평정하십시오.

영역	평가 내용	1	2	3	4	5
근무 태도	① 교과/담임 지도교사의 지도를 성실히 따랐다.					
	② 출퇴근 시간을 준수하고, 지각, 조퇴, 결근을 하지 않았다.					
	③ 모범적인 언행과 성실한 자세로 교육실습에 참여했다.					
생활 지도	① 담당 학생들과의 개인적인 면담이나 집단 상담 등 학생 파악을 위한 노력을 하였다.					
	② 학생들의 학교적응을 돕기 위하여 노력하였다.					
	③ 학생들의 심리적 어려움이나 학습 도움을 위하여 노력하였다.					
수업 준비	① 수업 준비를 위하여 교재 내용 및 관련자료 등을 충분히 분석하였다.					
	② 현직 교사들의 수업을 참관하며 자신의 수업 준비를 위한 정보를 수집하였다.					
	③ 다양한 수업 자료(차트, 그림, 사진, 동영상 등)를 준비하였다.					
수업 방법	① 수업에서 학습할 내용이 이전에 알고 있던 지식과 어떤 관련이 있는지 제시하였다.					
	② 수업 시작 시 학생들의 주의를 집중시켰다.					
	③ 수업 내용을 명확하고 쉽게 제시하였다.					
	④ 수업 시작 시 강의의 목적을 제시하였다.					
수업 진행	① 수업 내용들 중 핵심적인 부분을 충분히 강조하였다.					
	② 수업 시간에 다룰 내용을 포괄적으로 제시하였다.					
	③ 학습내용을 학생들이 분명히 이해하도록 표현하게 설명하였다.					
	④ 수업이 끝날 때쯤 수업 시간에 배운 내용을 정리해 주었다.					
	⑤ 질문 등을 통해 학생 개개인의 생각들을 발표할 수 있는 기회를 자주 만들었다.					
	⑥ 차트, 그림, 사진, 동영상 등 다양한 자료를 사용해서 수업 내용을 설명하였다.					
수업 중 학생 관리	① 학생들이 질문한 내용이나 발표한 의견을 존중해 주었다.					
	② 학생들이 자유롭게 의견을 발표할 수 있도록 편안한 분위기를 만들어 주었다.					
	③ 수업 중 학생들을 골고루 살펴보았다.					
	④ 학생에 대한 따뜻하고 열의 있는 마음을 가지고 있다.					
	⑤ 수업 내용 중 중요한 부분에서 목소리를 높이거나 몸동작을 크게 해서 내용을 강조하였다.					

교육실습에 대해 전체적으로 반성하기

교육실습을 마치며

전공 :
이름 :

1. 교육실습을 하면서 좋은 교사의 자질은 무엇이라고 생각하였습니까?

2. 교사의 자질 중 본인에게 가장 부족한 혹은 필요한 점은 무엇이라고 생각하였습니까?

3. 교육실습의 경험 중 본인이 가장 유용하였다고 생각한 점, 가장 크게 배웠던 점은 무엇이었습니까?

4. 이번 교육실습 기간 동안 가장 아쉬웠던 점은 무엇이었습니까?

5. 바람직한 교육실습이 되기 위하여 아래에 제시된 관련 주체들에게 필요한 점은 무엇이라고 생각하였습니까?

- 실습자(본인)

- 실습학교

- 경북대 사범대학(학교, 교수)

- 담당 지도교사

26

교과별 창의·인성 교육

다음에 제시되는 내용은 한국에서 정책적으로 강조하는 문용린 외(2010)의 보고서에서 참고한 것들이다. 창의·인성 교육 요소는 다음과 같다.

창의성과 인성을 겸비한 인재

창의성 교육 요소			인성 교육 요소		문화 및 풍토 요소	
인지적 요소	성향적 요소	동기적 요소	인간관계 덕목	인성 판단력	학급 요소	학급 요소
·사고의 확장 ·사고의 수렴 ·문제 해결력 ·지식	·독립성 ·개방성	·호기심/흥미 ·몰입	·정직 ·약속 ·용서 ·책임 ·배려 ·소유	·도덕적 예민성 ·도덕적 판단력 ·의사 결정 능력 ·행동 실천력	·교육 방법 ·교육 철학	·학교 문화 및 분위기 ·학교운영 방식(창의 체험활동 중시)

〈그림〉 문용린 외(2010) 연구의 창의·인성 교육의 기본틀과 핵심요소

1_국어과

◎ **창의·인성 개념:** 정체성의 형성, 타인과의 소통, 언어적 의미 구성에 관한 자질임. 국어 교과의 내적 논리에 적합한 주체적 언어 인식과 유연한 사고, 공감적 소통, 창의적 언어 표현, 그리고 국어 문화 창조를 창의·인성 교육의 기본목표로 삼고 있음[1](교사들은 배려, 비판적 사고, 감수성이 관련성이 가장 높다고 보고하고 있음).

◎ 국어과 창의·인성 요소 및 교육 방법

창의·인성요소	교육방법	예시
비판적 사고	토의/토론, 탐구/발견학습	• 대중문화에 대해 비판하기(예: 내가 좋아하는 대중가요의 가사를 PMI기법으로 분석하기) • 비판적 시각으로 문학작품 읽기(예: 왜 공주는 모두 백인일까?) • 소설 속 인물 중 자신의 성격과 정반대인 인물의 입장이 되어 딜레마 다루기(예: 햄릿이 되어 당장에 결정이 필요한 문제 해결하기)
논리/분석적 사고	탐구/발견학습, PBL	• 문학 속 인물들의 유사점과 차이점 비교하기 • 분석적인 글쓰기(예: 똥 싸는 과정 자세한 단계로 묘사하기)
상상력	CPS, 프로젝트 수업, ICT	• 소설 속 주인공이 되어 문학작품 써보기(예: 상록수의 주인공 박동혁과 채영신이 되어 시대상황을 반영한 고백의 편지 써보기) • 새로운 한글단어 만들기(예: 세종대왕이 되어 다문화 가정, 탈북 청소년 등 현 시대의 소외된 이웃을 설명할 수 있는 예쁜 단어를 만들어보기) • 장애, 갈등상황 등을 극복하는 연출노트, 캐스팅, 시놉시스 등을 만들어보기 • 상상 속 이야기 꾸미기(예: 이야기 세계에 들어가기)
유추/은유적 사고	창의적 사고기법, 협동학습	• 문학 속의 갈등을 다양한 유추활동을 통해 해결해보기(시네틱스) • 언어적 유희활동하기(예: 지정된 5~6개 단어를 반드시 사용하여 일기 쓰기, 공포의 쿵쿵따)

1_ 출처: 우한용(2011). 고등학교 국어 교사용 지도서(상, 하). 서울: 두산동아.

확산적 사고	PBL, 창의적 사고기법	• 문학 속의 인물을 현실로 이끌어 내기(예: 춘향이가 살아있다고 가정하고 서사 만들어보기) • 고전문학을 다른 장르로 변화시켜서 전개해보기 • 좋아하는 문학작품의 후속편 만들기
감수성	토의/토론, 역할놀이	• 감동을 발견하여 전달하고 공유하기 • 폭력적 수단을 제외하고 친구 웃겨보기(울려보기) • 딜레마 속 모든 문제를 감정과 정서적 사고만으로 평가해보기(예: 육색사고모 활동 중 빨간색 모자 사고에 집중해보기)
다양성, 개방성, 복합적 성격	협동학습, 역할놀이	• 집단창작활동을 통해 메타역할 경험하기 • 우리말의 다양성에 대해 재발견하기(예: 삼국시대 사람들의 대화 재현하기) • 자신이 가장 참기 힘든 비판을 적고 이를 수용하고 극복하기 위한 구호 만들기
독창성	탐구/발견학습	• 문학 속의 독창적인 인물 찾기 • 독특한 표제어(급훈, 가훈, ID 등) 만들기
몰입	협동학습, 프로젝트 수업	• 문학작품을 읽고 동영상(여와예고편) 제작하기 • 나만의 단어사전 만들기
배려	체험활동, 시나리오 수업	• 문학작품의 등장인물의 입장에서 다양한 결과의 시나리오 만들어보기 • 모든 등장인물의 직업적 체험해보기
책임	딜레마토론, 프로젝트 수업	• 문학작품 속에서 딜레마를 도출하고 찬반으로 나누어 이유와 근거를 주장해보기 • 딜레마토론의 내용에 근거하여 연극, 포토드라마 등을 제작해보기
약속	시나리오 수업 프로젝트 수업	• 문학작품 속에서 약속과 의무의 내용 찾기 • 고전문학 속에서의 약속을 현대화하여 작품으로 구성해보기 • 약속을 잘 지킨 위인들의 예를 찾고 그들을 대표하는 성격, 강점 등을 한 문장으로 표현하기
도덕적 예민성	시나리오 수업, 역할놀이	• 첨예한 갈등 속에서의 등장인물 바꾸어 시나리오 만들기(예: 위험한 일을 하지 못하게 하려는 부모와 타인을 위한 돕기 행동을 하려는 자녀 사이의 갈등) • 한국판 '레미제라블' 만들기

출처: 문용린 외(2010). 창의·인성교육 활성화 방안 연구. 한국과학창의재단 정책연구 2009-019.

2_영어과

◎ **창의·인성 개념:** 생각을 무한히 표현하고 새로운 상황에 적절히 반응하고 새로운 문장을 만들 수 있는 능력(배려, 확산적 사고, 다양성이 관련성이 가장 높다고 보고하고 있음).

◎ **영어과 창의·인성 요소 및 교육 방법**

창의·인성요소	교육방법	예시
확산적 사고	PBL, CPS, 토의/토론	• 최신의 해외 핫 이슈에 대해 서로 다양한 의견 나누기 • 훌륭한 인격을 표현하는 영어 단어를 사용하여 나를 표현하는 에세이 쓰기(예: responsible, honest, royal) • 주어진 단어들을 이용해 완전한 문장 만들기
문제해결력	PBL, CPS, 토의/토론 프로젝트 수업	• 외국인에게 우리 문화를 알리는 가이드북 만들어보기(예: 한국의 유적지에 대한 영문 브로슈어 만들기) • 영어로 된 한국음식 조리법(레시피) 만들기 • 일상에서 흔히 쓰이는 잘못된 영어표현 찾아 올바른 표현으로 고쳐보기(예: after service, A/S → after-sales service)
상상력, 은유/유추적 사고	탐구/발견학습, PBL, 역할놀이 창의적 사고기법	• 가고 싶은 나라를 여행했다고 가정하고 기행문 써보기 • 영문 문학작품 읽고, 스토리 재구성해보기(예: '로미오와 줄리엣'의 스토리를 재구성해보며 당연하게 받아들였던 문학작품의 의미를 되짚어 봄) • 영어 표현이 없는 한국어 단어로 새로운 영어단어 만들어보기
다양성, 개방성	협동학습, PBL 통의/토론, 프로젝트 수업	• 자신의 영어에 관한 과거 경험 공유하기(예: 여행지에서의 영어에 관한 에피소드 등) • 영어를 사용하는 다양한 나라의 문화를 비교해보고 공통점과 차이점에 대해 이야기해보기 • 영어속담 찾아보기(예: 한국 속담과 비슷한 영어권 나라의 속담 찾아 비교해보기)
흥미, 호기심	탐구/발견학습, 협동교수, 실습	• 재미있는 영어단어 및 표현 찾아보기 • 영어단어의 어원에 대해 알아보기 • 영어단어 게임하기(예: 주어진 알파벳으로 단어 많이 만들기, 팀 나누어 영어 스피드 퀴즈하기) • 영어연극 공연하기

끈기	탐구/발견학습, PBL, 협동학습	• 말이 아닌 몸으로만 영어단어, 속담 설명하기 • 영어일기 쓰기 • 조별로 영어단어 가로세로 퍼즐게임을 풀 때 전자사전이 아닌 종이사전만을 사용하기 • 영어 학습 일일계획표 만들고 점검하기
배려	역할놀이, 프로젝트 수업	• 외국인의 입장에서 모르는 장소에 왔을 때의 감정이나 기분 이해하기(예: 한국말을 전혀 사용하지 않고 영어로만 길 찾기나 교통편 알아보기) • 외국인에게 꼭 안내해주고 싶은 한국어 명소나 자신의 학교에 대해서 영어 안내책자 만들기(예: 관광안내책자, 지역소식지 등) • 장애우를 표현하는 영어단어를 찾아보고 한글단어와의 느낌 차이를 발표하기
책임	협동학습, 체험활동	• 모둠별로 친구에게 서로 영어 학습 도움 주기(예: 문장, 문법, 단어 등 공부 방법 공유하기) • 빈곤층이나 영어학습의 기회가 박탈된 계층에게 영어 지도하기(예: 단어카드 만들어 제공하기 등) • 창의적 체험활동 후 감상문을 영어로 작성하기
도덕적 판단력	체험활동, 시나리오 수업	• 영화 속 도덕적인 판단이 내려지는 장면의 대화들 중 가장 감동적인 순간 찾아 적기(예: 영화 쉰들러리스트의 쉰들러가 유대인들을 구하기로 결정하는 장면들을 보고 감동적인 대사를 하나씩 찾아 적어보기) • 문학작품 속의 등장인물이 되어 다른 등장인물에게 영어 편지 쓰기(입장 전달하기) • "IF~" 극본 쓰기(예: 레미제라블과 같은 도덕적 상황이 포함된 작품에서 결과나 중간부분의 내용을 영어로 바꾸어보기)

출처: 문용린 외(2010). 창의·인성교육 활성화 방안 연구. 한국과학창의재단 정책연구 2009-019.

3_독어, 불어과

◎ **창의·인성 개념:** 언어표현능력과 상호문화이해에 기초한 다양한 문화에 대한 관용 및 개방적 실천 능력(배려, 상상력, 다양성이 관련성이 가장 높다고 보고하고 있음).

◎ **제2 외국어과 창의·인성 요소 및 교육 방법**

창의·인성요소	교육방법	예시
창의적 표현능력	토의/토론, 프로젝트 수업	• 상호문화성 이해 및 수행역량 • 다각적인 수업 접근 능력 함양
수행적/ 표현 역량	자기주도적 학습과 발표	• 개별 학습자들의 의견 및 주장 표현 방식 강조
(다)매체 활용 역량	ICT와 웹 활용기반 학습	• 웹 콘텐츠 제작 및 편집, 역할극 활용 대화 구문 재현 및 반복 연습
유비추리적 수행 능력	다각적인 상상 기반 그룹 역동 학습, 상호피드백	• 유사성과 공통점 비교를 통한 언어 능력 함양능력
상호문화성	목표언어의 문화이해 및 전달학습	• 목표언어의 문화체험 기반 능력 함양
감수성	토의/토론, 역할놀이	• 감동 전달과 공유 • 공감해보기
다양성, 개방성, 관용적 특성	그룹 학습, 상호 경청과 긍정적 피드백 돌려주기	• 개별적 언어 표현의 공감 및 존중 활동 경험 • 언어 속의 인간 및 문화이해
상호 의사소통 역량	수업목표언어의 상호 의사소통 역량 학습	• 대화내용 상호소통적 능력함양

제7차 수정교육과정안 토대 구성(안)

4_사회과(역사, 지리, 일반사회 포함)

◎ **창의·인성 개념:** 사회 현상 및 역사적 사실을 분석하고 비판·종합할 수 있는 능력, 과거의 사실에 대한 흥미와 호기심, 역사적 상상력, 문제해결능력(공정성, 문제해결력, 다양성이 관련성이 가장 높다고 보고하고 있음).

◎ 사회과 창의·인성 요소 및 교육 방법

창의·인성요소	교육방법	예시
문제해결력, 문제발견	프로젝트 수업, PBL, 창의적 사고기법, ICT	• 역사적 이슈에 대해 동영상 제작해보기(예: 독도 문제 해결 방법, 김정호의 죽음에 관한 미스터리) • 지역의 환경문제 생각하기(예: 트위터를 활용하여 쓰레기 무단 투기를 고발하고 해결방안 모색하기)
논리/분석적 사고	프로젝트 수업, 협동교수, 창의적 사고기법	• 우리학교 역사쓰기(예: 교복, 두발, 교칙의 변화 조사하기) • 문학 속에 숨은 지리 찾기(예: 동화 속 배경지의 지리적 요소 찾기) • 광고의 역/순기능 살펴보기(평가행렬법)
비판적 사고	토의/토론, 협동학습	• 뉴스, 신문 내용에 대해 비판적으로 평가하기(예: 사설을 통한 두 신문의 논조 비교하기) • 독도 영유권에 대한 일본교과서 속 역사 왜곡의 문제점에 대해 비판하고 비슷한 사례 찾기 • 역사 속 이기적 서술에 대해 조사하기(예: 신대륙 발견 혹은 십자군원정에 대해 재조명해보기)
확산적 사고, 상상력/시각화 능력	CPS, 창의적 사고기법, 프로젝트 수업	• 세계에 잘못 알려진 우리나라 정보를 찾아내고 한국을 홍보한 사례를 찾아보기(예: NGO 반크, 서경덕 교수의 활동) • 자원분포가 정치역학에 미치는 영향 생각해보기(예: 세계의 석유매장지가 바뀐다면 어떤 일이 일어날까?) • 역사와 지리 통합해보기(예: 7세기 역사지도 만들기) • 지역의 관광자원 개발해보기(예: 동네축제 기획하기) • 역사적 사건에 대해 "만약 ~라면?" 질문하기(예: 신라가 삼국을 통일하지 않았다면?)
다양성, 개방성, 복합적 성격	협동학습, 토의/토론	• 법규나 규칙 되짚어보기(예: 공공장소에서 애완동물 관리법에 대해 토론하기) • 다양한 문화(종교 등)와 민족의 역사 알아보기(예: 기독교와 이슬람교 조사하기, 나라별 음식 비교하기)
자율성	프로젝트 수업	• 외국에 소개할 만한 한국 문화 찾기(예: 한국음식, 태권도, 난타, 탈춤 등의 전통놀이) • 자기 적성에 맞는 직업 찾아보기 • 지출계획서(용돈 등) 작성해보기 • 나에게 필요한/유리한/불리한 법 만들어보기

독립심	CPS, 협동학습, 토의/토론	• 변호사 되어보기(예: 역사 속 악역, 사회 속 악법, 사회적 소수자 변호하기) • 알려지지 않은 여행지 발굴하여 소개하기(예: 새로운 관광지도 만들기) • 무인도를 탐색하고 무인도에서 생존전략 세우기(예: 한국 지도에서 분지도를 찾고 한정된 자원을 갖고 스스로 살아남기 위한 계획 짜기)
용서	역할놀이, 딜레마토론	• 용서를 해주어야 하는 상황에서 서로의 입장을 바꾸어 연극하기(예: 한정된 재화에서 소외된 사람의 입장 취해보기) • 상충되는 입장의 딜레마에 대해서 의견을 제시하고 이유를 구체화하기(예: 안락사, 지역발전, 친분과 객관적 태도의 갈등)
책임	토론학습, 프로젝트 학습, 협동학습	• 역사적 잘못에 대한 책임을 실천하는 국가의 예를 찾고 책임의 중요성 논의하기(예: 독일의 유대인 학살에 대한 역사교육-'기억, 책임, 미래') • 권력기관, 공직자들의 부패로 야기된 사회 문제를 찾아보고 권력과 책임의 관계 알기 • 한정된 재료로 롤러코스터 만들기 경진대회(역할분담) • 각 모둠의 구성원 간에 강점 찾아주기 • 모둠 신문 만들기
배려	체험학습, 협동학습, 역할놀이	• 지리적 상황으로 인해 어려움을 겪는 나라를 찾아보고 우리나라가 줄 수 있는 도움 찾기(예: 이스라엘과 팔레스타인 전쟁의 원인 찾아보기) • 역사 속에서 사라진 나라를 찾고 그 나라의 국민이 겪었을 어려움을 상상해보기(예: 해수면 상승으로 인해 사라지고 있는 남태평양 투발루 주민이 겪을 어려움을 상상해보기) • 역사적 배경 장소 탐방하고 관련 인물의 입장 취해보기
도덕적 판단력	딜레마토론	• 님비현상을 해결할 창의적 아이디어 도출하기(예: SCAMPER 기법을 통해 공동묘지 이전을 반대하는 현상을 해결하기 위한 창의적인 해결책 찾기) • 집단행동과 관련된 딜레마토론 후 현실 세계로 확장하여 생각하기(예: 학생들의 협동작품 만들 때 무임승차하는 학생의 예를 공공재의 부담으로 연결하기-주민들의 돈으로 가로등 설치하기, 같이 쓰는 물건에 대하여 공동 부담하기 등)

출처: 문용린 외(2010). 창의·인성교육 활성화 방안 연구. 한국과학창의재단 정책연구 2009-019.

5_도덕과

◎ **창의·인성 개념:** 도덕문제를 창의적으로 해결할 수 있는 사고력과 정서, 실천 능력(책임, 비판적 사고, 용기가 관련성이 가장 높다고 보고하고 있음).

◎ **도덕과 창의·인성 요소 및 교육 방법**

창의·인성요소	교육방법	예시
비판적 사고	탐구/발견 학습, 역할체험, PBL	• 소수자의 입장에서 겪을 수 있는 사회적 불평등 찾고 창의적 해결방안 마련하기(예: 취직이 어려운 노숙자들의 생계문제를 돕기 위한 잡지 '빅 ○○' 사례를 보고 장애우를 돕기 위한 아이디어 찾기) • 예절, 법, 도덕을 구분하는 마인드맵 그려보기(예: 예절, 법, 도덕을 지키지 않는 사람이 저지를 만한 행동을 자유롭게 생각해보고 세 개념을 구분하기) • 집단이기주의의 문제점에 대해 비판적으로 생각해보기(예: 쓰레기 소각장 건설에 반대하는 님비현상에 대해 찬반 토론해 보기) • 자신에 대해 인식·확인하여 도덕적 자아발견하기(예: 10초에 한번씩 "나는 누구인가"에 대해 5번 답하고 Johari의 '자아발견의 창'에 나를 분석하기)
논리/분석적 사고	토의/토론, 탐구/발견 학습, 협동학습	• 훌륭한 인격을 가진 사람의 사례를 통해 불만족스러운 자신의 모습 분석하기(예: 세상에서 가장 훌륭한 입을 가진 위인과 내 평소언행을 비교해보고 재미있는 개선 방법 찾기) • 전통사회와 현대사회의 가치를 비교하여 장단점을 찾기(예: 결혼과 이혼, 호주제 폐지, 남성의 육아휴직 등의 가치를 PMI기법으로 분석하기) • 통일이 되었을 때 일어날 수 있는 사건에 대해 이야기 해보기(예: 독일 통일 이후 상황과 비교해보기) • 대중문화가 청소년에 미치는 영향 분석하기(예: 조별토론을 통해 대중가요의 가사, 드라마 대사 속 비속어를 찾고 연예인의 지나친 노출, 범법 행위 등의 문제점을 논리적으로 제시하기) • 철학적 사조 분석/분류하기
문제해결력, 문제발견	탐구/발견 학습, CPS, PBL	• 시대의 변화에 따라 좋은 풍습이 사라지면서 나타나는 문제를 찾고 창의적 해결책을 마련하기(예: 대가족제도가 사라지게 된 배경을 이해하고 그로 인한 노인문제의 새로운 해결방안 탐구하기) • 역사를 왜곡하는 행위가 한 나라의 현재와 미래에 가져올 문제들을 찾아보기(예: 과거를 왜곡하는 일본의 행위가 독도영유권 주장과 같은 현재의 문제, 미래의 문제와 어떻게 연결되는지 탐색하기)

		• 인터넷 예절(윤리) 문제 해결방안 모색하기(예: 악플러를 막기 위한 기발한 아이디어 공모전 실시) • 환경보호 방법에 대해 살펴보기(예: 자연습지 보존, 갯벌 보존) • 학교생활에서의 갈등을 해결하기 위한 모의재판을 열고 판결문 작성하기(예: 왕따 문제)
용기, 자율성, 독립심	프로젝트 수업, 탐구/발견 학습, 협동학습	• 용기 있는 행동의 사례를 분석하고 용기 있는 행동을 하기 위한 결심 문장 만들기(예: 용감한 시민상을 받은 사람들을 사례를 보고, 용기를 표출하기 위한 문장을 만들어 결심카드에 적고 발표하기) • 용기를 필요로 하는 직업을 찾아 용기의 진정한 의미 파악하기(예: 경찰, 119구조대, 군인 등의 용기가 필요한 직업을 찾고 스턴트맨, 고층빌딩 유리 청소부 등의 직업과 다른 점을 찾아보기) • 자유의지가 없을 때의 삶을 상상해보기(예: 자유의지로 기부를 할 때와 자유의지가 아닌 강제에 의해 기부를 할 때 마음 상태 비교해보기) • 자신이 존경하는 인물을 찾아 소개하는 책자 만들어 보기
끈기	체험학습, 탐구/발견 학습	• 선행을 지속하는 사람들의 사례를 통해 이타적인 행동에 필요한 인성 확인하기(예: 가수 김장훈의 끊임없는 기부, 선행에서 도덕적 행동을 지속시키는 끈기와 열정 찾기) • 자원봉사를 지속적으로 실천하기 위한 나만의 전략 짜기 • 하루에 한 번 가족과 친구를 기쁘게 해주자는 계획을 세우고 얼마나 실천하는지 확인하기 • 실패를 극복한 사례 찾아보고 실패를 극복하기 위한 습관 만들기(예: 숱한 좌절과 실패를 극복하고 끊임없는 노력으로 하버드대 박사가 된 서진규 박사의 인생곡선 그려보기)
책임	딜레마토론, 체험활동	• 시나리오를 보고 각자의 책임을 다하지 않을 경우 생길 문제들을 상상해보기(예: 요리사, 경찰관, 교사, 가수, 운전사로만 이루어진 나라에서 국민 중 하나가 파업을 한다면 어떤 일이 벌어질까?) • 개인과 사회가 상충하는 딜레마토론(예: 개인 재산을 사회의 필요에 의해서 제공해야 하는 상황, 환경오염 및 환경보호) • 어린 후배의 멘토가 되어 학교생활이나 학업에 대한 상담을 해주고 야외활동하기 • 타인을 사랑하는 데에 따르는 책임감을 모두 나열해보기(예: 자식을 사랑하는 어머니의 책임행동, 부모를 사랑하는 자식의 책임행동, 좋아하는 연예인을 위한 팬의 행동, 반려견을 입양한 사람들의 책임행동 등에 대해 토론하기) • 환경을 보호해야 할 책임을 저버린 국가의 미래모습 상상하기

배려	체험활동, 토론활동, 역할채택, 시나리오 수업	• 소외된 계층이 겪는 어려움을 찾고 해결책을 찾아보기(예: 성적 소수자, 노숙자가 겪을 어려움을 찾아보고 조별 브레인스토밍으로 해결책 제시하기) • 다른 입장으로 하루 체험(예: 나와 반대의 성역할, 부모 역할, 선생님과 학생의 역할 바꾸기) • 받고 싶은 배려, 실천할 수 있는 배려를 찾아보기 • 상대방의 관점을 이해하고 공감하는 능력 키우기(예: 착시현상 그림을 통해 동일한 사진도 관점에 따라 다르게 이해됨을 확인하기) • 딜레마를 시나리오로 꾸미기(예: 하인츠 딜레마의 등장인물의 감정과 관점별로 시나리오 만들기)
약속	프로젝트 수업, 문제해결 학습	• 이상적인 공동체의 모습을 생각해보고 공동체 규칙을 제정하기(예: 서로 존중하는 공동체가 되기 위해 손 들고 말하기, 기분 나쁜 별명 부르지 않기를 어기는 사람은 벌칙카드 받기) • 약속의 긍정적 측면과 부정적 측면을 비교해보고 약속을 할 때 고려해야 할 점 생각하기(예: 약속을 지켜 얻게 된 우정, 지키지 못할 약속을 하게 되어 낭패를 본 기억 등을 통해 지킬 수 있는 약속만을 하고 실천하는 능력 키우기)
도덕적 판단력	딜레마토론, 시나리오 수업	• 모둠별로 딜레마토론을 하고 보고서 만들기(예: '안락사', '죄수의 딜레마' 등) • 사건이나 결과 이전으로 되돌려서 희곡 만들기(예: 전쟁이나 현재 대치되고 있는 국면에 대하여 이전으로 되돌려서 누군가 화해를 요청했을 때나 양보했을 때 어떻게 결과가 달라졌을지 상상하여 희곡 만들기)
행동실천력	체험활동	• 도덕적 행동을 이끄는 양심의 모습 그리기(예: 죄책감, 부끄러움 등 양심을 느낀 경험을 통해 내 양심의 모습을 마인드맵으로 표현하기) • 가치관 경매를 통해 내가 도덕행동을 실천하기 위해 필요한 가치덕목들을 구입하기(예: 1억을 써서 내가 도덕행동을 실천할 수 있도록 도와줄 능력, 용기, 책임감, 희생정신 등을 구입하기) • '돕기 기록장' 만들기(예: 이타적 행동이나 돕기 행동을 하고 난 후 기록하기)

출처: 문용린 외(2010). 창의·인성교육 활성화 방안 연구. 한국과학창의재단 정책연구 2009-019.

6_수학과

◎ **창의·인성 개념:** 특정한 문제 상황에서 가능한 한 많은 아이디어를 산출하는 능력(유창성)과 시각 자체를 변화시켜서 다양한 해결책을 찾아내는 능력(융통성), 그리고 기존

의 것과는 다른 독특하고 새로운 아이디어를 산출하는 능력(독창성), 다듬어지지 않은 기존의 아이디어를 보다 유용하고 가치 있는 것으로 발전시키는 능력(정교성)을 말함[2](약속, 문제해결력, 끈기 요소가 관련성이 가장 높다고 보고하고 있음).

◎ 수학과 창의·인성 요소 및 교육 방법

창의·인성요소	교육방법	예시
문제해결력, 문제발견	실습, 탐구/발견학습, ICT	• 생활 속의 문제해결에 수학적 사고 및 수학적 지식을 연결하기 (예: 파라볼라 안테나, 상향등과 하향등을 통한 포물선 이해하기) • 제시된 조건에 맞는 수학 문제 만들기 • 수와 관련된 영화 시청을 통해 문제 상황에서의 수학적 적용 예 살펴보기(예: 큐브, Numbers, 파이 등)
논리/분석적 사고	프로젝트 수업, 토의/토론	• 좋은 인성을 가진 사람들을 추리는 방법으로 논리적 명제를 분석하는 수학기법 활용하기(예: 벤다이어그램 속에 내가 아는 사람들 중 조건을 만족하는 사람을 적고 조건을 만족하는 사람들을 추려내기) • 바코드 속의 수학 원리 이해하기 • 수의 역사를 통해 수 개념, 원리, 법칙, 이해하기 • 파스칼의 삼각형 다시보기 • 게임 속 확률 구하기(예: 풀하우스(포커)의 확률과 윷가락의 확률 구하기)
확산적 사고, 상상력/시각화 능력	프로젝트 수업, 탐구/발견학습	• 자연의 무질서 속에서 수학적 패턴 찾기(예: 나뭇가지, 꽃잎들의 수에서 나타나는 '피보나치수열' 발견하기) • 암호로 나타내기(예: 고대 그리스의 '전치암호'에서 현대의 '공개키 암호'까지 다양한 암호 적용해 보기) • 기하학적 접근을 통한 문제 형상화하기(예: 강의 유속과 노 젓는 속도를 고려한 문제를 기하학적 접근으로 해결하기) • 그래프, 도표 등의 도식화 과정을 활용하여 주어진 문제해결하기 • 문학 속의 수학적 환상 찾기(예: '이상한 엘리스'에서 수학적·논리학적 환상 찾기)

2_ 출처:
-이경화(2011). 범교과에서의 창의·인성 수업모델 및 교원연수 프로그램 개발. 한국과학창의재단 & 숭실대학교.
-이은주(2014). 창의와 인성교육 활성화를 위한 교수-학습 방법 및 미래형 교실 환경 연구. 한국교원대학교 박사학위논문.

호기심, 열정, 흥미, 몰입	탐구/발견학습	• 수학의 발달 이해하기(예: 동·서양의 수학사에서 중요한 업적을 남긴 유명수학자의 삶 속에 들어가 당시시대 배경과 함께 수학계에 업적을 남기게 된 배경을 이해하기) • 자연세계를 행렬로 나타내기(예: 생태계를 행렬로 나타내기) • 스포츠 속에 수학 적용하기(예: 토너먼트 경기의 대진표 짜기)
끈기, 독창성	PBL, 프로그램 학습	• 제시된 문제를 공식을 사용하지 않고 자신만의 방법으로 해결하기 • 풀지 못하는 수학문제에 대해 도움을 줄 만한 사람들을 찾고 어떤 도움을 받았는지, 도움을 받을 때의 내 마음 상태는 어떤지 마인드맵으로 정리하기
다양성	탐구/발견학습, 프로젝트 수업	• 건축 속의 수학 알기(예: 석굴암의 균제 비례, 첨성대의 比) • 실생활에 숨어 있는 다양한 방정식 찾기(예: 고스톱과 부정방정식, CT촬영과 연립방정식)
배려	협동학습, 체험활동	• 어려운 문제를 모둠 전원이 함께 해결하고 이해하기(예: 수학을 잘 못하는 친구 짝지어서 알려주기) • 어린 후배들 수학 학습 지도하기(예: 학교에서 수학자매팀 구성)
책임	딜레마토론, 협동학습	• 뛰어난 수학자의 도덕적 책임감에 대한 사례 토론하기(예: 순수학문에서 물질적 부유 때문에 월스트리트로 간 수학 연구자들) • 어려운 수학과제에서 각자의 역할을 분담하여 완수해오기
정직	딜레마토론, 역할놀이, 협동학습	• 과정과 결과의 중요성에 대하여 토론해보기(예: 정답 맞추기와 절차대로의 풀이과정의 중요성에 대해서 생각해보고, 타인에게 미치는 영향력에 대해서 토론해보기) • 토론을 통해 범죄의 경중을 퍼센트로 정하고 확률 계산을 통해 범인이 잡힐 가능성을 계산해보기 • 부당한 방법으로 수학시험을 보았을 때의 딜레마토론하기(예: 단 한 문제를 우연하게 부당한 방법으로 맞혀서 높은 점수를 받게 되었을 때 선생님께 보고할 것인가에 대한 딜레마토론)
행동실천력	프로젝트 수업, 협동학습	• 나만의 수학문제집 만들어보기(예: 스스로 핵심문제를 내보고, 정답 및 해설지 만들어보기) • 수학으로 여는 세상 알아보기(예: 수학이 인류에 미친 긍정적 영향이나 사례 알아보기) • 어려운 이웃 돕기, 기부 경험, 친구 돕기 등 이타적인 행동을 실천한 경험을 바탕으로 주어진 갈등 상황에서 내가 도덕적인 행동을 할 확률을 계산하기

출처: 문용린 외(2010). 창의·인성교육 활성화 방안 연구. 한국과학창의재단 정책연구 2009-019.

7_과학과(물리, 화학, 생물, 지구과학과)

◎ **창의·인성 개념:** 과학 분야에서 과학적인 지식을 바탕으로 사고를 통해 새롭게 적절한 것을 찾아내는 능력[3](책임, 문제해결력, 호기심 요소가 관련성이 가장 높다고 보고하고 있음).

◎ **과학과 창의·인성 요소 및 교육 방법**

창의·인성요소	교육방법	예시
문제해결력, 문제발견	탐구/발견 학습, PBL, 실험,프로젝트 수업, 협동학습	• 가설설정을 통해 스스로 실험을 설계 및 실행하는 연구과정을 통해 문제해결과정 익히기(문제 확인 및 정의→가설설정→정보수집 및 선택→문제해결 방법구안→해결방안의 정교화) • 현상에 대한 과학적 가설 제안하기(예: 해변에 상륙한 고래의 떼죽음 현상의 원인에 대한 다양한 가설 제안하기) • 습득한 정보를 토대로 새로운 문제해결하기(예: 안정성이 뒷받침되는 새로운 구조의 다리 만들기)
확산적 사고	창의적 사고 기법, 토의/토론	• 과학적 상황에서 '만일 …이라면' 게임하기(예: 만일 마찰력이 운동방향과 같은 방향으로 작용한다면, 만일 빛의 속도가 현재 30만 km/s에서 100m/s로 줄어든다면?) • 다양한 창의적 사고기법(육색사고모, 브레인스토밍 등) 활용하여 과학적인 논쟁거리(금연, 환경오염, 인간복제, 진화론, 원자력 발전 등)에 대해 토론하기
논리/분석적 사고	토의/토론	• 자료에 근거하여 논리적으로 결론 도출하기 • 두 사물이나 현상들의 유사점과 공통점 찾기 • 과학 글쓰기(논증이 포함된 과학 보고서 작성)
상상력	토의/토론, 창의적 사고 기법	• 미래의 집 설계하기 • 자신이 주어진 문제의 일부라고 상상하면서 새로운 아이디어 내기(시네틱스의 의인적 유추)(예: 내가 더러운 물이나 공기라면? 내가 원자라면?)
다양성, 개방성	토의/토론, 탐구/발견학습, 강의	• 과학의 본성에는 다양성이 있음을 인식시키기: 과학자들의 다양한 사고의 사례와 이론 및 수용과정을 제시하기, 과학사 활용 • 과학자의 발명이 세상에 미치는 파급효과에 대해 생각해보기(예: FMRI의 발명으로 뇌연구가 시작되면서 의학뿐만 아니라 교육, 경제, 과학 분야에서 어떤 연구들이 가능해졌는지 찾아보기)

3_ 출처: 임성만(2009). 영역 특수적인 입장에서의 과학적 창의성에 대한 정의, 구성요인에 대한 탐색. 과학교육연구지, 33(1), 31-43.

호기심, 흥미	탐구/발견학습, PBL, 실험, 프로젝트 수업	• 호기심 있는 소재나 이슈를 제시하거나 체험하게 한 후(흥미로운 출발점), 과학지식을 연결하기(예: 북극의 눈물(2008) 동영상 제시-지구온난화현상) • 간단한 소품을 활용하여 과학원리가 적용되는 기구 만들기(예: 물 로켓 만들기-작용과 반작용의 법칙, 빨대피리 만들기-소리의 진동, 두꺼운 종이로 의자 다리 만들기-힘의 분산) • 유용하면서도 흥미로운 전략이나 과학영역의 창의적 업적을 이룬 사람들에 대한 정보/사례를 제공(예: 인물들이 문제를 해결하고 인정받기까지의 고된 과정, 과학사에서 일어났던 흥미 있는 에피소드 등) • 학문의 최전선 접하기(예: 반도체, 첨단나노과학, 자기부상열차 등)
정직, 공정	탐구/발견학습, PBL, 실험, 프로젝트수업	• 탐구과정에서 인성요소 강조(실험수행, 자료조사 및 해석, 결론도출 등에서 자신이 원하는 결과가 아니더라도 숨기거나 버리지 않고 수용하는 '정직'함을 강조하고, 문제인식, 가설설정, 결론도출 등의 과정에서 한쪽으로 치우침이 없이 살피고 수용하는 '공정'함을 강조) • 정직함을 잃어버린 과학자의 연구가 가져올 결과들에 대해 논의하기(예: 제약회사로부터 돈을 받고 부작용이 있는 약에 대한 허가를 내준다면 어떤 일이 벌어질지 상상해보기)
사회적 책임	토론/토의	• 과학자의 사회적 책임 문제에 대한 토론 및 역사적 사례 조사(예: 오펜하이머와 원자폭탄, 레오나르도 다빈치 생애, 하버와 독가스, 세금징수관이였던 라부아지에) • 수업내용과 사회경제적 문제와 연관 지어 토론하기(예: 대체 에너지 학습 후 국제사회, 에너지 경제, 환경윤리와의 연계성으로 학습내용 확장하여 토론) • 인간의 흥미를 위해 동물원에 갇힌 동물, 인간을 위해 실험실에서 죽어가는 동물들에 대한 인간의 책임감에 대해 토론하기(예: 동물 실험을 통해 약의 독성을 점검하는 한국의 유명 과학자가 실험실 구석에 죽은 동물들을 위한 재단을 꾸며 놓은 실화를 보고 토론하기)
약속	토론, 시나리오 수업	• 연구자의 윤리라는 약속이 결핍된 사례에 대해서 생각하고 토론하기(예: 연구실적 때문에 쫓겨서 연구 결과를 속이는 경우, 황우석 박사 사례 등) • 연구자의 윤리를 지켰을 때와 지키지 않았을 때의 결과에 대하여 시나리오 만들어보기
의사결정 능력	프로젝트 수업, 역할 놀이	• 부정직한 과학자의 연구사례를 읽고 도덕적인 판단을 내리기 위한 능력을 찾아보기(예: 윌킨스의 연구를 도용하여 노벨상을 받은 왓슨과 크릭에게 부족했던 능력을 나열하기) • '기부 발명품' 만들기(예: 장애인, 빈곤층 등 사회적 약자를 정하여 그 대상에 적합한 발명품을 만들기-누군가를 위한 과학 작품)

		• 과학자가 된다면 해결하고 싶은 사회의 문제를 찾고 해결방법 결정하기 (예: 에이즈로 고통 받는 아프리카 어린이들을 위해 에이즈 백신 개발하기)

출처: 문용린 외(2010). 창의·인성교육 활성화 방안 연구. 한국과학창의재단 정책연구 2009-019.

8_가정과(기술 포함)

◎ **창의·인성 개념:** 특정한 문제 상황에서 가능한 한 많은 양의 아이디어를 산출해내는 양적인 사고 능력, 고정적인 사고방식이나 시각 자체를 변환시켜 다양한 해결책을 찾아내는 능력, 기존의 것에서 탈피하여 참신하고 독특한 아이디어를 산출하는 능력, 다듬어지지 않은 기존의 아이디어를 보다 치밀한 것으로 발전시키는 능력[4](책임, 상상력, 흥미 요소가 관련성이 가장 높다고 보고하고 있음).

◎ **기술·가정과 창의·인성 요소 및 교육 방법**

창의·인성요소	교육방법	예시
상상력, 확산적 사고	프로젝트 수업, PBL, 협동학습 창의적 사고기법	• 미래사회의 나의 집 제작하기 • 가족구성원들의 역할과 중요성에 대해 이야기하고 가족의 행복을 높이기 위한 방법들을 모색하기(브레인스토밍, 마인드 맵 활용) • 나를 표현하는 옷차림(콜라주로 창의적 표현하기) • 새로운 음식 개발하기(모둠활동)
문제해결력	PBL, 프로젝트 수업	• 전기자동차가 환경보호에 미치는 영향을 알아보고, 장난감용 전기자동차 만들기(PBL을 적용한 프로젝트 수업): ① 프로젝트 주제설정(예: 장난감용 전기자동차 중 여러분이 만들 수 있는 프로젝트 주제를 나열해 보세요) ② 관련 정보 수집하기 ③ 디자인하기(제품구상도, 제작과정 플로 차트) ④ 만들기 ⑤ 평가하기
사고의 확장	협동교수	• (건설기술의 기초영역) 과학이나 수학에서 다루는 원리와 개념을 적용할 수 있는 실습소재를 선택하여 건설기술과 물리+수학 개념 통합교육

4_ 출처: 조현주·권갑순(2003). 가정교과에서의 창의성 교수·학습 방법의 적용. 중등교육연구, 51(2), 315-332.

다양성, 개방성 배려	토의/토론, 역할놀이	• 역할극을 통한 가족구성원 역할과 중요성에 대해 이해하기. 건강한 가족을 만들기 위한 방법으로 원활한 의사소통방법에 대해 알아보고, 서로간의 마음을 읽을 수 있는 시간 갖기 • 다양한 직업의 세계 이해하고 가상경험하기
흥미	실습, 역할놀이	• 수업내용과 가정실습, 학교행사, 지역사회 등과 밀접한 관계를 가지도록 함 : 견학과 전시회관람과 다양한 활동하기
책임	프로젝트 수업	• 제작하기 수업에서 각자 역할 혹은 강점 역할을 정하여 완수하고 팀 내에서 역할 평가받기(예: 목공, 구상, 제작, 디자인 등등에서 강점 역할 분담하고 완수하고 또래에게 역할 평가받기) • 직접 동식물을 키우는 과정에서 생명의 소중함을 느끼기(예: 나만의 동식물 성장일기 쓰기) • 환경오염이 인간과 생태계에 미치는 영향에 관한 영상자료 감상 후 환경개선에 도움이 되는 가정실습, 생활용품 개발하기
배려	프로젝트 수업	• 타인을 위한 제작 수업(예: 나와 다른 성별의 입장에서 가전제품, 화장실 구상, 제작하기)
소유	딜레마토론	• 아이디어에 대한 지적소유권 토론하기(예: 단체 아이디어에 대한 지적소유권문제, 물질적 보상에 대한 공정한 분배 문제)
행동실천력	협동학습	• 봉사 동아리 만들기(예: 뜨개질 동아리를 만들어 아프리카 아기들을 위한 모자 만들어 보내기)

출처: 문용린 외(2010). 창의·인성교육 활성화 방안 연구. 한국과학창의재단 정책연구 2009-019.

9_음악과

◎ **창의·인성 개념:** 다양한 음악적 표현활동에 있어서 새로운 분석과 해석을 통해 독창적으로 표현하는 능력, 학습한 음악요소들을 효과적으로 활용하여 새로운 작품을 만들어 내는 능력[5](배려, 상상력, 즐거움 요소가 관련성이 가장 높다고 보고하고 있음).

5_ 출처: 박진홍(2011). 음악비평 활동의 창의·인성 교육적 접근. 음악교육공학, 13, 95-114.

◎ 음악과 창의·인성 요소 및 교육 방법

창의·인성요소	교육방법	예시
상상력, 시각화 능력	CPS, PBL, 탐구/발견학습, 실습	• 상황, 장면에 맞는 곡 선정, 구성해보기(예: 영화의 장면에 맞는 음악 선정하기) • 오감을 경험하고 그것을 음악으로 표현하기 • 음악에 대한 느낌이나 생각을 구현해보기(예: 가사 없는 노래에 가사 만들기, 뮤직비디오 만들어보기) • 짧은 시를 이용해 즉흥연주해보기
확산적 사고	PBL, 탐구/발견학습 프로젝트 수업, 협동교수	• 하나의 노래에 여러 가지 가사를 붙여 바꿔 부르기 • 음악을 듣고, 뒷부분 멜로디 이어가기(예: 노래가 끝나는 부분에서 끝내지 않고, 멜로디 확장시켜보기) • 팀별 뮤지컬 제작해 보기 • 주변의 소리나 사물을 응용하여 다양한 리듬 만들기(예: 빗소리를 이용하여 새로운 리듬 만들기) • 국악의 장단을 이용해 퓨전 음악 만들어보기
논리/분석적 사고	토의/토론, CPS, PBL	• 동양과 서양의 다양한 음계체계의 차이점 및 공통점 구분해보기 • 잘못된 화음을 찾아 올바른 화음으로 고쳐보기 • 비슷한 멜로디와 리듬을 가진 다양한 음악을 '표절'의 개념 생각해보기(예: 표절시비가 있는 곡을 비교하여 들어보고 표절에 대한 자신의 생각 나누기)
감수성	역할놀이, 실습, 토의/토론	• 음악이 쓰인 다양한 장르(발레, 뮤지컬, 광고 등) 경험해보고 서로의 의견 나누기 • 자신의 감정을 다양한 종류의 악기연주를 이용해 표현하기(예: 즐거움을 현악기, 타악기, 관악기 등 각각의 다른 악기 소리로 표현해보기) • 여러 가지 소리의 미묘한 차이를 구별해보기
즐거움, 열정	탐구/발견학습 프로젝트 수업, PBL, 실습, 협동교수	• 주변의 사물을 이용하여 악기 제작하여 연주하기(예: 빈 깡통을 이용해 새로운 악기 만들어보기) • 좋아하는 음악을 다른 장르로 표현해보기(예: 대중가요를 클래식이나 재즈로 재해석하여 표현하기) • 각 나라의 전래동요를 배우며 그 기원에 대해 생각해보기(예: 멕시코 민요 '라쿠카라차'에서 라쿠카라차는 바퀴벌레라는 뜻인데, 왜 그러한 가사가 붙게 되었을까?)

흥미, 몰입	협동학습, 역할놀이, 탐구/발견학습	• 시대별 음악사조 알아보기(예: 바흐가 되어 바로크 시대의 음악사조에 대해 알아가기) • 악기의 유래나 악기 만드는 과정에 대해 알기 • 국악 뮤지컬이나 공연 감상하고, 알지 못했던 전통악기 찾아보기
배려	프로젝트 수업	• 장애인을 위한 음악교육방법 구상하여 프로젝트로 구현해보기(예: 청각장애인에게 음악을 느끼게 할 수 있는 방법, 시각장애인에게 악기를 가르칠 수 있는 방법)
책임	시나리오 수업	• 음악이 사회에 미치는 영향에 대한 시나리오 제작하기(예: 르네상스 시대에 음악이 사회에 미치는 영향력을 시나리오로 만들어보기)
도덕적 예민성	역할 놀이	• 음악이나 예술의 소외 계층 입장 되어보기(예: '꽃피는 봄이 오면'과 같은 영화 보고 음악의 소외계층 입장에서 글을 써보기, 지휘자 금난새가 이끄는 빈곤층 오케스트라 다큐멘터리 보기)

출처: 문용린 외(2010). 창의·인성교육 활성화 방안 연구. 한국과학창의재단 정책연구 2009-019.

10_미술과

◎ **창의·인성 개념:** 느낌과 생각을 창의적으로 표현하고 소통할 수 있으며 삶을 창의적으로 향유할 수 있는 역량[6](책임, 상상력, 독창성 요소가 관련성이 가장 높다고 보고하고 있음).

◎ 미술과 창의·인성 요소 및 교육 방법

창의·인성요소	교육방법	예시
상상력/시각화 능력	실습	• 추상적으로 표현하기 • 미래사회 상상하여 디자인하기(예: 미래사회를 상상하여 보고 그 시대의 건축물이나 다양한 생활용품들을 디자인하기)
확산적 사고	협동교수, 실습, 창의적 사고기법	• 예술과 과학이 결합된 사례 찾아보기(예: 과학의 원리를 적용한 예술 작품에 대한 사례 찾아보고 그 원리 알아보기) • 하나의 주제를 다양한 표현기법(소묘, 회화, 조소, 디자인 등)으로 나타내기

6_ 출처: 전수현(2014). 창의인성 함양을 위한 초등미술과 프로젝트 학습의 개발. 경인교육대학교 석사학위논문.

		• 추상적 도안 작성하기(예: SCAMPER기법 사용하여 추상화 도안 작성하기)
유추/은유적 사고	프로젝트 수업, 실습	• 감각 통합하기(예: 하나의 감각을 다른 감각으로 표현하기) • 자연을 활용한 디자인 사례 찾아보기(예: 새 둥지를 응용한 올림픽 경기장) • 제시된 주제를 나타낼 수 있는 한 컷 만화 그리기
문제발견, 문제해결, 독창성	탐구/발견학습, 프로젝트 수업 실습	• 기존 기기의 문제점을 발견하고 효과적으로 해결할 수 있도록 디자인하기(예: 김영세의 아이리버) • 기존과 다르게 그리기
다양성, 개방성	토의/토론, 협동학습	• 공동 작품 제작하기(예: 토의를 통해 자유롭게 주제를 선정하고 역할분담을 통해 작품을 제작하기) • 동서양의 표현 양식(동서양의 미술사) 비교/분석하기
감수성	프로젝트 수업, 실습	• 내 삶의 포토드라마 만들기 • 영화 본 후의 감동을 작품으로 표현하기
즐거움, 몰입, 호기심, 흥미	프로젝트 수업, ICT, 협동교수	• 작품 감상하기(다양한 작품 감상의 기회를 통해 객관적 지식과 함께 지식의 적용, 작품에 대한 해석 및 가치 판단의 기회 제공) • 뮤지컬이나 연극 무대 꾸미기/뮤직 비디오 만들기 • 지역연계를 통한 전통미술문화 체험하기(예: 장인들과의 교류를 통해 흥미와 작품에 대한 제작 의욕 및 창작과정을 경험하기)
책임	프로젝트 수업, ICT	• 사회문제나 주변의 문제들을 작품에 반영하기(예: 실제 사회문제를 다룬 미술가에 대한 정보/사례-피카소의 '게르니카'-를 통해 미술의 사회참여에 대해 이해하고 직접 표현해 보기)
배려	프로젝트 수업, 체험활동	• 내 삶의 포토드라마 만들기 • 소외계층에게 미술 지도하기(예: 다문화가정을 대상으로 만들기나 그리기 안내하기)
소유	딜레마토론	• 국가보물의 개인소유 등에 대해서 토론하기(예: 개인이 많은 돈을 주고 지불한 국가 보물에 대한 국가 환수문제 등) • 디자인 도용에 대해서 토론하기(예: 짝퉁 등에 대해서 토론해보기)
의사결정능력	시나리오 수업	• 사회적 이슈를 주제로 내 생각을 반영한 만화 만들기(예: 동네에 재활용 수집장이나 장애인 시설 건립 등을 주제로 내 생각을 만화로 만들기)

행동실천력	협동학습	• '모둠 지그소' 만들기(예: 모둠별로 각 구성원마다의 장점을 찾아 상보적인 역할을 표현해주는 지그소 만들기)

출처: 문용린 외(2010). 창의·인성교육 활성화 방안 연구. 한국과학창의재단 정책연구 2009-019.

11_체육과

◎ **창의·인성 개념:** 새로운 움직임을 구성하거나 표현하며, 기존의 움직임 기술을 주어진 문제 상황에서 그 상황에 맞게 변형하거나 적용할 수 있는 능력. 그리고 규칙 준수, 스포츠맨십, 페어플레이, 팀워크 등과 관련된 인성적 능력(책임, 확산적 사고, 즐거움 요소가 관련성이 가장 높다고 보고하고 있음).

◎ **체육과 창의·인성 요소 및 교육 방법**

창의·인성요소	교육방법	예시
확산적 사고, 시각화 능력, 상상력	창의적 사고 기법, 협동교수	• 새로운 스포츠(게임) 만들기(예: 간이 축구게임) • 스포츠의 새로운 규칙 만들기(예: 배구에서 점수 차등화 시키기-수비 발 맞고 나가면 2점) • 미래 스포츠 생각해보기(예: 가상공간 스포츠) • 다양한 동작 만들기(예: 난이도 높은 체조, 무용 동작 만들어보기) • 시각 및 청각적 자극을 듣고 율동 만들기
문제해결력, 문제발견력	CPS, PBL	• 운동대회 주최하기(예: 농구대회 기획하기) • 능력향상을 위한 스포츠 용품 기획하기(예: 고탄성 운동화 설계하기) • 역사문헌 속 체육활동 살펴보기(예: 조선시대 격구) • 스포츠에 숨겨진 과학 발견하기(예: 뉴턴의 운동 법칙)
끈기, 열정, 용기	탐구/발견학습, 실습	• 좌절을 극복한 유명 선수의 일대기(일화) 찾아보기 • 극기체험 해보기(예: 병영체험 등) • 자신이 어려워하는 분야(종목) 연습하기(예: 자신의 기록 도전하기) • 정확한 동작 및 기본기 익히기
흥미, 호기심	실습, PBL	• 외국 민속 무용 체험하기 • 새로운 운동기구 만들어보기 • 레크레이션 체험하기

		• 체조 및 무용 안무 짜기 • 올림픽 역사와 개최도시 살펴보기
자율성	탐구/발견학습, 실습	• 자신만의 운동계획안 짜기 • 자신의 건강상태 알아보기(예: 맥박 및 체력 측정 등)
책임	협동학습, 체험활동	• 팀별로 역할 분담하여 무용 발표회하기(예: 무용 구상, 음악 선정, 리더 등의 역할을 분담하여 완수하기) • 심판의 역할 해보기
배려	체험활동, 시나리오 수업	• 소외계층과 체육활동 함께하기(예: 장애인과 운동 함께하기, 다문화 가정과 운동회 개최) • 올림픽, 월드컵 경기가 개인에게 미치는 영향을 재미있게 시나리오로 만들어보기
도덕적 판단력	딜레마토론	• 운동선수 딜레마토론하기(사례: 국가대결경기와 아픈 부인의 간호 사이의 딜레마)

출처: 문용린 외(2010). 창의·인성교육 활성화 방안 연구. 한국과학창의재단 정책연구 2009-019.

부록

1_교수-학습과정안과 교육실습록
2_디지털 수업 역량 진단 도구
3_이해중심 교육과정 구현을 위한 백워드 설계의 평가기준
4_IB 단원 지도안(Unit Planner) 양식

1_교수-학습과정안과 교육실습록*

가. 수업 계획과 체크리스트

- ☐ 학생이 도달해야 할 구체적인 학습목표를 진술하였다.
- ☐ 소단원에 포함된 핵심 아이디어, 개념 그리고 명제들로 과제를 분석하였다.
- ☐ 간단하고 주의 깊게 계열화된 활동으로 소단원의 수업 절차를 계획하였다.
- ☐ 흥미 있고 도전적인 학습경험이 되도록 계획하였다.
- ☐ 수업 내용과 학생의 적성에 알맞은 다양한 교수전략을 선택하였다.
- ☐ 학생들이 수업에 적극적이고 활발하게 참여하도록 계획하였다.
- ☐ 학생의 능력, 개인차, 흥미 정도가 잘 고려되도록 계획하였다.
- ☐ 교과내용을 설명하거나 제시하기 위해 필요한 수업 보조자료 사용을 위한 계획을 세웠다.
- ☐ 실제 수업 여건에 따라 수정·보완할 수 있도록 융통성과 탄력성이 부여되도록 계획하였다.
- ☐ 적절한 과제가 부여되도록 계획하였다.
- ☐ 학생들의 흥미, 가치, 태도를 고려한 외적 동기유발 체제를 조직하였다.
- ☐ 학습을 위한 수업 공간을 효과적으로 사용할 수 있도록 조직하였다.
- ☐ 수업을 효과적으로 운영하기 위한 시간 배분을 계획하였다.
- ☐ 학습목표의 달성 여부를 확인하기 위한 평가계획을 조직하였다.

나. 교수-학습과정안의 양식

교수-학습과정안은 교재의 특성이나 학생의 요구, 교사의 의도가 다를 수 있기 때문에 일정한 형식은 없다고 보아야 할 것이다. 그러므로 교수-학습과정안은 수업의 내용이나 지도 방법에 따라 창의적으로 작성하면 된다. 그러나 교수-학습과정안이 교사에게는 수업의 가설이 되며 참관자에게는 수업을 위한 귀중한 안내서가 된다는 점을 고려한다면, 어떤 교수-학습과정안이든지 중요한 몇 가지의 요건만은 체계적으로 갖추어야 할 것으로 본다.

* 이하 내용은 이효녕 외(2008)의 내용을 재구성한 것임.

○○과 교수-학습과정안(현행 지도안)	백워드 설계안(미래 학습지도안)
1. 단원명 2. 단원의 개관 3. 단원의 목표 4. 학습의 계통 및 관련 5. 과제 분석 6. 지도 계획 7. 평가 계획 8. 지도의 실제	1. 단원의 개관 · 성취 기준, 단원 개요 등 2. 바라는 결과 확인하기 · 목표 설정, 이해, 본질적 질문 · 지식과 기능 3. 수용 가능한 증거 결정하기 · 수행과제, 다른 증거 4. 학습경험 계획하기 · 교수-학습경험 계획 · 단원학습 계획

1) 본시 교수-학습 개요

<table>
<tr><td>단원</td><td></td><td>일시</td><td></td><td>장소</td><td></td></tr>
<tr><td>차시</td><td></td><td>소요시간</td><td></td><td>지도교사</td><td></td></tr>
<tr><td>학습목표</td><td colspan="5"></td></tr>
<tr><td rowspan="3">수업 전략</td><td>최적 학습 모형</td><td colspan="4"></td></tr>
<tr><td>학습 집단 조직</td><td colspan="4"></td></tr>
<tr><td>중심 학습활동</td><td colspan="4"></td></tr>
<tr><td rowspan="2">수준별 학습</td><td colspan="2">보충학습</td><td colspan="3">심화학습</td></tr>
<tr><td colspan="2"></td><td colspan="3"></td></tr>
<tr><td rowspan="3">교수-학습 자료</td><td rowspan="2">일반자료</td><td>교사</td><td colspan="2"></td><td></td></tr>
<tr><td>학생</td><td colspan="2"></td><td></td></tr>
<tr><td colspan="2">멀티미디어 자료</td><td colspan="2"></td><td></td></tr>
</table>

2) 지도과정

<table>
<tr><td colspan="2" rowspan="2">단계</td><td rowspan="2">학습내용</td><td colspan="2">교수-학습활동</td><td rowspan="2">시간</td><td rowspan="2">자료 및 유의점</td></tr>
<tr><td>교사활동</td><td>학생활동</td></tr>
<tr><td rowspan="4">도입</td><td>주의집중</td><td rowspan="4"></td><td rowspan="4"></td><td rowspan="4"></td><td rowspan="4"></td><td rowspan="4"></td></tr>
<tr><td>동기부여</td></tr>
<tr><td>학습목표 제시</td></tr>
<tr><td>선행학습과 관련</td></tr>
<tr><td rowspan="2">전개</td><td>학습내용 제시</td><td rowspan="2"></td><td rowspan="2"></td><td rowspan="2"></td><td rowspan="2"></td><td rowspan="2"></td></tr>
<tr><td>학습자 참여</td></tr>
<tr><td rowspan="4">정리</td><td>요약</td><td rowspan="4"></td><td rowspan="4"></td><td rowspan="4"></td><td rowspan="4"></td><td rowspan="4"></td></tr>
<tr><td>질의응답</td></tr>
<tr><td>과제부여</td></tr>
<tr><td>차시예고</td></tr>
</table>

3) 판서 계획

4) 형성 평가 계획

5) 수준별 학습지

6) 설문지

(1) 실태 조사 및 분석

(2) 교재 연구

(3) 기타

※ 참고사항

- 위에서 '약안'은 1장과 8장만 작성하고, 나머지 장은 '생략' 표시를 한다.
  '준세안'은 1장, 3장, 8장만 작성하고 나머지 장은 '생략' 표시를 한다.
  '세안'은 1장부터 8장까지 모두 작성한다.
- 현재 안은 전형적인 지도안(Forward design) 방식이며, 백워드 설계방식은 단원의 목표-평가계획-지도 계획 순으로 진행된다. 자세한 내용은 이하 3절에서 소개된다.

다. 교육실습의 기록(실습록 작성) 내용 예시

교육실습 학생은 자기가 매일 수행하는 교육실습을 끊임없이 반성, 평가함으로써 계속되는 다음 실습활동의 향상에 도움이 되도록 하여야 한다. 그러므로 교육실습의 과정과 절차에 따르는 참관, 지도, 협의 및 소감, 잔성 등 일련의 교육실습 활동을 매일 상세히 기록하는 교육실습록을 작성하게 된다.

교육실습록은 실습 학생의 중요한 자기평가이다. 교육실습록을 기록해 나가는 일은 교육실습 학생 자신의 실습에 대한 자기 평가인 동시에 교육실습을 지도하는 교사 및 학교 측의 반성, 평가의 자료도 된다. 그리고 교육실습 기간 동안에 보고 느낀 학교 교육활동과 실습활동에 대한 소감과 반성은 교직생활의 영원한 추억과 지표가 될 수 있다. 교육실습록을 기록하는 내용과 요령은 다음과 같다.

교육실습록 기록 내용 예시

지도교사	교 장

년 월 일 요일 날씨

1. 조회 및 전달 : 직원 조회에서 전달 사항, 학급 조회, 아침 자율 학습 시간, 점심 시간에 학생에게 전달 사항과 학생 지도 사항

2. 지도 강화 : 교장, 교감, 각부 주임 또는 대학 교수 등의 오리엔테이션, 교육실습 중에 강화 지도한 사항 또는 개별 혹은 집단면담 사항과 그 소감

3. 수업 참관 : 교과 지도교사 또는 다른 교사, 교육실습 학생들의 수업을 참관하고 그 학급, 지도교사, 교과, 교시를 명시하고 수업의 목표, 내용, 방법 등을 서술하며 이에 대한 소감과 의견

4. 연구 및 준비 : 교재 연구와 수업 준비, 기타 교육실습을 위한 연구와 준비사항

5. 실시 수업 : 자기가 실제로 수업한 교시, 학급, 교과를 명시하고, 수업의 목표, 내용, 방법 등을 서술하고 그 반성과 소감

6. 학생지도 : 아침 자율학습, 쉬는 시간, 점심시간, 방과 후 등 학생들을 집단으로 또는 개별적으로 지도한 사항과 그 소감 또는 주번 학생 지도 사항

7. 특별활동 : 애국조회, 수요 클럽활동, 학생회 활동, 중간 체조, 기타 학교 교육행사에 참가하여 그 활동의 내용과 방법 및 이에 대한 소감

8. 지도협의 : 교과지도와 학급(학생)지도 협의, 지도 수업 협의, 교육실습 학생 수업 평가 협의, 기타 교육실습 학생지도 협의에 참가하여 참석자, 시간, 장소, 협의사항 등을 기술하고 그 소감

9. 종례 및 전달 : 교육실습 학생 종례, 학급 종례의 전달 사항과 학급 종례 시 학생 지도 사항

10. 소감 및 반성 : 학교의 운영과 교육방법, 학생 지도 방향, 기타 학교교육 전반, 또 교육실습, 근무 생활 등에 관한 소감과 교육적인 반성 및 결심

교육실습록 기록 및 처리요령

1. 교육실습 하루하루의 근무생활을 상세히 기록하여 교직 생활의 지표와 추억으로 삼아야 한다.
2. 가급적 한자를 혼용하되 정자로 정서해야 하며 논술체로 작문, 교직교양을 높이도록 한다.
3. 교육실습록에 들어갈 위 내용들을 학목별로 서술한다. 그 날에 해당 사항이 없을 경우 제목은 쓰고 '없음'이라고 쓴다. 그리고 그 날의 실습록 오른편 상단에 교과 및 학급 지도교사의 확인란을 만든다.
4. 교육실습록은 매일 써서 이튿날 교과, 학급지도교사의 검열 날인을 받는다.
5. 주말에는 실습(연구)주임, 교감, 교장의 확인을 받는 일도 있다.
6. 매일 쓰는 분량은 제한 없이 많이 쓰도록 하고 반드시 문장체로 하되, 매일 시작은 장을 바꾸어 첫 면에 쓰도록 한다.

라. 교육실습생의 자기 평가

교육실습생은 부단히 자기평가를 해야 한다. 매일 기록하는 실습록의 반성과 소감이 주된 자기평가가 될 수 있다. 교육활동은 학생에게 직접 영향을 끼치므로 그 옳고 그름이 학생에게 바로 나타나게 된다. 교육실습은 교육실습생 자신의 학업 소홀을 반성하는 계기가 될 수도 있다. 교육실습에 대한 자기평가 시에는 교육실습의 결과, 예상과 결과 간의 차이, 그리고 교육자로서의 적성 등이 고려되어야 할 것이다. 그러나 자기가 스스로를 평가할 때는 주관이 개입될 소지가 많아 객관적이고 공정한 평가가 되기 어렵다. 그러므로 동료 교육실습생, 지도교사로부터 들은 조언과 지적 등을 꼼꼼히 기록·반영하여 자기평가의 자료로 삼아야 한다. 학생의 비판과 거동에도 자기평가의 자료가 있다. 교사의 직업이 다른 직업과 다른 점은 하는 일에 대해 동료와 상사로부터 직접적인 간섭이나 감독을 받지 않는다는 점이다. 교사는 다른 사람의 참견을 받지 않고 자율적으로 학급을 운영할 수 있다. 그러나 그 하는 일의 결과는 학생에게 지대한 영향을 끼친다. 그렇게 끼친 영향은 가시적으로 뚜렷하게 나타나지 않는다. 이 같은 점에서 교사의 교육활동에 대한 자기평가는 극히 중요하다. 마찬가지로 교육실습생의 자기평가도 중요하다. 따라서 교육실습의 과정에서 교사로서의 자기평가의 척도를 작성해 두는 일은 매우 바람직하다. 교육실습에 대한 자기평가의 예는 다음과 같다.

교육실습에 대한 자기평가의 예

평가의 요령과 유의점

다음에 나오는 자기평가표에는 12개의 항목이 있다. 또한 각 항목은 2개 내지 8개의 세부항목으로 분류되어 있다. 각 세부항목은 5가지로 나누어져 평가하도록 되어 있는데,

4-가장 충실하다, 3-충실하다, 2-보통이다, 1-조금 부족하다, 0-아무것도 하지 않는다

를 의미한다. 이 5가지 중 하나를 택하여 표시한다.

세부항목을 각 항목별로 평균하여 그 요령은 한 항목에 있어서 각 세부항목의 합계를 그 개수로 나누는 것이다. 세부항목은 모두 63개이므로 각 세부항목의 점수 합을 63으로 나누어 평균을 구한다.

교육실습 학생의 자기 평가표

1) 학생들의 발달과 행동에 대한 이해	
(1)학생들의 이름을 기억하였다.	4 3 2 1 0
(2)내가 맡은 학생의 개인 신상카드를 조사하였다.	4 3 2 1 0
(3)휴식시간에 노는 학생들의 모습을 관찰·기록하였다.	4 3 2 1 0
(4)내가 맡은 학생들의 학구적 성의와 개인적 문제를 지도교사와 협의하였다.	4 3 2 1 0
2) 수업 기술의 향상	
(1)실제 수업에 있어서 적합하다고 생각하는 새로운 방법을 사용해 보았다.	4 3 2 1 0
(2)내가 고안한 학습 자료가 학생들의 학습에 퍽 유용하였고, 학생들도 그것을 좋아하였다.	4 3 2 1 0
(3)판서할 때 내용과 철자가 정확하였다.	4 3 2 1 0
(4)수업 방식을 매일 분석하여 시정하려 하였다.	4 3 2 1 0
(5)수업 기술이 점점 향상되었다.	4 3 2 1 0
(6)모든 일에 최선을 다하였다.	4 3 2 1 0
(7)수업안과 자료의 준비에 시간을 적절히 활용하였다.	4 3 2 1 0
(8)수업 내용에 대한 지식이 좀 부족하다고 느낄 때는 언제나 부수적 정보와 자료를 얻으려 노력하였다.	4 3 2 1 0
(9)수업 운영을 잘하기 위해 내용이 비슷한 다른 수업을 자주 참관하였다.	4 3 2 1 0

3) 개인차를 발견하고 심리적 원리를 활용	
(1)언제나 학생의 학습에 대한 동기유발을 적시에 적절하게 사용하였다.	4 3 2 1 0
(2)매일 동기유발의 기술이 늘어갔다.	4 3 2 1 0
(3)학생들 각자의 욕구를 늘 파악할 수 있었다.	4 3 2 1 0
(4)지진아의 학습 향상에 늘 관심이 있었다.	4 3 2 1 0
(5)학교에서 배운 심리학적 이론을 실제에 적용하도록 관심을 가졌다.	4 3 2 1 0
4) 감정의 조절과 올바른 배움	
(1)학생이 학교나 학습의 기준에 위배되었어도 감정에 말려들지 않았다.	4 3 2 1 0
(2)지도교사나 지도교수의 충고를 늘 기쁘게 받아들여 실천하도록 하였다.	4 3 2 1 0
5) 집단의 구조에 대한 이해	
(1)참으로 내 학급 학생을 좋아하였다.	4 3 2 1 0
(2)학급에서 가장 융화가 잘 되는 학생을 골라낼 수 있었다.	4 3 2 1 0
(3)왜 융화가 잘 되는지 그 이유를 밝힐 수 있었다.	4 3 2 1 0
(4)학급에서 늘 외톨이가 되는 학생을 찾아내고 그 이유를 알아내었다.	4 3 2 1 0
(5)내가 구사한 새로운 시도에 의하여 외톨박이가 집단 속에서 보다 더 어울리게 되었다.	4 3 2 1 0
6) 학습 보조자료의 효율적 사용	
(1)학생들의 학습 효과를 보다 높이기 위해 내 기술과 능력으로 보조자료를 만들어 사용하였다.	4 3 2 1 0
(2)보조자료의 준비에 최선을 다했고, 결코 지도교사에게 의지하지 않았다.	4 3 2 1 0
(3)교육목적과 관련된 보조자료의 선택에 많은 신경을 썼다.	4 3 2 1 0
7) 학급경영의 기술 향상	
(1)뒷날의 학습 효과를 위해 전날에는 적절하게 쉬도록 하였다.	4 3 2 1 0
(2)음성을 조절하여 부드럽게 설득하려고 노력하였다.	4 3 2 1 0
(3)화목 단결하는 분위기 조성을 위하여 늘 시간을 할애하였다.	4 3 2 1 0
(4)늘 흥미로운 화제로 학급을 이끌고 나갔다.	4 3 2 1 0
(5)교실 환경 미화와 학습 보조자료 제시에 늘 유념하였다.	4 3 2 1 0
(6)교실 내의 환기나 채광에 대해 지도교사의 간섭 없이 관심을 기울여 조절하였다.	4 3 2 1 0

8) 학생의 성장 발달 조력	
(1) 학생들의 목표 선정에 대한 조력이 성공적이었다.	4 3 2 1 0
(2) 목표달성을 위한 활동 계획을 도왔다.	4 3 2 1 0
(3) 목표달성을 위한 활동을 스스로 평가하도록 권하였다.	4 3 2 1 0
(4) 토의를 주재하는 기술이 늘었다.	4 3 2 1 0
(5) 학생들이 자기 발표를 능히 할 수 있도록 도왔다.	4 3 2 1 0
9) 올바른 평가	
(1) 교육실습을 성공시키기 위하여 항상 학생들의 반응과 성취도를 기록하였다.	4 3 2 1 0
(2) 교사로서의 원만한 성장을 위해서는 평가가 중요하다는 것을 늘 깨닫고 있었다.	4 3 2 1 0
(3) 발전을 위한 비판을 달게 받았다.	4 3 2 1 0
(4) 내가 받은 비판을 거울 삼아 늘 모순을 고쳐 보려 하였다.	4 3 2 1 0
10) 학생 생활지도의 훈련을 위하여	
(1) 학부모 회의에 지도교사와 같이 참가하였다.	4 3 2 1 0
(2) 문제 학생을 판별하여 그 이유를 기록하였고, 지도교사에게 그 처리를 의논하였다.	4 3 2 1 0
(3) 좌석 표를 만들고 그 특성을 기입하여 학생들을 이해하려 하였다.	4 3 2 1 0
(4) 지도교사의 상담에 대한 사례를 관찰하였고, 어떤 지도 방법을 쓰고 있는지 살펴보았다.	4 3 2 1 0
11) 학교와의 원활한 유대	
(1) 학교 인사행정의 계열을 알았고, 적어도 교장, 교감, 주임의 이름을 알고 있다.	4 3 2 1 0
(2) 전체 교직원과 서로 인사하며 말을 건넬 수 있는 사이가 되었다.	4 3 2 1 0
(3) 교육실습 기간 중 늘 웃는 얼굴과 먼저 인사하는 일을 잊지 않았다.	4 3 2 1 0
(4) 교실에서 일어난 일은 지도교사나 지도교수 외에는 함부로 다른 사람에게 말하지 않았다.	4 3 2 1 0
12) 교사직의 동료로 참여	
(1) 교육실습이 나의 교사 훈련에 도움이 되었다.	4 3 2 1 0
(2) 나는 교사로서의 소질과 기술을 가졌다고 본다.	4 3 2 1 0

가르치는 기술

학급경영

생활지도

교육실습 유의사항

부록

마. 교육실습 평가 배점 기준

교육실습의 평가는 실습학교에 따라서 평가영역을 여러 가지로 세분하여 시행한다. 실습학교에서 실습지도주임이 여러 교사들의 평가를 종합하여 실습 성적을 작성하는 경우가 있다. 이때, 그 평가는 대학에서 실습학교에 의뢰한 실습성적평가표에 준하게 되는데 그 주된 영역은 다음과 같다.

① 근무태도 : 복장, 언어, 태도, 성실성, 출결 및 근태

② 일반자질 : 복장, 언어, 예의, 책임감, 협동성, 적응능력, 교육 열성 등 교육자로서의 자질

③ 학습지도능력 : 지도안 작성 및 학습지도를 위한 준비와 계획, 교재의 이해와 연구, 학생의 이해 파악, 지도의 기술과 태도 등

④ 연구조사활동 : 교재조사 연구, 학생 환경 조사, 사례연구(학생문제), 교육의 내용 조사 활동, 교육시설 조사 연구, 사회 조사 등

⑤ 학급경영 및 사무처리 능력 : 학급 학생 지도 능력, 교실 정비와 시설 활용, 학급 및 학급 자치회의 조직과 그 지도, 학급 사무의 처리, 기타 학급의 관리 운영 등

교육실습의 평가는 실습지도 주임교사가 종합하지만, 그 평가의 시행은 교과담임 지도교사와 학급담임 지도교사, 그리고 실습지도 주임교사와 관계 교사들이 각각 영역별로 평가하게 된다. 이를 예시하면 다음과 같다.

교육실습 평가 배점 기준

평가영역	평 가 내 용	배점	비고
근무태도	출근( )일 결근( )일 지각( )회 조퇴( )회 외출( )회	10	
일반자질	직무에 대한 책임과 열의 (6) 용모, 품행 및 교양 (4) 교육에 대한 신념 (5)	15	

학습지도	학습지도의 준비 계획 (15) 학습지도 기술 (20) 학습평가 (15)	50	
연구조사	연구능력 (5) 연구적 태도 (5) 교육이론의 적용 (5)	15	
학급경영 및 사무처리 능력	학급환경의 구성과 경영계획 (3) 학생의 관리 및 지도능력 (4) 학교 및 학급 사무 처리 (3)	10	

교육실습 평가 척도

영역	평 점 관 점	평정치	소계	의견 및 비고
근무태도	출근해야 할 일수 결근 지각, 조퇴, 외출	( )일 ( )일 ( )일	10	10
일반자질	직무에 대한 책임 - 직무에 대한 책임감이 강하며 매사에 성실하게 임하고 있는가? - 동료교사와 학생들로부터 신망을 받고 있는가? - 교직생활에 취미를 느끼고 열성적으로 임하는가?	1 2 1 2 1 2	6	15
	용모, 품행 및 교양 - 용모, 언행이 단정한가? - 일반교양 및 전문적인 지식이 풍부하며 교사로서의 품위를 갖추고 있는가?	1 2 1 2	4	
	교육에 대한 신념 - 교직에 대하여 매력을 느끼고 있으며 제반 활동이 적극적인가? - 바람직한 교직관이 세워져 있으며 교직을 천직으로 여기려고 하는가?	1 3 1 2	5	

<table>
<tr><td rowspan="3">학습지도</td><td>학습지도의 준비 및 계획
- 학습지도를 위한 교재연구는 잘 되어 있는가?
- 학습 자료의 준비는 충분한가?
- 교수-학습과정안의 내용은 충실, 적절한가?</td><td>1 3 5
1 3 5
1 3 5</td><td>15</td><td rowspan="3">50</td></tr>
<tr><td>학습지도 기술
- 교단에 자신 있게 임하여 안정된 수업을 하는가?
- 동기유발의 방법은 적절하며 교사와 학생 상호 간에 협력적인 수업을 진행하고 있는가?
- 교수용어 및 설명요령은 적절한가?
- 판서는 조직적이며 조리 있게 되어 있는가?
- 학생은 즐거운 분위기에서 왕성한 의욕으로 학습할 수 있었는가?</td><td>0 2 4
0 2 4
0 2 4
0 2 4
0 2 4</td><td>20</td></tr>
<tr><td>학습평가
- 평가계획 및 방법은 적절한가?
- 평가장면의 선정 또는 평가문항의 작성은 적절한가?</td><td>1 5 8
1 5 7</td><td>15</td></tr>
<tr><td rowspan="3">연구조사</td><td>연구능력
- 제반업무에 창의성을 발휘하고 있는가?
- 제반사항에 면밀히 관찰하고 비판적으로 해석하는가?</td><td>1 2 3
1 2</td><td>5</td><td rowspan="3">15</td></tr>
<tr><td>연구적 태도
- 교직에 대한 제반사항을 자진해서 알려고 노력하는가?
- 교육실습에 관한 사항을 면밀히 기록하며 반성적 검토를 하는가?</td><td>1 2 3
1 2</td><td>5</td></tr>
<tr><td>교육이론의 적용
- 교육에 대한 이론적인 기반이 마련되어 있는가?
- 알고 있는 이론을 적용하려고 노력하며 교육사항에 대하여 이론적인 검토를 하고 있는가?</td><td>1 2 3
1 2</td><td>5</td></tr>
</table>

학급경영 및 사무처리 능력	학급 환경 구성 및 경영계획 - 학급환경의 구성을 창의적으로 하고 있는가? - 학급경영안의 작성 요령은 잘 습득하였는가?	1 2 0 1	3	10
	학생의 관리 및 지도능력 - 학급학생의 개성을 잘 파악하여 개성에 맞는 지도를 하고 있는가? - 학급생활을 잘 파악하여 바람직한 분위기의 조성을 꾀하는가?	1 2 1 2	4	
	사무처리 - 제반 지시사항을 시간 내에 수행하는가? - 지도교사 및 타교사에게 협조적인가?	1 2 0 1	3	
총 계				100

교육실습을 평가하는 데 있어서 교과담임과 학급담임, 그리고 교육실습주임 또는 주변 교사 등의 지도업무 내용 분담 상황과 실습록 및 지도안 등 과제물 제출 내용에 관한 것은 다음 예시와 같다.

교육실습 지도업무 분담

교육 실습 생계	• 교육실습에 대한 계획 수립 및 추진 • 실습생 출퇴근부 관리 및 근태상황 지도 평가 • 교육실습 일정 관리 • 교육실습성적 정리, 통보 • 기타 실습에 필요한 내용
교과 담임	• 수업 참관 및 실제 수업 지도 • 교수-학습과정안 작성 지도 • 매일 실습록 검열, 학급담임 교사에게 인계 • 매일 수업 참관 여부, 실제 수업 참관과 수업 참관 상황표 검인 및 평가회 주재 • 교수-학습과정안 사전 검열 지도 • 교육실습 학생 대표 수업 지도 • 제출물 확인 및 실습 성적 평가

학급 담임	• 학급 생활지도 및 학급 관리 요령 지도 • 학급 조회 및 종례 배석 지도 • 학생 성적 처리 요령 지도 • 실습 성적 평가
주번 교사	• 주번 조회, 종례 시 주번 교육실습 학생의 참석 확인 • 주번 교육실습 학생의 근무지도 및 평가 • 주번 교육실습 학생 일지 검인

실습록 및 지도안 등 과제물 제출

순위	내역	제출기한	확인자	최종제출일	비교
1	교육실습록	매일	교과담임교사/ 학급담임교사	실습종료일	수료 후 회수, 대학에 인계
2	출근부	매일	교육실습생계		보관
3	수업참관상황표	매시	수업지도교사	종료 1일 전	보관
4	교수-학습과정안	(세안) 제2주 초 (약안) 실시 1일 전	교과담임교사 교과주임/ 실습주임		교과지도교사 보관
5	평가문항작성 계획 및 고사문제		교과담임교사	종료 1일 전	보관
6	학생행동관찰 및 대화지도록		학급담임교사	종료 1일 전	보관
7	학급학생지도록		학급담임교사	종료 1일 전	보관
8	교편물		교과담임교사	종료 1일 전	학습 자료계 보관
9	교생주번일지	매일	주번교사	실습 종료일	결재 후 보관

2_디지털 수업 역량 진단 도구

가. 교원의 AI·디지털 역량이란?

교원이 AI·디지털과 관련된 기초지식과 교육적 의의에 대한 이해를 토대로 교원의 직무[교수-학습, 생활지도, 학교업무, 자기계발(연수) 등]와 관련하여 AI·디지털의 적용 능력과 그에 적합한 가치와 윤리적 태도를 가지고 있는 것(교육부 AIEDAP, 2024)을 말한다.

나. '교수–학습' 영역에 초점을 맞춘 3개 영역, 9개 핵심역량

영역(3)	역량(9)	역량 정의
AI·디지털 기본	AI·디지털 기술 활용	AI·디지털 기술을 올바르게 활용한다.
	AI·디지털 윤리 실천	AI·디지털 기술 활용에 관련된 윤리적인 측면을 내면화하고 실천한다.
AI·디지털 교육 실천	AI·디지털 기술 활용 교육맥락 분석	AI·디지털 기술을 활용하여 수업설계를 위한 요구와 제한점을 도출한다.
	AI·디지털 기술 활용 교수–학습 설계	AI·디지털 기술을 활용하여 교육내용과 학습과제를 구성하고, 교수–학습 방법을 설계한다.
	AI·디지털 기술 활용교육자원 개발	AI·디지털 기술을 활용하여 교수–학습 자료, 평가자료를 개발한다.
	AI·디지털 기술 활용 수업실행	설계한 수업을 AI·디지털 기술을 활용하여 실행한다.
	AI·디지털 기술 활용 교육평가와 성찰	AI·디지털 기술을 활용하여 학습자의 학업성취를 평가하고 수업을 성찰한다.
전문적 참여	자기 개발	AI·디지털 역량을 꾸준히 개발한다.
	사회 참여	AI·디지털 기술을 이용하여 긍정적인 사회 변화에 기여한다.

다. 예비·현직 교원의 AI·디지털 역량 측정 도구

이상과 같이 교원들이 AI·디지털 역량을 갖추는 것은 매우 중요하다. 특히 앞의 역량은 교사들이 가장 중요하게 생각하는 측면에서 활용할 수 있는 역량들이다. 현장 교사들이나 예비 교사들은 이러한 역량들을 최선의 수업 전문성을 기르는 데에 충분히 활용할 수 있어야 한다. 그러나 이 역량들은 절대적인 것이 아니며, 하나의 참고 자료일 뿐이다. 그리고 보다 구체적으로 이러한 역량 측정을 위한 과제 수행형 평가 도구를 살펴봄으로써 역량과 관련한 수행평가 기준을 잘 이해할 수 있다. 이를 위하여 한국학술정보원의 측정 도구를 제시해 보면 아래 두 표와 같다(서정희 외, 2023: 30-33).

[AI·디지털 기술 활용 교육맥락분석] 역량 관련 수행 평가기준

※ 수업설계안 입력 내용: 성취기준, 학습자 특성 분석 결과, 학습내용 분석 결과, 학습환경 분석 결과, 학습 주제, 설계를 위한 시사점

평가 기준	척도			평가 주체
	우수	보통	개선 필요	
기준1. 가르칠 내용의 특성을 분석하기 위해 하위요소를 규명하고 이들 간의 위계나 군집, 순서 등에 따라 계열화했는가?	가르칠 내용의 특성을 분석하기 위해 하위요소가 제시되고 계열화됨	가르칠 내용과 관련하여 하위요소가 제시됨	가르칠 내용과 관련하여 하위요소 관련 내용을 찾을 수 없음	전문가/생성형 AI
기준2. 성취기준과 관련하여 학습자 특성(선수지식, 기능수준, 정의적 특성, 디지털 AI 활용경험 등)을 분석하고 근거를 제시하였는가?(지도안에 3개 항목 명시)	성취기준과 관련하여 학습자 특성에 대한 분석결과와 함께 근거가 제시됨	성취기준과 관련하여 학습자 특성에 대한 분석결과를 제시하였음	성취기준과 관련하여 학습자 특성에 대한 내용을 찾을 수 없음	전문가/생성형 AI
기준3. 학습자 특성 분석 결과를 토대로 학습내용을 결정하였는가?	학습자 특성을 분석한 결과가 학습내용 분석 결과에 반영됨	학습자 특성을 분석한 결과가 학습내용 분석 결과에 일부 또는 부분적으로 반영됨	학습자 특성을 분석한 결과와 학습내용 분석 결과와의 관련성을 찾을 수 없음	전문가

평가 기준	척도			평가 주체
	우수	보통	개선 필요	
기준4. 학습이 이루어지는 학습환경을 학습자 규모, 교실 특성, 기자재의 관점에서 분석하고, 학습내용 분석에 맞는 학습환경을 제시하였는가?	학습이 이루어지는 학습환경 관련하여 학습자 규모, 교실, 기자재에 대해 분석결과가 제시되고, 학습내용 분석결과에 부합하는 학습환경을 제안함	학습이 이루어지는 학습환경 관련하여 분석 결과가 제시됨	학습이 이루어지는 학습환경 관련하여 분석 내용을 찾을 수 없음	전문가/생성형 AI
기준5. 학습주제가 AI/디지털 기술과 관련이 있으며, 그러한 연계의 필요성을 제시하였는가?	학습주제가 AI/디지털 기술과 관련이 있으며, 그러한 연계의 필요성이 제시됨	학습주제가 AI/디지털 기술과 관련이 있으나 연계의 필요성은 제시되지 않음	학습주제가 AI/디지털 기술과 관련이 없음	전문가
기준6. 학습주제가 성취기준과 학습내용 분석결과에 적합하게 설정되었는가?	학습주제가 성취기준과 학습내용 분석결과에 적합하게 설정됨	학습주제가 성취기준 및 학습내용 분석결과와 일부 관련이 있음	학습주제, 성취기준, 학습내용 분석결과의 연계성을 파악하기 어려움	전문가/생성형 AI
기준7. 기준1~기준6에서 분석한 결과를 바탕으로 수업설계를 위한 시사점을 도출하였는가?	수업설계를 위한 시사점이 위 기준1~기준6의 분석 결과에 의거하여 명시적으로 제시됨	수업설계를 위한 시사점이 제시되었으나 분석 결과와의 관련이 명시적으로 드러나지 않음	수업설계를 위한 시사점을 찾을 수 없음	전문가/생성형 AI
기준8. 논리성: 효과적인 AI디지털 융합/활용 교육의 관점에서 보았을 때 교육맥락분석이 논리적으로 전개되었는가?	분석에 필요한 핵심 자료가 수집되고, 해당 자료에 대한 분석의 결과가 명확하고 일관성 있게 제시됨	자료의 수집 및 해당 자료에 대한 분석의 결과가 명확하게 제시됨	자료의 수집 및 해당 자료에 대한 분석의 결과에 있어 명확성, 일관성을 찾을 수 없음	전문가
기준9. 타당성: 효과적인 AI디지털 융합/활용 교육의 관점에서 보았을 때 분석의 결과로 도출한 시사점이 타당하며 적용 가능한가?	분석의 결과가 AI 디지털 융합/활용 교육의 맥락에 비추어 타당하여, 이를 교수설계에 적용할 수 있음	분석의 결과가 AI 디지털 융합/활용 교육의 맥락에 비추어 타당한 측면이 있으며, 일부 교수설계에 적용할 수 있음	AI 디지털 융합/활용 교육의 교수설계에 적용할 수 있는 타당한 시사점이 도출되지 않음	전문가

[AI·디지털 기술 활용 교수-학습설계] 역량 관련 수행 평가기준

※ 수업설계안 입력 내용: 학습목표, 전반적인 수업설계전략, 평가전략, 학습과제 및 확습활동, 개별화 전략

평가 기준	척도			평가 주체
	우수	보통	개선 필요	
기준1. [학습목표]가 수업의 성취기준을 반영하며, AI 디지털 기술을 활용하여 달성하고자 하는 학습목표가 구체적으로 제시되었는가?	[학습목표]가 수업의 성취기준을 반영하며, AI 디지털 기술 활용을 통해 달성하고자 하는 학습목표가 구체적으로 기술됨	[학습목표]가 수업의 성취기준을 일부 반영하며, AI 디지털 기술 활용을 통해 달성하고자 하는 학습목표가 충분히 구체적이지 않음	학습목표가 수업의 성취기준을 반영하지 않으며, AI 디지털 기술 활용을 통해 달성하고자 하는 학습목표의 구체성이 낮음	전문가/생성형 AI
기준2. 분석 단계에서 정리한 [설계를 위한 시사점]을 반영하여 [전반적인 수업설계전략]의 내용을 도출하였는가?	[전반적인 수업설계전략]의 내용이 [설계를 위한 시사점]을 반영하여 제시됨	[전반적인 수업설계전략]이 제시되었으나 [설계를 위한 시사점]이 반영되지는 않음	[전반적인 수업설계전략] 관련 내용이 부족함	전문가/생성형 AI
기준3. [평가전략]에 기술된 대로 평가하면 [학습목표]의 달성 여부를 판단할 수 있는가?	제시된 평가전략을 통해 모든 학습목표의 달성 여부를 확인할 수 있음	제시된 평가전략을 통해 일부 학습목표의 달성 여부를 확인할 수 있음	제시된 평가전략을 통해 학습목표의 달성 여부를 확인할 수 없음	전문가/생성형 AI
기준4. AI융합/활용교육 맥락에 적용할 수 있는 [학습과제 및 학습활동]이 구체적으로 제시되었는가? [학습목표]의 달성에 기여하는가?	학습과제 및 학습활동에 AI융합/활용교육 맥락이 반영되어 있으며, 이를 통해 학습목표를 달성할 수 있음	학습과제 및 학습활동에 AI융합/활용교육 맥락이 반영되어 있으나 학습목표와 연계되지 않음	학습과제 및 학습활동에 AI융합/활용교육 맥락이 반영되어 있지 않으며, 이를 통해 학습목표를 달성하기 어려움	전문가/생성형 AI
기준5. AI/디지털 기술을 활용하여 학습자의 개별적인 학습 요구에 따라 인지적, 정서적으로 지원할 수 있는 설계전략이 제시되었는가?	AI/디지털 기술을 활용하여 학습자의 개별적인 학습 요구를 반영한 인지적, 정서적 지원 설계전략이 제시됨	AI/디지털 기술을 활용하여 학습자의 개별적인 학습 요구를 반영한 인지적 지원 또는 정서적 지원 설계전략이 제시됨	AI/디지털 기술을 활용하여 학습자의 개별적인 학습 요구를 반영할 수 있는 설계전략이 제시되지 않음	전문가/생성형 AI
기준6. 타당성 및 독창성: 효과적인 AI디지털 융합/활용 교육의 관점에서 보았을 때 설계전략 및 학습과제/활동 등이 타당하고 독창적인가?	설계전략 및 학습과제/활동 등이 AI 디지털 융합/활용 교육의 맥락에 비추어 타당하고 독창적임	설계전략 및 학습과제/활동 등이 AI 디지털 융합/활용 교육의 맥락에 비추어 타당함	설계전략 및 학습과제/활동 등이 AI 디지털 융합/활용 교육의 맥락에 비추어 타당하지 않음	전문가

3_이해중심 교육과정 구현을 위한 백워드 설계의 평가기준

이하 내용은 2015 개정 교육과정부터 강조되고 있는 이해중심 교육과정을 실천하기 위하여 현장에서 활용되고 있는 백워드 설계에 대한 것으로, 특히 단원 지도안 양식을 작성하는 데에 필요한 자료이다. 각 설계 단계별 방법, 설계 체크리스트, 평가 및 검토 기준을 구체적으로 제시해 보면 다음과 같다(강현석 외, 2022: 231-241).

가. 백워드 설계 템플릿(단원지도안 양식): 상세 템플릿에 따라 백워드 단원 개발하기

<table>
<tr><th colspan="4">단원 개관(Unit Cover Page)</th></tr>
<tr><td colspan="4">(0-A)
단원: 학년:
교과/주제 영역: 단원 수업 차시:
핵심단어:
지도교사:</td></tr>
<tr><td colspan="4">(0-B) 단원의 주요 요약(교육과정 맥락과 단원 목표 포함)</td></tr>
<tr><td colspan="4">(0-C) 단원 설계 상태
☐ 완성된 템플릿 페이지-1·2·3단계
☐ 각 수행 과제를 위해 완성된 청사진 ☐ 완성된 루브릭
☐ 학생과 교사의 유의사항 ☐ 자료 및 자원목록
☐ 권고사항

상황</td></tr>
<tr><td>☐ 동료 평가</td><td>☐ 내용 평가</td><td>☐ 현장 검사</td><td>☐ 타당도</td></tr>
</table>

1단계 – 바라는 결과 확인(Desired Results)	
(1-A) 목표 설정하기	
(1-B) 이해	
(1-C) 본질적 질문	
(1-D) 학생들이 성취해야 하는 핵심 지식 학생들은 ……을 알 것이다.	(1-E) 학생들이 성취해야 하는 기능 학생들은 ……을 할 수 있을 것이다.

2단계 – 수용 가능한 증거 결정하기(Assessment Evidence)
(2-A) 학생들이 이해했다는 것을 보여주는 증거로 사용될 과제 수행과제 작성 Tool: GRASPS가 포함되도록(수행 목표, 역할, 대상, 상황이나 맥락, 수행, 기준) 서·논술형의 시나리오 형태로 평가 문항 작성하기
(2-B) 1단계 바라는 결과에 따라 수집될 필요가 있는 다른 증거 다른 증거:
(2-C) 학생 자기평가와 반성:

부록

2단계 – 수용 가능한 증거 결정하기(Assessment Evidence, 계속)
평가 과제 청사진
(2-D) 평가목표
(2-E) 평가 과제 및 이해의 정도
(2-F) 평가 과제 개관
(2-G) 학생 결과물과 수행
(2-H) 어떤 준거에 따라 학생 결과물과 수행을 평가할 것인가? 루브릭 작성하기

3단계 – 학습 경험 계획하기(Learning Plan)	
(3-A) 교수-학습 경험계획 (WHERETO)	학생들이 바라는 이해에 도달하고 개발하며 설명하기 위해 갖추어야 할 교수 및 학습 경험의 계열은 무엇인가?

교수-학습 경험

요소	내 용
W(학습목표)	
H(동기유발)	
E1(경험탐구)	
R(재사고)	
E2(평가)	
T(개별화)	
O(조직화)	

3단계 – 학습 경험 계획하기(Learning Plan, 계속)

(3-B) 학습 계획

요일	요일	요일	요일	요일
< / >	< / >	< / >	< / >	< / >
< / >	< / >	< / >	< / >	< / >
< / >	< / >	< / >	< / >	< / >

나. 설계 체크리스트

1단계 설계 체크리스트

설정된 목표 (G)

1. ______________ 이 단원과 직접 관련 있는 성취기준을 작성하였는가?

이해 (U)

2. ______________ 성취기준과 단원 목표에서 이해를 도출하였는가?

3. ______________ 이해를 지나치게 모호하게 작성하지 않았는가?

4. ______________ 이해는 "학생들은 ……을 이해할 것이다"에 대응하여 일반화된 문장으로 작성하였는가?

본질적 질문 (Q)

5. ______________ 포괄적 본질적 질문은 주요 아이디어를 명료화하고, 다른 주제와 맥락적으로 연결되는가?

6. ______________ 제한적 본질적 질문은 해당 주제의 틀을 구성하고 탐구를 안내하는가?

7. ______________ 본질적 질문을 사고와 탐구를 자극하는 질문으로 구성하였는가?

8. ______________ 본질적 질문을 학생들이 그것에 접근하기 쉽도록 "학생의 언어"로 작성하였는가?

지식과 기능 (K) (S)

9. ______________ 성취기준을 충족시키는 데 필요하고, 바라는 이해를 가능하게 하는 핵심 지식을 선정하였는가?

10. ______________ 성취기준을 충족시키는 데 필요하고, 바라는 이해를 가능하게 하는 기능을 선정하였는가?

2단계 설계 체크리스트

수행과제

1. ____________ 개발한 수행과제는 1단계에서 하나 또는 그 이상의 바라는 결과와 일치하는가?

2. ____________ 수행과제는 실생활 맥락을 고려하여 복잡하게 구성하였으며 기능과 이해를 포함하고 있는가?

3. ____________ 수행과제는 GRASPS의 형태로 작성하였는가?

4. ____________ 수행과제는 수행과 산출물에서 학생들이 다양한 이해를 나타낼 수 있도록 구성하였는가?

5. ____________ 수행과제는 이해의 여섯 측면들 중 하나 의상의 것을 포함하고 있는가?

6. ____________ 채점 루브릭은 이해의 두드러진 특성과 성공적인 수행을 확인할 수 있도록 개발하였는가?

다른 증거

7. ____________ 다른 적절한 증거는 수행 과제가 제공한 증거를 보충할 수 있도록 개발하였는가?

8. ____________ 학생들에게 학습과 수행에 대한 자기 평가 및 반성적인 성찰의 기회를 제공하였는가?

3단계 설계 체크리스트

1. ______________ 학습계획은 학생들이 학습할 내용, 기대하는 것(수행 목표 등), 평가 방법 등을 명확하게 제시하였는가? W

2. ______________ 진단 평가는 학생들이 가지고 있는 오해와 예측할 수 있는 수행(기능)을 점검하기 위해 초기에 활용하였는가? W

3. ______________ 학습 계획은 학생들을 적극적으로 참여시키기 위해 명확하게 설계되었는가? H

4. ______________ 학습 계획은 학습자들이 주요 아이디어의 이해에 꼭 필요한 경험, 정보, 수행에 필요한 기능을 갖추도록 설계되었는가? E1

5. ______________ 학생들에게 자신들의 이해를 재고하고, 자신들의 수행에 대한 피드백과 안내를 기반으로 수정할 수 있는 기회를 제공하였는가? R

6. ______________ 개별적·집단적 향상에 대한 계속적인 평가를 통해 학생들에게 피드백과 안내를 제공하였는가? E2

7. ______________ 학습은 다양한 학습자들의 흥미, 스타일을 고려하여 내용, 과정, 산출물 등을 개별화하였는가? T

8. ______________ 학습 활동의 순서는 학생의 매력성과 효과성을 최대화하기 위해 조직되었는가? O

부록

다. 설계 검토 및 평가기준

1) 단계별 백워드 설계 기준

1단계: 설계는 얼마나 목표로 정한 내용의 주요 아이디어에 초점을 맞추는가?

고려할 점:

- 목표로 정한 이해는 영속적이고, 전이 중심적이며, 학문의 핵심과 심층적 학습에서의 주요 아이디어인가?
- 목표로 정한 이해는 의미 있는 관련성을 유발하고, 참된 탐구와 깊은 사고를 도출하며, 전이를 촉진하는 질문들에 의해 틀이 구성되는가?
- 본질적 질문은 흥미를 자극하고, 논증할 수 있으며, 핵심 아이디어 중심의 탐구를 할 것 같은가?
- 적절한 목표인가?
- 타당하고 단원과 관련된 지식이며, 확인된 기능인가?

2단계: 평가는 얼마나 바라는 결과를 공정하고, 타당하면서 신뢰롭고 충분하게 측정할 수 있는가?

고려할 점:

- 학생들은 참 수행 과제를 통해 자신들의 이해를 나타내도록 요구받는가?
- 적절한 준거 중심의 채점 도구가 학생의 산출과 수행을 평가하기 위해 활용되는가?
- 적절한 평가 유형이 학습의 부가적인 증거를 제공하는 데 다양하게 활용되는가?
- 평가는 평가 그 자체를 위해서뿐만 아니라 학생과 교사를 위한 피드백으로 활용되는가?
- 학생들은 자기 평가 하도록 격려를 받는가?

3단계: 학습 계획은 얼마나 효과적이고 매력적인가?

고려할 점:

- 학생들은 자신들이 어디로 가고 있는지(학습 목표), 자료가 왜 중요한지(내용 학습의

이유), 자신들에게 무엇을 요구하는지(단원 목표, 수행 요구 및 평가 준거) 알 것인가?

- 학생들은 주요 아이디어를 (탐구, 조사, 문제 해결, 실험 등을 통해) 탐구하는 데 있어 *주의를 환기*하고 참여적일 것인가?
- 학생들은 주요 아이디어를 *탐구·경험*하는 적절한 기회와 필요한 수행을 위해 그것을 *갖춘* 수업을 받을 것인가?
- 학생들은 자신들의 작업을 적시에 피드백 받음으로써 *재고, 시연, 수정, 정련*할 기회를 충분히 가질 것인가?
- 학생들은 자신들의 작업을 *평가*하고, 학습을 반성하고 목표를 설정할 기회를 갖게 될 것인가?
- 학습 계획은 모든 학생들의 흥미와 학습 스타일을 이끌어내는 데 *안성맞춤*이고 신축적인가?
- 학습 계획은 매력성과 효과성을 최대화하기 위해 *조직*되고 계열화되는가?

1~3단계 전체 설계: 전체 단원은 얼마나 세 단계에서 조정된 모든 요소들을 포함하고 일관성이 있는가?

2) 동료평가 절차

1단계(step): 설계자의 제시와 함께 단원의 개관

① 설계자는 단원의 간략한 개요를 제공하고 피드백 시기에 자신이 강조하기를 바라는 이슈를 진술한다.

② 검토자들은 자신들의 작업을 명료하게 하기 위해 오로지 사실적이고 맥락적인 질문을 한다(예컨대, 이것이 일어난 해는 언제이고, 어떤 단원들이 이것보다 앞서는가?).

③ 설계자는 이 검토 그룹과 함께 있지 않는다.

2단계: 설계자의 제시 없이 단원 설계 검토(개별 평가: 분)

④ 역할을 설정한다. 촉진자의 핵심적인 일은 시간을 지켜보는 것이고, 설계자가 그 검토 결과가 보고되는 시점과 경청하는 것을 예의를 갖추어 단호하게 확실히 하는 것이다.

⑤ 검토자들은 아무 말 없이 그 단원을 읽고 자료(템플릿, 루브릭, 유인물)를 검토한다.

⑥ 각 검토자는 아무 말 없이 구체적인 설계 준거와 관련해서 설계의 장점을 평가하고, 그다음에 단점을 평가한다.

⑦ 각 검토자는 전체 검토 그룹이 그 단원을 논의하기 전에 설계자의 장점과 단점을 요약하는 개별 검토 용지를 기록한다.

3단계: 동료들은 개별 검토를 논의(그룹 평가: 분)

⑧ 검토 그룹은 장점과 단점에 대한 개별 반응을 논의한다(기준에 의하여).

⑨ 그룹은 설계자가 강조한 이슈를 고려한다.

⑩ 그룹은 제공될 핵심 피드백과 지침에 관해 합의를 본다.

4단계: 동료들은 피드백과 지침의 틀을 구성하고 기록하는 방법을 논의

⑪ 기록자는 그룹의 핵심 피드백과 지침을 요약하는 그룹 검토 용지를 기록한다.

⑫ 그룹은 설계자가 강조한 이슈를 고려한다.

5단계: 동료들은 설계자와 함께 그 검토를 논의(그룹 평가: 분)

⑬ 설계자의 역할은 주로 청취자 — 검토자들의 질문을 주목하고, 명료화하도록 요구하며, 가능한 수정에 관해 혼잣말을 하는 — 이다.

⑭ 설계자는 요청한 대로 명확한 질문에 반응할지 모르지만, 의도, 역사, 혹은 선택 이유를 정당화하지 말아야 한다. 설계는 가능한 한 스스로 서 있어야 한다.

⑮ 피드백과 지침이 제공된 이후에, 검토에서 제기된 설계 이슈나 질문의 일반적인 논의가 일어나게 된다. (일반적인 설계 질문, 이슈, 그리고 검토가 끝난 후의 논의의 딜레마들을 주의하라.)

개별 검토

설계 기준	장점	단점
설계는 얼마나 • **목표로 정한 내용의 주요 아이디어에 초점을 맞추는가?** • **본질적 질문을 중심으로 주요 아이디어를 구성하는가?**		
평가는 얼마나 **바라는 결과를 타당하면서 신뢰롭고 충분히 측정할 수 있는가?**		
학습 계획은 얼마나 **효과적이고 매력적인가?**		
전체 단원은 얼마나 **세 단계에서 조정된 모든 요소들을 포함하고 일관성이 있는가?**		

부록

가르치는 기술

학급경영

생활지도

교육실습 유의사항

부록

그룹 검토

설계 기준	피드백	지침
설계는 얼마나 • **목표로 정한 내용의 주요 아이디어에 초점을 맞추는가?** • **본질적 질문을 중심으로 주요 아이디어를 구성하는가?**		
평가는 얼마나 **바라는 결과를 타당하면서 신뢰롭고 충분히 측정할 수 있는가?**		
학습 계획은 얼마나 **효과적이고 매력적인가?**		
전체 단원은 얼마나 **세 단계에서 조정된 모든 요소들을 포함하고 일관성이 있는가?**		

4_IB 단원 지도안(Unit Planner) 양식

가. 한글판

다음 표는 IB MYP 공식 문서에서 제공하는 유닛 플래너 양식이다(IBO. 2014: 50-55)

IB 유닛 플래너 양식

교사		교과(군)			
단원명		MYP 학년		단원차시(시간)	

■ 탐구: 이 단원을 학습하는 목적 만들기

핵심 개념	관련 개념	글로벌 콘텍스트
탐구진술문		
탐구 질문		
사실적 질문 - 개념적 질문 - 논쟁적 질문 -		
학습 목표	총괄 평가	
	평가 기준을 포함하여 총괄 평가 과제에 대한 개요를 제시	*총괄평가의 과제와 탐구진술문이 어떤 관계가 있는지 제시*
학습접근법(ATL)		

■ 실행: 탐구를 통한 교수-학습

학습 내용	학습 과정
	학습 경험과 교수 전략
	형성평가
	개별화(Differentiation) 전략
자료 및 자원	

■ 성찰: 탐구의 계획, 과정, 영향(impact)에 대한 고려

수업 전	수업 중	수업 후

출처: IBO(2014)

IBO에서 공식 제시하는 유닛 플래너를 작성하는 방법을 보다 쉽게 설명해 보자. 유닛 플래너는 먼저 교사의 이름, 과목, 단원명, 학년, 차시(시간)를 적게 되어 있다. 그런 다음 탐구 → 실행 → 성찰 영역의 순서대로 작성하도록 한다. 각 영역은 IB에서 추구하는 깊이 있는 이해를 위한 탐구 수업을 지향하고 있다. 이를 통해 다소 시간이 걸리더라도 교사들은 유닛 플래너를 제작하는 과정에서 IB의 철학에 맞는 단원 수업을 설계할 수 있다. 특히 IB 유닛 플래너는 목표-평가-수업의 일체화를 가능하게 하는 수단이기도 하다. 탐구 영역 이하의 유닛 플래너를 작성하는 순서와 각 소영역에 담아야 할 내용은 다음 그림과 같다(하화주, 2023: 86-88).

단계	항목	설명
탐구	핵심 개념	교과와 과목들을 가로지르는 광범위하고 구조화된 강력한 아이디어. 교과별로 MYP 문서에 제시
탐구	관련 개념	과목의 세부 내용을 더욱 세밀하게 탐구할 기회를 제공하고, 구체적인 교과 및 학문들로부터 추출된 것. 교과별로 MYP 문서에 제시
탐구	글로벌 콘텍스트	학습에서 일상적 맥락을 제공하는 역할. MYP 문서에 6개로 제시
탐구	탐구진술문	탐구 수업에 적합한 교실 조성을 위해 글로벌 콘텍스트에서 개념적 이해를 설정하는 것. “학생들이 무엇을 배우게 되고 왜 배우는 것인가”를 요약한 것.
탐구	탐구 질문	탐구 진술로부터 영감을 받아 이끌어 낸 것. 사실적, 개념적, 논쟁적 질문은 탐구의 형식와 범위를 부여하고 비판적이고 창의적인 사고를 촉진
탐구	학습 목표	MYP 각론 문서에 있는 목표를 기술. 한 학기에 최소 2가지의 목표를 다루어야 함.
탐구	총괄 평가	총괄 평가 과제를 부여하고 MYP 과목별 평가 기준을 사용하여 학생 성취도를 평가
탐구	학습접근법 (ATL)	IB 학습은 사고, 자기 관리, 사회적 상호 작용, 의사 소통 및 연구를 위한 다양한 학습 기술 접근법을 개발하는 것을 목표로 하며 교사는 단원과의 관계를 통해 학생들이 개발할 특정 기술을 제시
실행	학습내용	학생들이 학습할 내용
실행	학습 경험과 교수 전략	활동적이고 탐구 기반 학습을 촉진하고 과목에 대한 이해를 발달시키는 학습 환경을 어떻게 만들 것인가에 대해 제시. 다양한 학습적인 요구를 가진 학생들에게 교과(군) 목적과 목표를 어떻게 충족시킬 수 있을지 제시해야 함.
실행	형성평가	교사와 학생에게 지식, 이해, 기술, 태도의 지속적인 발전에 대한 통찰력을 제공할 수 있도록 제시
실행	개별화 전략	다양한 학습자의 요구를 충족시키기 위해 교육 전략을 수정하고 각 학생이 적절한 개인 학습목표를 개발하고 이를 달성할 수 있는 기회를 구축하는 전략을 제시
실행	자료 및 자원	교사들은 단원의 목적을 달성하기 위해 어떤 사람들, 학습 환경, 교재들이 필요한지를 고려하여 사용 가능한 자료 및 자원들의 목록을 작성. 학생들과 대규모 학교 공동체가 탐구에 가져올 수 있는 언어 경험이나 삶의 경험들도 고려
성찰	수업 전, 중, 후	성찰은 교사 간 협력적 계획, 교수 과정에서의 반성적 실천을 위한 지속적인 회고 기회, 교수전략 및 학습 결과를 평가해 보는 기회를 제공. 교사는 자신의 성찰을 학생들이 반성적 실천을 배울 수 있도록 돕는 모델로 활용할 수 있음.

〈그림〉 IB 유닛 플래너 작성 과정

나. 영문판

다음은 유닛 플래너에 보다 전문적으로 접근하고자 하는 교사들에게 도움이 되는 자료로, 매년 IBO에서 자료를 업데이트해서 제시하고 있다(IBO, 2015).

MYP unit planner

(The 'tilted' version: A PD tool for planning efficiently and teaching effectively)

Teacher(s)		**Subject group and discipline**			
Unit title		**MYP Year**	1-5	**Unit duration (hrs)**	Units will be designed to encompass approximately 20 hours of teaching time. (eAssessment development report (April 2014), 8)

INQUIRY: Establishing the purpose of the unit

Key concept	Related concept(s)	Global context
Key concepts, contributed from each subject group, provide interdisciplinary breadth to the programme. **Key concepts** are broad, organizing, powerful ideas that have relevance within and across subjects and disciplines, providing connections that can transfer across time and culture. (15) **Key concepts** engage students in higher-order thinking, helping them to connect facts and topics with more complex conceptual understanding. (15) Teachers identify one **key concept** that drives the unit's development. (56) These concepts are not only "**key**" in the sense of being important; they also provide a **key**—a way into a body of knowledge through structured and sustained inquiry. They place no limits on breadth of knowledge or on depth of understanding, and therefore provide access to every student, regardless of individual aptitudes and abilities. (56)	**Related concepts** promote depth of learning and add coherence to the understanding of academic subjects and disciplines. They are grounded in specific subjects and disciplines, and they are useful for exploring key concepts in greater detail. Inquiry into related concepts helps students to develop more complex and sophisticated conceptual understanding. (15) **Related concepts** and their definitions are found in each MYP subject-group guide (appendix). (57) For each unit, teachers identify one or more **related concept(s)** that extend(s) learning, lead(s) to deeper understanding, or offer(s) another perspective from which to understand the identified key concept(s). (58) Students should have meaningful inquiry into all of the... **related concepts** for each relevant subject group at least once over the course of the MYP. (58)	IB programmes aim to develop international mindedness in a **global context.** (11) Using **global contexts** in planning and teaching helps learners by providing relevance and meaning, which may lead to increased student engagement. (12) All learning is contextual. A learning **context** is a specific setting, event or set of circumstances, designed or chosen, to stimulate learning. The **context**, therefore, should have a relationship to the learner, the learner's interests and identity, or the learner's future.... **contexts** are specific, varied and highly situational. (17) The existence of multiple **contexts** for teaching and learning underscores the fact that all concepts are open to interpretation. (17) When concepts are set in **context**, they are less likely to become prescriptive checklists of "facts by

Annotated unit planner (tilted): last updated May 2015

Students need multiple opportunities to explore the concepts defined for each subject or discipline. (58)		another name". **Contexts** help to create productive discussion within and outside of the classroom. (17) **Contexts** for learning in the MYP are chosen from [parts of] **global contexts** to encourage international-mindedness and global engagement within the programme. (18) **Global contexts** provide a common language for powerful contextual learning, identifying specific settings, events or circumstances that provide more concrete perspectives for teaching and learning. (58) These and other contexts for teaching and learning inspire ***explorations***.... Table 3 (pages 60-62) contains explanations of the MYP **global contexts** and some of the many ***explorations*** that they can inspire. (59) Constructivism implies a pedagogy that includes student inquiry into concepts through content in authentic **global contexts.** (72)

Statement of inquiry

Statements of inquiry should not be so specific that they cannot be transferable beyond the content of the unit. (63)

[Combine] a key concept, one or more related concepts, and a global context for the unit into a meaningful statement that students can understand. This statement expresses the relationship between concepts and context; it represents a transferable idea supported by factual content. (62)

represents a **contextualized, conceptual understanding.** (62)

can be qualified (using phrases such as "often", "may" and "can") if it is not true in all situations, but is still an important idea. (62)

can be formulated at different levels of specificity. (62)

Summative assessment tasks should be directly linked to the statement of inquiry. (64)

Teachers should refer to the **statement of inquiry** to ensure that **concepts** and **context** inform the selection of learning experiences, formative assessment and teaching strategies. (66)

Inquiry questions

Inquiry questions are drawn from, and inspired by, **the statement of inquiry.** (63)
Inquiry questions give **shape and scope** to a unit of study, and they help to **scaffold** the objectives that students should strive to achieve. (63)
Factual: (63)

- Knowledge/fact-based
- Content-driven
- Skills-related
- Supported by evidence
- Can be used to explore terminology in the statement of inquiry
- Frequently topical
- Encourage recall and comprehension

Conceptual: (63)

- Enable exploration of big ideas that connect facts and topics
- Highlight opportunities to compare and contrast
- Explore contradictions
- Lead to deeper disciplinary and interdisciplinary understanding
- Promote transfer to familiar or less familiar situations, issues, ideas and contexts
- Encourage analysis and application

Debatable: (63)

- Enable the use of facts and concepts to debate a position
- Promote discussion
- Explore significant ideas and issues from multiple perspectives
- Can be contested
- Have tension
- May be deliberately provocative
- Encourage synthesis and evaluation

Objectives	**Summative assessment**	
The objectives of any MYP subject group state the specific targets that are set for learning in that subject group. They define what the student will be able to accomplish as a result of studying the subject. Each objective is elaborated by a number of **strands;** a strand is an aspect or indicator of the learning expectation.	**Outline of summative assessment task(s) including assessment criteria:** In the context of the MYP curriculum, a unit can be defined as a period of study that concludes with a summative assessment. (50) Summative assessment tasks should be **directly linked to the statement of inquiry** and provide varied	**Relationship between the summative assessment task(s) and the statement of inquiry:** Describe how the statement of inquiry and summative assessment task(s) are connected

Annotated unit planner (tilted): last updated May 2015

<table>
<tr>
<td>All strands of an objective must be addressed in order to determine a final achievement level.

The objectives of each subject group represent the use of knowledge, understanding and skills that must be taught. They encompass the factual, conceptual, procedural and metacognitive dimensions of knowledge. MYP objectives reflect and offer opportunities to develop the attributes of the IB learner profile. (64)

The objectives for years 1, 3 and 5 of the programme are provided in MYP subject group guides, and their use is mandatory. (64)

In practice, schools often introduce objectives and criteria for MYP years 3 and 5 in the previous year so that students in MYP years 2 and 4 become familiar with, and begin working towards, stated requirements, adapting and interpreting them in ways that are developmentally appropriate. (80)

Include the unit's objectives, listing specific strands to be addressed and assessed by the summative assessment(s).

Example for what goes in the box: (81)
MYP objectives
Objective A—Using knowledge
Students should be able to:
• construct explanations using knowledge to demonstrate understanding
• apply knowledge and understanding to solve problems set in familiar and unfamiliar situations
• apply terminology effectively to communicate understanding.</td>
<td>opportunities for students to demonstrate their knowledge, understanding and skills. In planning these assessments of learning, teachers should ask the following questions. (64)
• How does this assessment task relate to the statement of inquiry?
• Which MYP objectives are being addressed?
• How can we create meaningful performances of understanding?
• What evidence of learning will there be?
• How can we collect evidence of learning?
• How will the assessment task demonstrate conceptual understanding?
• How will results be recorded and analysed?
• How and when will students receive feedback?

Summative assessments are designed to provide evidence for evaluating student achievement using required MYP subject group specific assessment criteria. (79)

Choosing from a range of assessment strategies, teachers can devise assessment tasks that give students adequate opportunities to show clearly what they can achieve in relation to inquiry questions, and hence the subject group objectives for that unit. (85)

Open-ended tasks may be combined with other strategies, such as performance assessments... performance assessments can allow students to perform the learned skills and show their understanding in real-world contexts. (85)

Teachers should consider the distinction between activities or tasks and performances of understanding that are more effective in building deep understanding. The MYP uses the term "performance" in its widest sense to describe all forms of assessment where students are assessed on their ability to demonstrate predetermined learning objectives. (86)</td>
<td></td>
</tr>
</table>

Annotated unit planner (tilted): last updated May 2015

Approaches to learning (ATL)
ATL skills empower students to succeed in meeting the challenging objectives of MYP subject groups... while ATL skills are not formally assessed in the MYP, they contribute to students' achievement. (20) All teachers in MYP schools are responsible for integrating and explicitly teaching ATL skills. (21) Many ATL skills directly support the attainment of subject group objectives. (64) **Example:** In order for students to (objective strand) students must (choose an ATL skill that will allow students to master the objective strand). Category... (where did you find it?) Cluster... (where did you find it?) ATL skills focus on the process of learning, helping students to become confident, independent, self-managed learners for life. Teachers should teach skills explicitly, and students should have structured opportunities to practise them. (65)

ACTION: Teaching and learning through inquiry

Content	***Learning Process***		
	Learning experiences and teaching strategies	**Formative assessment**	**Differentiation**
Teachers can use a wide range of content, developed through MYP key and related concepts and global contexts, as a vehicle for teaching effective learning strategies. Likewise, ATL skills can be powerful tools for exploring significant content. This dual focus (content and process, knowledge and skills) promotes student engagement, deep understanding, transfer of skills and academic success. (20)	Students at the MYP age range learn best when their learning experiences have context and are connected to their lives and to the world that they have experienced. (18) As the unit progresses, both teachers and students can develop additional questions to explore... the statement of inquiry in greater detail. Students can develop their own questions in ways that satisfy curiosity and deepen understanding. The strands of subject-specific objectives can also be helpful in formulating inquiry questions(63) Teaching and learning in all IB programmes is: (66)	Teachers should provide students with regular, specific feedback on the development of ATL skills through learning engagements and formative assessment. (64) Teachers need to develop ways of ascertaining students' prior learning so that they can plan appropriate learning experiences and teaching strategies. (67) Teachers also need to consider how to monitor and support learning as students engage with the unit. Formative assessment (assessment for learning) provides teachers and students with insights into the ongoing development of knowledge, understanding, skills and	Planning for different levels of ability. (112) As schools implement the MYP inclusively, teachers design learning experiences that allow students across a range of needs to meet their learning objectives (see Meeting student learning diversity in the classroom (2013)). (27) The inclusion of all students requires a school to address differentiation within the written and taught curriculum, demonstrated in the unit planner and in the teaching environment. (28)

<table>
<tr>
<td>This content may be mandated by state or national systems; it may come from school-based requirements or the school's curriculum overview; or it may be derived from a range of education standards. (66)</td>
<td><ul><li>based on inquiry</li><li>focused on developing conceptual understanding</li><li>developed in local and global contexts</li><li>focused on effective teamwork and collaboration</li><li>differentiated to meet the needs of all learners</li><li>informed by assessment (formative and summative).</li></ul>Teachers should purposefully choose strategies and learning experiences that are aligned with the unit's statement of inquiry; help students meet subject group objectives; support the development of effective ATL skills; and meaningfully prepare students to achieve high levels of performance in the unit's summative assessment.(66)

Teachers should ensure that a range of learning experiences and teaching strategies is: (66)<ul><li>embedded in the curriculum</li><li>built upon prior learning</li><li>age-appropriate, thought-provoking and engaging</li><li>based on the differing needs of all students, including those who are learning in a language other than their mother tongue, and students with learning support requirements</li><li>open-ended and involves teaching problem-solving skills.</li></ul></td>
<td>attitudes. Assessment for learning is "the process of seeking and interpreting evidence for use by learners and their teachers to decide where the learners are in their learning, where they need to go and how best to get there" (Black et al. 2002). (67)

Formative assessment can also provide important opportunities for students to rehearse or refine performances of understanding as they prepare to complete summative assessment tasks. (67)

Through effective formative assessment, teachers gather, analyse, interpret and use a variety of evidence to improve student learning and to help students to achieve their potential. (79)

Formative assessments can be planned from the start of a unit, although they may change as teachers engage with students to determine the next stages of learning. (79)

Tests and quizzes are the most familiar examples of this form of assessment. Selected responses allow the teacher to ask general or specific questions to elicit responses from students that will indicate understanding and, possibly, misunderstanding. This strategy is particularly useful during the course of a unit, in formative assessment, as it is usually quick and straightforward to administer and can provide instant feedback for students and teachers. (85)</td>
<td>Effective formative assessment also provides teachers and students with a way to explore personal learning styles as well as individual student strengths, challenges and preferences that can inform meaningful differentiation of learning. (67)

Differentiation (modifying teaching strategies to meet the needs of diverse learners) can build opportunities in which each student can develop, pursue and achieve appropriate personal learning goals. When considering pedagogical approaches to meeting individual learning needs, teachers also need to consider each student's language profile. (68)

Teachers can differentiate teaching and learning by providing examples (work samples or task-specific clarifications of assessment criteria); structuring support (advance organizers, flexible grouping, peer relationships); establishing interim and flexible deadlines; and adjusting the pace of learning experiences. (68)

All students should be able to access the curriculum through the specific design of the unit and through the strategies that teachers employ to differentiate the content, process and outcomes of learning.

Differentiation may include offering students various modes of interpreting materials, whether visually, aurally or kinaesthetically, and allowing students to choose alternate modes of presentation</td>
</tr>
</table>

Annotated unit planner (tilted): last updated May 2015

	IB programmes recognize and value students' efforts to construct meaning when exploring the world around them. To support this, the MYP **requires** teachers to provide learning experiences that draw on students' prior knowledge and provide the time and opportunity for reflection and consolidation. This constructivist approach respects students' ongoing development of ideas, and their understanding, transfer and application of these ideas to wider contexts. Constructivism implies a pedagogy that includes student inquiry into concepts through content in authentic global contexts. This pedagogy leads to the most substantial and enduring learning. (72) The MYP can provide valuable experiences that help students engage in sophisticated inquiry into questions about the nature, limits and value of knowledge. Inquiry based approaches to teaching encourage students to share ideas with others and to listen to, and learn from, what others think. In this process, students' thinking and their understanding is shaped and enriched. (73)		for their performances of understanding (for example, oral presentation, writing, or a practical method such as leading a peer-to-peer workshop). (68)

Resources
Teachers plan and record the content, learning process and resources that they use in the course of the unit. (66) The specific learning experiences and teaching strategies devised by teachers depend on available resources. (67) Teachers need to investigate available resources and consider what additional resources might be necessary for the unit. Important resources to consider include: • instructional materials and classroom technologies • textbooks and other written and visual texts • teaching materials developed by businesses and not-for-profit organizations • educational games and simulations • teaching aids and manipulatives • learning environments beyond the classroom • students' diverse languages and cultures • families, experts and other primary sources in the school and the community • school, university and community libraries • digital resources, including the internet.

REFLECTION: Considering the planning, process and impact of the inquiry (Table 5, 70-71)

Teachers and students **need not engage** in reflection on every question; choosing a focus for reflection often leads to more meaningful results. Teachers and students should also consider other questions that can help to improve the planning, process and impact of inquiry in the MYP. Reflection will always be shaped by the specific needs of teachers and students in particular contexts.

Prior to teaching the unit	During teaching	After teaching the unit
Why do we think that the unit or the selection of topics will be interesting? What do students already know, and what can they do? What have students encountered in this discipline before? What does experience tell us about what to expect in this unit? What attributes of the learner profile does this unit offer students opportunities to develop? What potential interdisciplinary connections can we identify? What do we know about my students' preferences and patterns of interaction? Are there any possible opportunities for meaningful service learning? What in the unit might be inspiring for community or personal projects? Could we develop authentic opportunities for service learning? How can we use my students' multilingualism as a resource for learning?	What difficulties did we encounter while completing the unit or the summative assessment task(s)? What resources are proving useful, and what other resources do we need? What student inquiries are emerging? What can we adjust or change? What skills need more practice? What is the level of student engagement? How can we scaffold learning for students who need more guidance? What is happening in the world right now with which we could connect teaching and learning in this unit? How well are the learning experiences aligned with the unit's objectives? What opportunities am I hearing to help students explore the interpretative nature of knowledge, including personal biases that might be retained, revised or rejected? (DP Theory of knowledge skills development)	What were the learning outcomes of this unit? How well did the summative assessment task serve to distinguish levels of achievement? Was the task sufficiently complex to allow students to reach the highest levels? What evidence of learning can we identify? What artefacts of learning should we document? Which teaching strategies were effective? Why? What was surprising? What student-initiated action did we notice? What will we do differently next time? How will we build on our experience to plan the next unit? How effectively did we differentiate learning in this unit? What can students carry forward from this unit to the next year/ level of study? Which subject groups could we work with next time? What did we learn from standardizing the assessment?

참고문헌 및 사이트

제1부 가르치는 기술

경상북도 교육청(2003). 창의성 과학교육 길잡이(장학자료 중등 2003-17).

경상북도교육연수원(2008). 효과적인 교사의 발문 전략. -상호 작용 및 교수발문 직무연수(원격).

경상북도교육연수원(2009). 맞춤형 원격연수 : 중등교사의 발문(교원능력개발평가)

김재혁(1997). 교실 상호 작용 분류 체계, Primary English Education 3: 37-52.

진제희(2002). 교실 상호 작용에서 나타난 교사의 역할 :스캐폴딩의 관점에서, 국제한국어교육학회, 13(1). 243-264.

김인식, 최호성, 최병옥(2002). 수업설계의 원리와 모형 적용. 서울: 교육과학사.

동국대학교교수학습개발센터(2006). 좋은 수업을 위한 Teaching Guide 55.

박미숙(2006). 창의력 신장을 위한 발문 전략 수립 및 적용. 전북대학교 교육대학원.

박병학(1997). 사랑의 수업론. 교육과학사.

박승배 외(2006). 효과적인 교수법. 아카데미프레스.

백영균, 김현진, 정재엽, 윤성철, 박형성, 최상철, 정동욱(2009). 효과적인 수업을 위한 교수·학습 매체의 제작. 서울: 학지사.

변영계, 김영환, 손미(2003). 교육방법 및 교육공학. 서울: 학지사.

변홍규(1994). 질문제시의 기법. - 능률적 질문기법 훈련프로그램 -. 교육과학사.

서울대학교교육연구소(1994). 교육학용어사전. 하우.

송용의 역(2004). 효율적인 교사의 발문 기법. 배영출판사.

양경한(2008). 창의적 사고력을 기르는 발문방법. 교육연구. 제28권 제7호 통권 468호. 한국교육생산성연구소 교육연구사.

이기숙·김원경(2006). 중학교 수학교사의 발문 행동에 관한 분석. 교원교육. 22(4), 111-133.

이순옥(2002). 반응 중심의 상상적 사고력 신장을 위한 발문 연구. 부산교육대학교 교육대학원.

이양경(2004). 창의력 신장을 위한 효과적인 발문 연구. 동아대학교 교육대학원.

이정선(2006). 창조적인 발문 전략 및 효율적인 반응 방법. 교육연구 제26권 제6호 통권 443호(2006. 6). 한국교육생산성연구소 교육연구사.

이종일 외(2006). 교육적 질문하기. 교육과학사.

조벽(2002). 새시대 교수법 상담가이드북. 서울: 한단북스.

조용개, 심미자, 이은화, 이재경, 손연아, 박선희(2009). 성공적인 수업을 위한 교수전략. 서울: 학지사.

곽영순, 김주훈(2003). 좋은 수업에 대한 질적 연구: 중등 과학 수업 중심으로. 한국과학교육학회지 제 23권 제2호(2003. 4) pp.144-154.

김기영(1998). 질문을 활용한 상호 작용적 언어 교수. 영어교육연구 제18호. pp.19-43, 한국영어교육연구학회.

최선화 외(2002). 신규교사 실무핸드북. 2002학년도 특별연구교사 보고서. 대구광역시교육청.

한국교육신문사(2005). 기본학습훈련과 수업기술. 1월호. 한국교육신문사.

황금이 외(2004). 신규 교사들을 위한 학급 경영 길라잡이. 2004 장학자료 초172. 대구광역시교육청.

Bloom, B. S. (Ed.), Engelhart, M. D., Furst, E. J., Hill, W. H., & Krathwohl, D. R. (1956). Taxonomy of educational Objectives: Handbook Ⅰ: Cognitive domain. New York: David McKay.

Blosser, P. E.(1973). Handbook of effective questioning techniques. Ohio: Education Associates, Inc.

Brophy, J. E. & Good, T. L.(1985). Teacher behavior and student achievement. In M. E. Wittrock (Ed.), Handbook of research on teaching(3rd ed.). Chicago: Rand-McNally.

Cole, P. G., Chan, K. S. (1987). Teaching Principle and Practice. New York. Prentice Hall.

EBS 최고의 교수 제작팀(2008). EBS 다큐멘터리 최고의 교수. 서울: 예담.

Pamela. J. 외(2010). 교실 의사소통 :효과적인 교실 상호 작용을 위한 소통 방법. 이창덕 외 옮김, 2010. 교육과학사.

Rowe, M. B.(1976). Reflection on wait-time: some methodological questions. Journal of Research in Science Teaching. 11, 263-279.

Thomas, M. A. & Davis, G. A.(1989). Effective schools and effective teachers.

Tobin, K.(1987). The role of wait time in higher cognitive level learning. Reivew of Educaitonal Research. 57, 69-95.

http://www.dongguk.ac.kr/prof/t01/pds/

KICE 교수학습개발센터 http://www.classroom.re.kr

경희대학교 교수학습지원센터 http://ctl.khcu.ac.kr/

대구창의성교육연구회 http://hosting.dgedu.net/~edu07047/

대한사고개발학회 http://www.thinking.or.kr/

민경익 교수기술연구소 http://blog.naver.com/min451127/

배움, 실천 그리고 공유의 장 http://cafe.naver.com/edu1225/

서울동부교육청 tadbs.go.kr/stu_tea.brd/

서울대학교 교수학습개발센터 http://ctl.snu.ac.kr/

에듀넷 http://www.edunet4u.net/
영진전문대학 교육미디어센터 http://yjemc.yjc.ac.kr/
좋은 수업 커뮤니티 http://cafe.daum.net/pbtc/
평생교육실천포럼 http://cafe.naver.com/lifelong
학습자 중심 교과교육학회 http://kalci.org/
한국 정보 교육 학회 http://www.kaie.or.kr/
한국창의력교육학회 http://cred.or.kr/search.php
함께 하는 교육사랑 http://blog.naver.com/empjoonki
브랜드 있는 선생님 http://blog.naver.com/edusang

제2부 학급경영

교육과학기술부(2010). 교육과학기술부 고시 제 2009-41호.
교육과학기술부(2010). 초·중·고 창의적 체험활동 교육과정 해설.
교육과학기술부(2010). 손에 잡히는 창의적 체험활동(중·고 매뉴얼).
창의적 체험활동 종합지원시스템 www.edupot.go.kr

제3부 생활지도

우리교육 엮음(2008). 교실 속 갈등상황 100問 101答 중등. 우리교육.
김언주 외(2003). 아이들이 행복할 때 교사도 행복하다. 창지사.
박교선(2007). 학생 생활지도 이제는 변해야 한다. 교육과학사.
KICE 교수학습개발센터 http://www.classroom.re.kr
평생교육실천포럼 http://cafe.naver.com/lifelong
함께 하는 교육사랑 http://blog.naver.com/empjoonki
박종석 외(2005). 알면 알수록 안전한 실험실. 교육인적자원부·서울대학교 과학교육연구소.

제4부 교육실습 유의사항

경북대학교 사범대학 교육학과(2010). 예비·현직교사를 위한 교직실무의 이론과 실제. 서울: 교육과학사.
경북대학교 사범대학부설 중·고등학교(2010). 2010학년도 교육실습 계획.
문용린 외(2010). 배려와 나눔을 실천하는 창의인재육성을 위한 창의·인성교육 활성화 방안 연구. 한국과학창의재단 정책연구 2009-019.

박진홍(2011). 음악비평 활동의 창의·인성 교육적 접근. 음악교육공학, 13, 95-114.

우한용(2011). 고등학교 국어 교사용 지도서(상, 하). 서울: 두산동아.

이경화(2011). 범교과에서의 창의·인성 수업모델 및 교원연수 프로그램 개발. 한국과학창의재단 & 숭실대학교.

이은주(2014). 창의와 인성교육 활성화를 위한 교수-학습 방법 및 미래형 교실 환경 연구. 한국교원대학교 박사학위논문.

이효녕 외(2007). 교육실습의 이해. 경북대학교출판부.

임성만(2009). 영역 특수적인 입장에서의 과학적 창의성에 대한 정의, 구성요인에 대한 탐색. 과학교육연구지, 33(1), 31-43.

전수현(2014). 창의인성 함양을 위한 초등미술과 프로젝트 학습의 개발. 경인교육대학교 석사학위논문.

조현주·권갑순(2003). 가정교과에서의 창의성 교수·학습 방법의 적용. 중등교육연구, 51(2), 315-332.

부록

강현석·이지은·유제순(2022). 이해 중심 교육과정을 위한 백워드 설계의 이론과 실천: 교실 혁명. 서울: 학지사.

교육부(2024). AIEDAP, AI·디지털 교육의 답을 찾아가다. 행복한 교육, Vol 502. 서울: 교육부.

서정희 외(2023). 예비·현직교원의 AI·디지털 역량 측정 도구 개발. 한국교육학술정보원. 연구 자료 KR 2023-08.

이효녕 외(2008). 교육실습의 이해. 대구: 경북대학교출판부.

하화주(2023). IB 우리의 미래교육. 서울: 스콜레.

IBO(2014). MYP: From principles into practice. IBO

IBO(2015). Annotated unit planner(tilted): last updated May 2015. IBO.

강현석_경북대학교 사범대학 교육학과 교수

김영신_경북대학교 사범대학 생물교육과 교수

박종석_경북대학교 사범대학 화학교육과 교수

배정옥_경북대학교 사범대학 영어교육과 교수

손원숙_경북대학교 사범대학 교육학과 교수

우인수_경북대학교 사범대학 역사교육과 명예교수

이안수_경북대학교 사범대학 체육교육과 교수

이효녕_경북대학교 사범대학 지구과학교육과 교수

조철기_경북대학교 사범대학 지리교육과 교수

채연숙_경북대학교 사범대학 유럽어교육학부 독어교육전공 교수

박영훈_전 경주고등학교 교장

서주연_시지중학교 교사

안기주_대구광역시교육청 장학관

윤기욱_왕선중학교 교사

훌륭한 교사가 되기 위한

학교 현장실습 가이드북 [제3판]

초판 1쇄 2011년 4월 25일 • **제3판 1쇄** 2025년 4월 15일

지은이 강현석, 김영신, 박종석, 배정옥, 손원숙, 우인수, 이안수
이효녕, 조철기, 채연숙, 박영훈, 서주연, 안기주, 윤기욱

펴낸이 허영우 • **펴낸 곳** 경북대학교출판부 • **출판등록** 1973년 10월 10일 ㉱97호

주소 대구광역시 북구 대학로 80 • **전화** 053-950-3830 • **팩스** 053-953-4692

이메일 press@knu.ac.kr • **홈페이지** http://knupress.com

ISBN 978-89-7180-655-5 93370

정가는 뒤표지에 있습니다. 파본은 바꾸어 드립니다.